新版

ヒロインは、なぜ殺されるのか

田嶋陽子

KADOKAWA

新版　ヒロインは、なぜ殺されるのか

本作品は一九九一年、新水社より刊行された『フィルムの中の女―ヒロインはなぜ殺されるのか』を一九九七年に加筆・改題した『ヒロインは、なぜ殺されるのか』（講談社＋α文庫）に、さらに加筆・修正を加えたものです。

はじめに（一九九七年発売の文庫より再掲）

子どものときに見た映画で、筋さえろくに分からなかったのに、いつまでも忘れられない映画というのがいくつかあります。

なぜそれほど強い衝撃を受けたのか、大人になるとその理由が知りたくなり、自分の過去を手探りしてみるのですが、その部分はすでに忘却のかなたにあって、いまとなっては手がかり一つ見つかりません。いわば「わが人生のミッシング・リンク」[*1]と化してしまっているのです。私がはじめて家族と一緒に見た映画は「情婦マノン」[*2]でした。私がまだ小学校の低学年の頃です。

戦後長い間、病いの床についていた母に小康状態が訪れたとき、父はお祝いにと、母を映画に連れていきたがりました。私は留守番がいやで、さんざん駄々をこねたあげく、やっと一緒に連れていってもらえることになりました。

いまから思えば、ほんとうに思いやりのない、しょうがない子だったと恥じ入るばかりですが、やはりそれにはそれなりの〝罰〟が用意されていました。

たしか私たちは途中から見たのだと思います。母はすぐ、こんな映画はつまらないと文句を言い出し、父は怒って口をへの字に結んで画面を睨《にら》んでいました。

私は夫婦喧嘩の成り行きを気にしたり、親と一緒に見るラヴ・シーンが面映《おもは》ゆかったりで、なんとなく身の置きどころのない思いにとらわれていましたが、そのうちに、最後の砂漠のシーンに引き込まれていきました。

ふと気づくと、誰かが私の肩に手を置いて耳元でなにかをささやいているではありませんか。ギョッとして振り向くと、同級生のお父さんでした。

「ヨーコちゃん、これは子どもの見る映画じゃないんだよ」。その頃、小学校のPTAの役員をしていたオジサンたちは、不良退治のためにみんなで手分けして映画館を見回っていたのです。

私は助けを求めて両親を見ましたが、二人とも知らん顔で、画面から目を離しそうにありません。仕方なく、私はオジサンの後について外へ出ました。

中途半端な見方だったのに、「マノン」の印象は強烈で、数日間、口がきけない感じでした。その衝撃をなんとか表現したかったのだと思います。でもまだ言葉を持たなかった私は、結果として、当時なによりも楽しんでいたターザン映画を否定することになります。私は、にわか評論家になりました。

ゴリラにさらわれた女の人は気を失っているのに、なぜ、膝から足の先までピーンと一直線に伸びているのか、しかもなぜ、足は揺れないのか（私はこれを言うために、眠っている弟を何度か抱き上げて実験していました)。「マノン」を見よ。男の人の背中から逆さに吊り下げられている彼女の手指は軽く折れ曲がり、顔も腕も、彼が動くたびにブラン、ブランと大きく揺れ動いていているではないか。あれこそまさにほんとうの映画というものだ。と、まあ、こんな具合でした。私はこの発見がうれしくて仕方がありませんでした。

同じように、筋は覚えていないのに衝撃だけはっきり記憶している映画は、中学一年生のときに見た「赤い靴」(十八ページ参照)と、二十代のはじめに見た「突然炎のごとく」(六十二ページ参照)でした。

あの三本は、ほんとうはどんな内容の映画だったのだろう。二十年も三十年もの間、私はときおり思い出しては落ち着かない気持ちになっていました。ところが、である。一九九七年になって立て続けにこの三本を見る機会に恵まれたのです(ホーム・ビデオ、万歳!)。

さすが見る前は緊張しました。が、見終わって、とても驚きました。監督の意図がどこにあるのかは別にして、どの映画も女性の置かれた状況が見事、透けて見える仕掛けになっていたからです。

主人公は三人とも容姿が美しいだけでなく才能も器量も持ち合わせていた、それゆえにこそ、みんな悲惨な死に方をしていました。マノンは男の弾よけ(になっていた!)、ヴィッキーは男に愛か踊りかの二者択一を強要されて投身自殺、カトリーヌは主婦症候群を患《わずら》った上、男同士の友情の道具に使われたあげくの無理心中。女の子に、未来などはなかったわけです。

いま、私が女性学をやっているのは、もしかしたら、「わが人生のミッシング・リンク」さまの無言のお告げかもしれない、とまあ、そんなふうに考えているのです。
皆さんも本書を読みながら、記憶の中の映画に新しい息吹きを与えてくだされば と思います。

はじめに注釈

＊1 【ミッシング・リンク】失われた環。生物の系統進化において、現生生物と既知の化石生物との間をつなぐべき未発見の化石生物。

＊2 【「情婦マノン」】（アンリ＝ジョルジュ・クルーゾー監督、一九四八年、フランス）

目次

第二章

女は男のお気に入りのオモチャである

「突然炎のごとく（JULES ET JIM）」

第三章

女も愛だけでは生きられない

「ベティ・ブルー　愛と激情の日々（37°2 LE MATIN）」

第四章

娘が母を告発するとき

第五章

あの人にだけは分かってほしい

第十章

自分を偽ることをやめたとき

「私の中のもうひとりの私（ANOTHER WOMAN）」

第一章

愛か仕事か、二者択一を迫る男たち

「赤い靴（THE RED SHOES）」

赤い靴 (THE RED SHOES)

〔物語〕イギリス、ロンドンにある有名なレルモントフ・バレエ団のオーディションに合格したヴィッキー(モイラ・シアラー)は、プリマ・バレリーナの婚約退団をきっかけに「赤い靴」のプリマに抜擢《ばってき》される。団長のレルモントフ(アントン・ウォルブルック)はヴィッキーに、バレエを続けるのなら、結婚してはならないと釘を刺す。

「赤い靴」の公演は成功に終わるが、ヴィッキーは、バレエ作曲家のジュリアン(マリウス・ゴーリング)に恋をしてしまう。やがて二人の恋が発覚し、怒ったレルモントフは、ジュリアンをバレエ団から追い出してしまう。ヴィッキーはジュリアンの後を追って退団し、ジュリアンと結婚するが、バレエのことが忘れがたく、月日がたてばたつほど舞台で踊りたくて仕方がなくなる。

そんなとき、汽車の中でレルモントフに出会ったヴィッキーは、彼から「赤い靴」をまた踊ってみないかと頼まれ、悩みながらも承知する。

ヴィッキーは舞台「赤い靴」開幕直前に、自分のオペラ初日を捨てて駆けつけたジュリアンから出演をやめろと迫られ、一方レルモントフからは舞台に出るように要求され、レルモントフとジュリアンの確執の中で、思いあまって自殺する。ヴィッキーは息を引き取る直前に、ジュリアンの手で「赤い靴」を脱がされる。

製作・監督・脚本……マイケル・パウエル
　　　　　　　　　　エメリック・プレスバーガー
撮影……………………ジャック・カーディフ
音楽……………………ブライアン・イースデイル
振り付け………………ロバート・ヘルプマン
出演……………………モイラ・シアラー
　　　　　　　　　　アントン・ウォルブルック
　　　　　　　　　　マリウス・ゴーリング
　　　　　　　　　　ロバート・ヘルプマン
　　　　　　　　　　リュドミラ・チェリーナ
　　　　　　　　　　アルバート・バッサーマン、ほか

一九四八年　イギリス　一三三分
DVD／ブルーレイ（廃盤）
各種VODで配信中
（＊二〇二三年三月現在）
〈アカデミー賞——美術監督賞・装置賞・劇音楽賞〉

★アンデルセンの童話をもとに、赤い靴を履いた者は踊り続けなければならないという宿命を描いたバレエ映画の傑作。映画の中で踊られる創作バレエ「赤い靴」は十五分にわたる。バレエ場面のシュールな美術感覚は現代でも高く評価されている。

〈個人〉対〈世間〉の葛藤《かっとう》の物語「赤い靴」

「赤い靴」の映画を見てから、その原作になっているアンデルセンの童話『赤い靴』を読み直してみました。こんなに魅力的な話だったのかと、あらためて感心し、驚きました。

同じ「赤い靴」でも、「童話」と「映画」と、映画の中の「劇中バレエ」とでは、それぞれ表現の仕方がちがっていますが、それにもかかわらず「童話」にも「映画」にも「劇中バレエ」にも一貫して共通しているテーマがあります。それはどれもみんな〈芸術〉対〈社会規範〉、〈個人〉対〈世間〉といった対立から引き起こされる葛藤や闘いを扱っていることです。

この対立がいちばん明瞭に、しかも象徴的に描かれているのが、アンデルセン原作の童話『赤い靴』ではないかと思います。そこで、やはり「童話」のほうを先に語ってから「映画」を話したほうが、いろいろ比べられておもしろいのではないかと考えて、「童話」のほうから始めることにします。

「赤い靴」とはなにか、なぜ主人公の女たちは「赤い靴」を脱ぐと死ぬのか、その死に方が「童話」と「映画」ではどうちがうのか。そういったことを考えながら、女性の置かれた状況をみてみたいと思います。

赤い靴が大好きな女の子の運命は？

童話『赤い靴』の主人公カーレンはほんの小さな頃から、赤い靴が大好き、という個性のはっきりした女の子でした。

その個性がどんなふうに芽生え、育てられ、また誰によってどんなふうにつぶされていくのか、じっくり見てみたいと思います。では、まず童話『赤い靴』のあらすじをお話しします。

カーレンは貧しいので靴がありません。母親のお葬式のとき、靴屋のおばさんからもらった赤い靴を履いていると、年老いた奥様が身なし子のカーレンを拾って可愛がってくれます。カーレンは赤い靴が大好きで、とうとう教会に行くのにも赤い靴を履いていってしまい、みんなから白い目で見られます。気もそぞろでお祈りなどできません。奥様が病気になったときも、また赤い靴が履きたくなって、少しくらいならと思って履いてみると、足がひとりでに踊り出して、もうやめられなくなってしまいます。

カーレンは踊りまくって町を横切り、ついには暗い森の中に入っていってしまいます。怖いし、踊りをやめたいのに、靴が勝手に動いて、やめられません。靴を脱ごうにも足に張り付いて脱げないので、踊り続けるしかありません。やがて養い親の奥様が死んでしまいますが、踊りがやめられないので、お葬式にも出られなくなります。カーレンは自分が悪い子だからこんな罰を受けるのだと思って、自分のしたことを反省します。踊りながら荒野に住む首切り役人の家の前に来たとき、彼女は「この赤いくつごとわたしの足を切ってください！」[*1]と頼んで足ごと切ってもらいます。

これでやっと教会に行けるようないい子になったと思ったカーレンは、松葉杖をついて教会に出かけようとします。すると目の前に切り捨てたはずの赤い靴が出てきて踊っていくではありませんか。怖くなったカーレンは、思いあまって牧師の家に行って雇ってくれるように頼みます。杖をつきながらよく働いたので、みんなから好かれますが、ある日、家の人が教会に行っている間に、天井が抜けるような夢を見て、そのまま死んでしまいます。これが童話『赤い靴』のあらすじです。

才能を後押しする三人の女性

カーレンの人生の節目節目に、六人の人物が登場し、彼女の人生に重大な影響を及ぼします。はじめに三人の女性が登場します。

幼いカーレンがはだしでいるのを見てかわいそうに思った、「くつ屋の年とったおばさん」は、「赤い古い小布《こぎれ》」で靴を作ってくれます。

二人目は「お母さん」です。お母さんは物語の最初で死んでしまいますが、お葬式のときにカーレンは、「くつ屋のおばさん」が作ってくれた赤い靴を履きます。彼女は「ほんとうはそんなことをしてはいけなかった」と分かっていたのですが、他に履くものがないので仕方なく赤い靴を履いて棺《ひつぎ》の後についていきます。それを見た裕福な「からだつきの大きいお年寄りの奥様」が彼女をかわいそうに思い、家に引き取って面倒をみてくれることになります。亡くなった「お母さん」が、「くつ屋のおばさん」と一緒になって、カーレンをお金持ちの「奥様」に引き合わせたことになります。この三人が、カーレンの運命を左右した女性たちです。

物語にはその後で「年とった兵隊」と「首切り役人」と「天使」といった男性たち三人が現われます。

それにしても、それしかなかったとはいえ「お母さん」のお葬式に赤い靴を履いたというのは大変なマナー違反です。しかしそういった無作法をせざるをえないほど、カーレンは貧乏であり、同時に、それほど赤い靴が好きだったということです。このときすでにカーレンの心の中には、教会や世間の教えと対立するような、またそういったものを無視せざるをえないような強い資質が芽生えていたということが分かります。

「くつ屋のおばさん」は職人ですが、職人はなにかを作る人で、芸術家と相通じるものがあります。彼女はカーレンにも芸術的な資質があることを見抜いて、そこで赤い靴をプレゼントしたのだと思います。それがカーレンの才能を刺激して、ふつうの人なら仕事場や教会へ行くときには黒い靴を欲しがるのに、どうしても赤い靴を履きたくなるような性格や才能が引き出されるきっかけになったのだと言えます。

しかしそういった性格や才能があるだけではまだなにも起こりません。「くつ屋のおばさん」がしてくれたことは、「お母さん」のお葬式に赤い靴を履かせてやることで、結果として、カーレンをお金持ちの「お年寄りの奥様」に引き合わせたことです。これで身寄りのない幼い女の子がなんとか安全に生き延びられます。言ってみれば、一粒の種が死なないで芽を出す期間を用意してくれたということです。

実際、この「奥様」は赤い靴のカーレンを可愛いとは思いますが、「おばさん」の布製の赤い靴を「きたないくつね」と言って焼いてしまいます。「奥様」は母親代わりになって、カーレンに「さっぱりとしたきれいな着物」を着せ、「読み書きや、お裁縫」などを習わせ、ふつうの〈女らしさ〉のしつけをします。

この「奥様」はなにしろ「大きな馬車」を乗り回している人ですから、封建領主の奥方かなにかです。お金のある人ですから、死んで天国へ行けるなら、キリスト教精神に乗っ取って身寄りのない子ども一人を引き取るぐらいなんでもないことです。

ただ「奥様」にはどこかちょっとふつうの人とちがうところがあります。カーレンがお母さんのお葬式に赤い靴を履いているのを見てもそれを見咎《みとが》めるどころか、かわいそうに思って牧師に話をつけて彼女をもらい受けたり、またカーレンが堅信礼《けんしんれい》のために教会へ行くのに、黒い靴ではなくて「王女」のとそっくり同じ赤い靴を買って履いていっても気づきません。「目がよく見えない」ことがその理由になっていましたが、ただ年をとったせいだけでなく、どこかで見て見ぬふりをしているようなところがあります。もしかしたらこの「奥様」も子どもの頃、カーレンと同じように赤い靴を履きたかったのかもしれません。

いずれにしろ「奥様」はカーレンに世間並の〈女らしさ〉の教育をしながら、一方でカーレンがしたいようにすることに、間接的に手を貸しているわけです。

「年とった兵隊」は自己表現の欲求の使者

三人の女性の後押しで、カーレンは自分の資質と才能を殺さないで生かし続けることができましたが、その最後の仕上げをしたのが「松葉杖」をついた「年とった兵隊」です。

この老兵は三度、姿を現わします。そのうち二回は教会の入り口で、三回目は「くらい森のなか」です。

老兵は、カーレンが「奥様」に連れられて聖餐式《せいさんしき》のために教会へ出かけたとき、教会の入り口にいて「なんときれいなダンスぐつじゃ！」と赤い靴を誉めてくれます。それだけでなく「ダンスをする時は、しっかりくっついているんだぞ！」と言って、「手でくつの底を」たたいたりします。二回目は、カーレンが教会から出てきたときで、このときも同じ台詞《せりふ》で靴を誉めます。もちろん世間の人はカーレンに批判的です。

それまで単なる歩行用だった赤い靴は、老兵から「ダンスぐつ」と定義されると、たちまちSF的メタモルフォーゼ（変容）を経て、靴そのものに魂が宿ります。老兵は、「赤い靴」すなわち才能に魂を吹き込んだのです。彼女の才能に点火したのです。こうしてカーレンの才能はフル回転を始めます。

カーレンが踊りながら「くらい森のなか」へ入っていくと、そこにまた例の老兵がいて「なんときれいなダンスぐつじゃ！」と誉めてくれます。それはカーレンの才能に対する賛美であり励ましです。

最初、老兵の顔は「お月様」に見えます。月は一般的に創造力とか人間の情念と関係づけられます。「くらい森」は世間とかモラルなどとは無関係な人の心の奥深くにあって、〈いのち〉の源そのものを象徴します。また、創造力が湧き出てくる意識下の世界のシンボルと言ってもいいでしょう。

育ちたい、創りたい、思いっきり自己表現をしたい、自分の存在証明をしたい、そういう思いは誰でも生まれながらに持っている根源的な欲求です。その根源的な欲求からなにかが創造されます。老兵はそういった意識下の世界からの使者であり、その世界の深い知恵を代弁する人です。

〈踊ることは生きること〉

英語にインスピレーション（inspiration）という単語があります。動詞形はインスパイア（inspire）で、元来は、空気を吸うこと、呼吸をすること、すなわち外から〈いのち〉の源みたいなものが入ってくるという意味です。

この場合、老兵に赤い靴を誉められ「ダンスぐつ」と定義されたことで、カーレンは踊るという自分の才能に自信を持ち、目いっぱい踊ります。彼がカーレンの創造の魂に〈いのち〉を吹き込んだ（インスパイアした）のです。創造の魂に〈いのち〉を与えられたカーレンは、運命に魅入られたかのように踊り続けます。いくらつらくても、創造の魂の〈いのち〉がからだから抜けるまで、やめるにやめられないのです。〈いのち〉から見捨てられたときが踊りをやめるときであり、それは同時に、精神の死を意味します。たとえ生物としてのいのちは生きながらえても、魂が抜け殻《がら》になるからです。

「童話」のカーレンは赤い靴を履いて踊り出したら止まらなくなって、ついに踊り疲れて靴を脱ぎたくなりますが、靴は脱げません。それはまだ頑張って踊り続けろという「くらい森」からの命令です。ところが、そのとき「天使」が現われます。カーレンの心の弱みにつけ込むように、踊ってばかりいる虚栄心の強い子は天国に行けなくなると脅《おど》します。脅されて怖くなったカーレンは、どうしても脱げない〈赤い靴〉を脱ぐために、無理やり両足ごと切断してもらいます。

その後カーレンは生けるしかばねみたいになって、やがてほんとうに死んでしまいます。映画の中の「劇中バレエ」では、足を切断するのではなく、踊りに踊って踊り疲れたときに、はじめて牧師のところへ行って、牧師に〈赤い靴〉を脱がせてもらいます。そのとたんに彼女は死にます。そして「映画」では、靴を脱がせるのは、夫です。

ここから〈赤い靴〉は、才能でもあると同時に〈いのち〉そのものでもあることが分かります。映画「赤い靴」の解釈では、それがもっとはっきりします。映画のヒロイン、ヴィッキーが伯母のパーティではじめてレルモントフに出会ったときに、つぎのような気の利いた会話がかわされます。

レルモントフ「なぜ踊る?」

ヴィッキー「なぜ生きると?」

レルモントフ「やむにやまれぬ(must)執着だ」

ヴィッキー「それが私の答えです」

この会話のメッセージは〈踊ることは生きること〉だということです。

さて、「童話」でのカーレンは、老兵が、創造の魂に〈いのち〉を吹き込んだのに、〈いのち〉を燃え尽くさないうちに、途中であきらめたわけですから、よくいう蛇の生殺しと同じです。

両足の切断という残虐な行為がそれをよく表しています。

「首切り役人」がカーレンの足を赤い靴ごと切り落としたとき、赤い靴は切り落とされた足といっしょにトコトコ森の中へ踊っていきますが、彼女が教会へ行く途中にまた目の前に現われて、踊りながら通りすぎていったりします。まさに燃焼しきらなかったカーレンの才能の亡霊です。

カーレンから拒絶された赤い靴は、さきほど見たように、もともと外から来た〈いのち〉で生かされているわけですから、捨てられればまるでそれ自体に〈いのち〉があるかのように、またもといた「深い森のなか」へ戻っていってしまうというわけです。そこでじっとなりを潜めていて、そのうちまたカーレンと同じような才能が現われたら、森から出てきて、その人の才能に仮の宿をとることになるはずです。どんなアーティストも日夜練習に励むのは、自分の赤い靴が「くらい森」の〈いのち〉に見捨てられたくないからです。

〈罪の意識〉が彼女を脅す

ところで「童話」の主人公カーレンが雨の日も風の日も踊り続けて、不安に駆られてとても疲れていたとき、そんな心の弱さにつけ込むように「天使」が現われて、声援を送ってくれるどころか、ひどい言葉でカーレンをののしります。

「踊りつづけるのだ！」

「あおざめて、冷めたくなるまで！」

「皮膚が、がい骨《こつ》みたいに、ちぢんでしまうまで！」

「そして、高慢な、みえぼうの子供のいる家の戸をたたくのだ！」

「天使」というのは神の部下ですし、教会や牧師とグルですが、それにしてもずいぶんひどいことを言うものです。キリストの神は父権制の神ですから、自分に背く者を徹底してこらしめたり罰したりするのが好きです。いじめの元祖といってもいいくらいです。

カーレンは堅信礼のとき、牧師から「りっぱなキリスト教徒とならなければいけない」と教えさとされますが、それでも赤い靴のことばかり考えていました。ふつう人は、自分の願望と世間が要求するものとの間にバランスをとって暮らしていますが、カーレンのように〈赤い靴〉を履いてしまうと自分の中の強い声に従って行動するので、自分を抑えることではじめて守れる世間のしきたりや和を大事にしたりするモラルとぶつかってしまいます。

ところがカーレンはもともとキリスト教徒ですから「天使」の脅しで〈罪の意識〉を呼びさまされてしまいます。これまで無視してきた神の世界のモラルと、踊りたい気持ちの両方の板《いた》挟《ばさ》みになって地獄の苦しみをなめさせられ、とうとう〈罪の意識〉に負けてしまいます。もう世間を受け入れるしかありません。それは〈赤い靴〉を脱ぐことです。

カーレンはこれまで「お母さん」のお葬式や、堅信礼や聖餐式にも赤い靴で教会へ行ったこと、また恩を受けた「奥様」の看病もせず踊りに踊っていたことなどをみんな後悔します。そして「いい人間」になろうと決心したカーレンは、首切り役人のところへ行って、赤い靴を両足ごと切り落としてもらい、その後、代わりに「木の足」と「松葉杖」をもらいます。〈罪の意識〉というものがどんなに人間から自由を奪ってきたことか。〈罪の意識〉のせいで、どんなに残酷なことが自分にできるか、そのためにどんなに苦しむか、それは、カーレンが自分の両足を切断してもらったことからもよく分かります。これは単に童話特有の残酷さとは言えないほど現実味を帯びています。しかも創造者にとって〈踊ることが生きること〉であるなら、あとは自分を押し殺すしかありません。切り絵で有名な高村智恵子*編集者注1も統合失調症を発症したではありませんか。また「ベティ・ブルー」を見てください（九十六ページ参照）。

　足を切り落としたカーレンは、もう十分苦しんだのだからその姿をみんなに見てもらおうと思い、教会へ行こうとすると、途中で目の前を赤い靴が踊っていきます。

　これはカーレンの立場に立てば、未練というものです。カーレンが赤い靴を捨てたのは、〈いのち〉を燃焼し尽くしたからではなく、途中で「天使」の脅しに負けて脅《おび》えたからです。才能が十分に発揮されないうちに赤い靴を足ごと切り落としてしまったので、創造の魂はまだ元気で〈いのち〉に溢れたままです。赤い靴は、教会へ行こうとする彼女の目の前で、教会になんか行かないでこっちへおいでよ、とばかりデモンストレーションをします。

　びっくりして引き返したカーレンは、一週間泣いて暮らし、日曜日になると、「ずいぶん苦しんだり、たたかったりして」きたから、教会に入れるくらい「いい人間」になったと思って、また教会に出かけます。するとまた赤い靴が踊っていくのが見えて、恐ろしくなって引き返します。カーレンは、「今度こそ、ほんとうに心の底から」罪を後悔します。

その後ようやく「いい人間」になったカーレンは、牧師館の「女中」にしてもらって、女らしさの典型ともいえる家事労働につき、みんなから可愛がられてつつがなく毎日を送れるようになりますが、じきに「カーレンの心は、お日様の光と、平和とよろこびとに、みちみちて、とうとう、はりさけて」「オルガンが鳴り響き、聖歌隊の子供たちの声」が聞こえる中で、死んでしまいます。

それにしても神の栄光と「お恵み」のおかげで心が「はりさけて」死んでしまうとは、なんとすごみのある皮肉ではありませんか。

カーレンが首切り役人から「木の足」と「松葉杖」をもらったということは、自分の足で歩けなくなったというだけでなく、自分を明け渡して世間から借りた思想や考え方でこれから先、生きていくということを意味しています。

「いい人間」と言われる人は、自分を世界の中心にすえて生きたりはしません。できる限り自分を抑えて、いつも人の気持ちや考え方などを大事にして生きています。しかし、そうなったとき、カーレンのような人間は生きていても死んだのと同じことになります。牧師館の「女中」になってみんなに好かれたからといっても、〈赤い靴〉を捨てたということは、〈いのち〉の源を根こそぎ引き抜かれたのと同じことです。言ってみればカーレンは世間並の〝しあわせ〟に殺されたということです。

実際、彼女は「天使」の脅しで踊りをあきらめたわけですが、どっちみち死ぬなら、映画の中の「劇中バレエ」のヴィッキーのように、あのまま好きな踊りを踊って死んだほうがはるかにしあわせだったはずです。

カーレンが死んだほんとうの理由は?

子どもの頃、童話『赤い靴』を読んでくれた大人がそこから引き出した教訓は、女の「虚栄心」とか「うぬぼれ」とか「傲慢《ごうまん》」を戒めたもの、先生やお父さん、お母さんの言うことを聞かない子どもはこういう悲しい目にあうんだよ、といったたぐいのものだったのではないかと思います。実際、カーレンも「いい人間」になった後は、牧師館の子どもたちが「女王様のようにきれいになりたい」などと言うと頭をふって否定したりもします。

ところで、カーレンが「天使」の怒りを買ったのは「虚栄心」のせいだということになっていますが、これまでやってきた私の解釈の延長線上で考えていきますと、それは単に女の「虚栄心」というより、むしろカーレンの人間としての「誇り」の高さが、「天使」を怒らせたと考えたほうが分かりやすいのではないかと思います。

「天使」がほんとうに怒った理由はなんだと思いますか？　キリスト教には〝プライドの罪〟というのがあります。それは、自分を唯一絶対の神と対等の立場に置いた人間が持つことになる罪です。

さきほど引用した「天使」の呪いの言葉を思い出してください。「天使」は「高慢な、みえぼうの子供のいる家の戸をたたくのだ！」と言いました。かつてカーレンは「王女」の赤い靴とそっくり同じのを靴屋で見つけて、目の悪い奥様をごまかして履いていました。つまり「王女」の赤い靴を欲しがったカーレンは、最高の存在と自分を並べられるだけの自分を持っていたということ、それを、同じ靴が欲しいという形で表現したのです。

さらに〈赤い靴〉を履くことで、思いっきり踊りたい、自分の世界をつくり完結したいという強い欲求、そのエネルギーの高さがカーレンにパワーを与え、人間として、彼女を王女と同じ地位に近づけたのです。それは、自分が自分の主人になること、一国一城の主《あるじ》になることです。芸術を通して、仕事を通して、人は、自分の主人になりたいし、なれる。自分の主人になることで、人は宇宙を自分の中にかかえ込めるのです。

しかし一国一城の主になるという気位の高さが「天使」の怒りを買います。なぜならそれは自分が神になることであり、唯一絶対の存在であるはずの神を冒瀆《ぼうとく》することになるからです。キリスト教では人間は神のしもべですから、これはとても不遜《ふそん》なことなのです。

それはなによりも重い罪、〝プライドの罪〟になります。実際、映画の中の「劇中バレエ」で、

〈赤い靴〉を履いたヴィッキーは、天地創造の境地を味わっています。天地創造は神の専売特許であって、神が造った人間が、ましてやその人間《マン》（男）の肋骨《ろっこつ》からつくられたことになっている女などが、ゆめゆめ味わう境地であってはならないのです。

神と拮抗《きっこう》できるのは悪魔です。ですから童話の「年とった兵隊」、劇中バレエの「くつ屋」、そして映画の「レルモントフ」もどこか悪魔めいた雰囲気を持っていました。しかし悪魔であることはキリスト教徒としては、異端であり罪深いことなのです。中世の芸術家たちは、創作は神の栄光を称《たた》えるためにこそ存在すべきだと考えていたくらいです。したがってカーレンは、当然、神から罰を受けなければなりません。男なら老兵のように義足だけですんだかもしれませんが、カーレンは女だから死ななければならなかったのです。

アウトサイダーの代弁者は罰を受ける

ところで「童話」の中で、カーレンが赤い靴を履けるように手伝ってくれた人たちは、みんな老人でした。三人の女性のうち「くつ屋のおばさん」も「奥様」も老人ですし、「お母さん」はすでに死んでいます。「年とった兵隊」は、長くて「赤い」髭《ひげ》のある老人で、カーレンのように「松葉杖」をついていています。

老兵はむかし兵士だったということですから、若い頃に戦争で足をなくしたのだと言えます。

でも彼も若い頃、男性版のカーレンだったとすれば、その足はやはりカーレンのように「首切り役人」によって切り落とされたとも考えられます。すると彼が戦士として闘った戦争は、カーレンと同じように教会や世間との闘いだったはずです。実際、彼はいつも教会の外にいました。カーレンに話しかけたときも二回は教会の外でした。三回目は「くらい森のなか」です。

すなわち、老兵はアウトサイダーだったのです。彼の「松葉杖」は、象徴的な意味で、彼がすでに去勢されていることを示しています。男性であって男性ではない、それは性的な意味というより、社会的な存在として女と同じように周辺に追いやられているということです。

男性中心のキリスト教社会では、アダムとイヴの神話からも分かるように、女性ははじめから罪ある存在として社会的に〈去勢〉され、周辺に追いやられています。社会はいつも男性を中心に動いていて、女性はいつも家庭に閉じ込められ、決まった活動しか許されていません。女はどんなに威張っているように見えても女であるというだけで、この社会ではアウトサイダーなのです。

そういう目で見ると、カーレンに〈赤い靴〉を履かせた女の人たちは、老人でなおかつ女であるということで、みんな社会の中心メンバーではなく、アウトサイダーだったということになります。社会の周辺に住むアウトサイダーたちは、自分たちの真実や知恵を、自分たちに代わって表現してくれる人を絶えず探し求めています。しかしカーレンはその役割を果たす前に「天使」に脅されて挫折《ざせつ》しました。

カーレンが、ただ赤い靴が好きなだけの女の子だったら、しつけの悪い人騒がせな不良少女というレッテルを貼られただけで終わったかもしれません。しかし〈赤い靴〉を履ける運命を持ち、〈踊ることが生きること〉になった創造の魂の持ち主であったがために、不良少女よりもっとひどい罰を受けるはめになるのです。

こうしてみると、教会や社会規範とは無縁な老兵に導かれたカーレンは、モラルや人間関係よりも、自分の中の宇宙とひたすら向き合うタイプの人間だったということが分かります。

劇中バレエでは〈いのち〉は燃焼し尽くされる

映画における劇中バレエ「赤い靴」は、さきほどお話ししたような『赤い靴』の本質をよく伝えているだけでなく、〈赤い靴〉を履いた人間の心の葛藤や闘い、そして創造の苦しみや喜びをもじつによく表現しています。

バレエ団のプロデューサーでもあるレルモントフは童話『赤い靴』の意味をこんなふうに説明します。赤い靴を履くと、疲れて家に帰りたくても帰れない。赤い靴は飽きることなく踊り続ける。「夜も昼も。時を追い越し (flashes by)、恋を置き去り、人生を駆けぬけ (rushes by)、赤い靴は踊り続ける」と。

要するに〈赤い靴〉を履くと、踊ることのほうがおもしろくなって、「時」や「愛」や「人生」

などどうでもよくなってしまうということなのです。

バレエの幕があきます。プリマ・バレリーナ、ヴィッキーは男の人と踊り始めます。ところが「くつ屋」が彼女に赤い靴を履かせると、彼女は一人で踊り出し、男はだんだん教会の円柱の陰まで後ずさりして姿を消します。彼女がパーティで踊っているとさっきの男が現われますが、男の姿はセロハン紙に変わってしまいます。すると彼女はそのからだの上を赤い靴でチクチク踊っていきます。

ヴィッキーが踊り疲れて、女の人が戸口で手を差しのべている家に入ろうとすると、赤い靴を履いた足が反対方向に動いて家には入れません。そこへ「くつ屋」が姿を現わします。「くつ屋」はヴィッキーが弱気になったり、闘いに疲れたりすると必ず姿を現わし、ヴィッキーと闘い、ふたたび彼女を踊りに戻らせます。彼女が恐怖の表情を浮かべると、「くつ屋」の姿は、なんとレルモントフに変わり、さらに指揮者ジュリアンに変わります。

さらに一人で踊り続けていくと、幽玄かつ雄大な、時空を超越した、天地合体を目《ま》のあたりにするような美しい場所に出ます。これはまさにクリエイターであるヴィッキーが体験する天地創造の境地と言っていいでしょう。

また彼女が失墜《しっつい》下降したとき、新聞紙から悪魔めいた男が生まれますが、しばらく踊るとまた新聞紙に返ります。彼女が新聞紙に寄り添うようにして休もうとすると、また「くつ屋」が現われて彼女を踊らせます。

ふたたび踊り続けていくうちに彼女は、魑魅魍魎《ちみもうりょう》、有象無象《うぞうむぞう》、うじ虫どもと闘わなければならなくなります。

やがて闘い終わったとき、彼女は人一人いない広大な自然の台地に出ます。そこには頂点を極めた創造者のみがひたれる神々しい孤高《ここう》と孤独と静謐《せいひつ》があります。するとそのシーンがそのまま大きなシャンデリアの輝く宮殿に変わり、舞台につながり、オーケストラ・ボックスのあたりが怒濤《どとう》の海と化します。それは感動で興奮した聴衆の拍手だと分かります。

踊り続ける彼女はどのように感じていたのでしょうか。はじめは楽しそうだったのが、次第につらそうになっていきます。洋服がだんだん汚《きたな》くなり、お化けみたいなものがいっぱい出てきます。

服装の汚《よご》れやお化けなどの有象無象は、心の中の闘いそのものを表しているのです。クリエイティヴィティの根源にある人間の心には、きれい汚いを超越した、それこそ混沌《こんとん》としたさまざまなものがうず巻いているはずです。だから、クリエイティヴィティを発揮するということは、その混沌にひたり、まみれ、葛藤し、苦しむことから始まるのです。そして、ほんとうに創造力のある人、能力の高い人は、そういう有象無象をも全部吸収し、消化して、それを芸術にまで昇華していけるのです。

最終部の幕が上がります。教会の鐘が鳴り響き、ヴィッキーは疲れ果てて牧師に救いを求めます。教会の前で会衆は彼女を指弾《しだん》します。「くつ屋」が三たび姿を現わして、彼女と激しい踊りを展開します。瀕死《ひんし》のヴィッキーは、牧師の腕の中で靴を脱がせてくれと頼みます。牧師が靴を脱がせると、ヴィッキーはそのまま息を引き取ります。

〈踊ることは生きること〉。踊れなくなったときが、〈いのち〉の炎の燃え尽きるときです。彼女は、「童話」のカーレンや「映画」のヴィッキーとちがって、〈いのち〉を燃焼し尽くしたのです。

そばで見ていた「くつ屋」は、その靴を店に持って帰ります。こうして〈赤い靴〉は、また赤い靴の好きな女の子が現われ、その創造者の魂に宿るチャンスが来るのを待つことになるわけです。これは「童話」の中で、両足ごと切り捨てられた赤い靴が、トコトコと「深い森」の中へ踊っていくシーンを思い出させます。

赤い靴を履くのは神に挑むこと

「劇中バレエ」の最後で、彼女がナイフで靴のひもを切ろうとするとナイフが葉っぱに変わるシーンがあります。創造の魂は自分のものであって自分のものではないという逆説をよく表現しています。創造者にはなにか自分の与《あずか》り知らぬ力が働いているということなのでしょう。

創造的な作業とは、すごく孤独でつらい作業だということが、ヴィッキーの踊っているシーンにも象徴的に示されています。ヴィッキーが岸壁となった台地に立って一人で踊るシーンがありましたが、それなどはクリエイティヴィティを発揮しようとする人間の、孤独と歓喜に没頭する孤高の姿ということになります。

そういう意味でクリエイティヴィティを発揮することを運命づけられた人は、常に生きるか死ぬかというところに立ってしまうし、人には理解されないから、すごく孤独でもあります。レルモントフもジュリアンも、プリマ・バレリーナのヴィッキーと同じようにクリエイティヴィティに魅入られた人間の孤独とつらさを持っていたと思います。特に、レルモントフは恋愛もしないし結婚もしません。彼のエネルギーは全部彼の目指す芸術に吸収されてしまっているから、恋愛や趣味に使うエネルギーや時間がないわけです。そういう余分なものを持つ余裕はないし、もっと言えばそういうものを必要としないくらい、ある意味で充実した状況を生きていると言えます。

結局、そういう道を選んだ人というのは、ふつうの人とはだいぶちがうわけですから、赤い靴を履いてしまうということは、幸福であると同時に、一般の人から見れば一種の悲劇でもあるわけです。

「劇中バレエ」の「くつ屋」は、「映画」の中ではレルモントフにあたります。レルモントフは、ボロンスカヤがダメならヴィッキーにと、つぎつぎ才能を探してプリマ・バレリーナを育てていきます。

「劇中バレエ」の中で「くつ屋」は始めから終わりまで、うす気味悪くて、どこかズルそうで、悪魔的な雰囲気がありました。「映画」の中のレルモントフにしても同じです。それは彼らが〝しあわせ〟を求める善良な市民というより、むしろ自分の魂を賭けた創造のための闘いに精魂傾けている人間たちだからです。挑む相手は、善良なる市民たちが崇《あが》め奉る神ということです。

三人のアーティストの対等な闘いになるはずが

映画「赤い靴」はアンデルセン童話『赤い靴』を原作にしています。

それでは、はじめに紹介した「童話」の中の三人の女性が「映画」の中ではどうなるかといいますと、「お母さん」も「くつ屋のおばさん」も出てきませんが、「お年寄りの奥様」は、「映画」の主人公ヴィッキーの伯母さんにあたるネストン伯爵夫人になり変わって登場します。「映画」の中での「奥様（伯爵夫人）」は「たいへんな芸術の庇護者《パトロン》」ということになっていて、お金とそこそこの教養と社会的地位はありますが、自分の意見はあまりなくて「踊りは動く詩だと評されていますが」などと言って、バレエ団の主宰者レルモントフにバカにされたりします。それでもこの伯母さんのおかげでヴィッキーはレルモントフに引き合わされ、結果として、念願のプリマ・バレリーナへの道が拓けるので、いわばキャリアの恩人ということになります。

映画「赤い靴」では、レルモントフが「年とった兵隊」にあたります。「年とった兵隊」は現代では、プロデューサーとか監督とか、才能を引き出し演出してくれる人を指すことにもなります。それでは「天使」は誰でしょうか。それはヴィッキーの夫になるジュリアンです。

「映画」の舞台は一九四〇年代で、世紀末にニーチェが「神は死んだ」と言ってからすでに半世紀もたっていますし、アンデルセン（一八〇五〜一八七五）が活躍していた頃から百年近くはたっていますから、ここでは、キリスト教のモラルの締めつけは「童話」の世界ほどではありません。映画に登場するクリエイターたちは一人ひとりが遠慮なく自ら神であることを自負しています。

レルモントフはプロデューサー、ジュリアンが作曲家兼コンダクター（音楽の責任者）、そしてヴィッキーがバレリーナですから、元来ここでは三人の神の闘いになるはずです。ヴィッキーも、ジュリアンも、レルモントフもそれぞれが自分の活動分野の神を気負っています。三人ともアーティストとしてそれぞれ対等であるはずなのに、愛や結婚が介入したとき、そこにおかしな問題が吹き出てきます。

一九四〇年代の「映画」のヴィッキーは、「童話」のカーレンと同じ問題にちがう形で悩んでいることが分かります。女たちは、男と同じアーティストであってもただ女だというだけで、百年前であろうが五十年前であろうが同じ扱いを受けていることが分かります。

「童話」のカーレンは神に殺されましたが、「映画」のヴィッキーは男たちに殺されます。男たちが神の代わりをします。神の姿が見えにくくなった分だけ、女性差別が鮮明になります。姿を隠した神の残像は強烈で、強者すなわち男たちはその残像をうまく模倣《もほう》し、自ら神を気取り、弱者すなわち女性を痛めつけます。キリスト教は父権制で男の神ですから、男は自分と神を簡単に同一化しますが、女性は自分と同一化できるものをそう簡単に見つけられないということも悲劇の原因になっています。

「冷血モンスター」が逆上するわけ

映画を見た人は、レルモントフにあまりいい印象を持たないようです。

それはどうも観客だけの感想ではないようで、映画の中でも女性たちは彼のことを「心がない」とか「冷血モンスター」などと厳しく批判しています。

でも私はジュリアンよりレルモントフのほうがましだと思っています。レルモントフはプロデューサーということもあって、一段高く広い視点から出演者のことを見ています。それゆえ結婚はヴィッキーのキャリアをダメにすると経験から言うわけですが、ジュリアンは自分が一流のアーティストになることに精いっぱいで、ヴィッキーの立場を考えるゆとりがありません。女と男のことに関しては、ただ自分の気持ちに素直に従っているだけです。しかし男と女の関係には、必ず差別的な状況が介入します。そういった社会状況をよく考えないと、ヴィッキーのような悲劇が生まれるわけです。

レルモントフは「ただ生きるだけでなく、創造したい。小から大を生みたい」「君を偉大な踊り手にしたい」と言います。

雨の土曜日、お忍びで寂れた劇場の片すみに現われ、傷んだレコードで踊るヴィッキーをじっと見つめるレルモントフ。そのシーンから演出家、プロデューサーとしての彼もまた、創造の魂に魅入られた男、すなわち〈赤い靴〉を履いた人間だということが分かります。

「私なら君を世界一の踊り手にすることが可能だ」と豪語するレルモントフは、相手の才能を育て生かすことだけしか考えていませんから、逆に才能の芽をつむ悪条件を熟知しています。それだけに、仕事を持つ女性が結婚をするといかに不公平で不利な状況に陥るか、むしろ女であるヴィッキーより正確に現実を把握しています。彼の周りにいる女性のほうが〝結婚は女のしあわせ〟とか〝愛がすべて〟といった幻想を生きていますから、レルモントフの認識にはついていけません。そこで彼の発言は女性の顰蹙《ひんしゅく》を買います。

「結婚するようなプリマはバカだ」

「両立は不可能だ」

「人間の愛のような不確かな慰安に頼るようではだめだ」

「愛など若さの幻想だ」

などと、いわゆる世間の常識や公序良俗に反するようなことを言いますし、ヴィッキーとジュリアンのロマンスが発覚したときも、「仕事を妨げる人間関係を嫌う」彼は、ジュリアンを許しません。

ヴィッキーには「大プリマになる」野心を持てと言い、「古典を作り直すのだ」とはっぱをかけます。目的のためにあらゆることを犠牲にして直進するエネルギーは、彼を悪魔的に見せます。

ですから、プリマのボロンスカヤが結婚すると発表したとき、怒ってお祝いも言わずに稽古場から姿を消したレルモントフは「心がない」と批判されますし、ヴィッキーが彼から首にされた恋人の後を追って「以前の私には踊りがすべてでした」が、いまはジュリアンがいるから私も一緒に行くと言ってバレエ団を去ったときも、やはり彼女から「冷血モンスター」と非難されます。

たしかにお祝いも言わなかった彼は狭量《きょうりょう》かもしれませんが、彼にすれば、せっかく育てたプリマが、芸術ではなく男に奉仕するために、長年かけて磨いたキャリアを捨てるのが見るに堪《た》えなかったのです。ヴィッキーたちのロマンスを知って逆上したのも、やっと人気が出てきたプリマがまた結婚や恋愛で奪われていく、その過去の苦い体験を思い出させられて、またか！という、怒りというよりも絶望感に近いものを感じたからだと思います。ほんとうなら恋愛しようが結婚しようが仕事は仕事、そのために一生のキャリアを棒に振るのがいかにバカげたことか、レルモントフは知っているからです。

レルモントフは、ヴィッキーがジュリアンとロンドンで結婚したという知らせを見て、鏡に映った自画像をこぶしで殴って手に怪我をします。激高して売り言葉に買い言葉で、ジュリアンだけでなくヴィッキーまで失うことになった自分の愚かさに腹を立てたからです。彼女をよその舞台で踊らせまいとして弁護士まで呼びますが、結局は考え直して、ダンサーとしての「彼女の行動は束縛しない」ことにします。彼女の才能に惚れている彼は、どんなに彼女が憎くても才能を伸ばすチャンスまでは奪えなかったからです。

ジュリアンの鈍感さとレルモントフのエゴ

それにもかかわらず、ヴィッキーはレルモントフの手を離れてジュリアンと結婚したら、舞台に立つチャンスがすっかりなくなってしまいます。

彼女はレルモントフと再会したとき、結婚してから、「working」すなわち練習はしているけれども、「not much dancing」すなわち舞台には立っていないと言います。

結婚後はじめてモンテカルロに避暑に来るヴィッキーをつかまえて、なんとかもう一度「赤い靴」を踊らせようと説得しにかかるレルモントフは彼女にこう聞きます。

レルモントフ「なぜ彼に（避暑に）来てと頼まない？」

ヴィッキー「あの人は仕事です」

レルモントフ「だが彼は君の仕事を奪っている。なぜ君が彼に同じことを要求できない？」

たしかにこんなことは、ヴィッキーが男だったら決して起こらない問題です。ジュリアンはヴィッキーと結婚した後ますます盛んに音楽活動を続けてはいても、結婚でやめるなんてことは考えることすらありません。この「映画」の中でも、男のダンサーに、恋人がいるかいないか、結婚しているかどうかなんて誰も問題にしていません。観衆にことさらそういうことに関するインフォメーションを与えていないということは、それが重要な問題ではないということです。

実際ジュリアンは、レルモントフのもとを去って結婚した後もそれ以前と変わりなく作曲の仕事をし続けています。彼の新作オペラは、天才の作品だと高く評価され、しかもその作品のインスピレーション（霊感）の源はヴィッキーだと彼は言っています。ということは、とうとう彼女は自分が踊る代わりに、創作する男にインスピレーションを与えるだけの、従来からの〝内助《ないじょ》の功《こう》〟の役割を演じる女になってしまったということです。

しかしヴィッキーはそれで満足していたわけではありません。ジュリアンはどちらかというと有名になりたがっていましたが、ヴィッキーは〈踊ることとは生きること〉だと言っていた人です。彼女にとって、いま踊っていないことは生きていないのと同じことなのです。

結婚したヴィッキーが月夜に創造の魂を刺激されて眠れないままベッドに横たわっています。夫ジュリアンもやはり想念が湧いてきて、そっとベッドを抜け出してピアノに向かいます。ヴィッキーもそっと起き出してからトウシューズを取り出して見つめます。でもそれをそっとしまうと、隣の部屋のドアを開け、ジュリアンが不協和音を奏《かな》でると、彼女は彼を抱いて慰めます。すると彼はまた美しいメロディを奏でます。

　二人ともアーティストで、二人とも月夜にインスパイアされて思いを高ぶらせている、その意味では対等なはずなのに、彼は作曲する人、彼女は慰める人、そういう古い男と女の役割が演じられていてとても不公平な感じがします。彼女の好意と自己犠牲を平気で受けているジュリアンの鈍感さが腹立たしくなります。

　ジュリアンのような古い男は、女が自分に尽くすのは当たり前だと思っています。少なくともレルモントフはジュリアンとちがって、結婚して、女性を自分の家政婦代わりに使ったりはしません。彼はちゃんと男の使用人を雇って、身の回りの世話を任せています。

　レルモントフは性愛の対象としてヴィッキーを見ているわけではありません。彼女にキャリアを大切にするように言うのも、女の置かれた差別状況に同情して女性運動の立場でモノを言っているのでもありません。ただ彼は自分の仕事がなによりも大事なので、その仕事の中核をなす優れたプリマを失いたくなかったのです。プリマを他の男のために失うたびに、彼の仕事は頓挫《とんざ》します。彼はなんとか自分の芸術のために、女にそういう無駄をさせたくないと躍起《やっき》になっているだけです。

　これもジュリアンとはちがう意味での彼のエゴです。同じエゴでも、ジュリアンのようにヴィッキーをただ家に置いて飼い殺しにするより、彼女の才能を認めてその花を咲かせたいと考えているレルモントフのほうが、まだヴィッキーにとってはいいはずです。しかし抑圧されている女性は一般に、大きな意味での損得勘定は下手です。すぐ「誰かのため」を考えるようしつけられているからです。その結果がこの悲劇になります。

ヴィッキーは二重に差別される

レルモントフとジュリアンは雇用者と被雇用者の関係なので、仕事の上ではジュリアンはレルモントフの指示をあおがなければなりません。それでもプロとしては、彼らはお互いに対等ですから、自分の専門分野については、しょっちゅう議論をします。しかし、ヴィッキーは、同じアーティストでありながら、この二人の男たちとは、どこかで対等ではありません。男たちとはほとんど議論もしません。それは性《セックス》がちがっているということと大きく関係します。

日本でもそうですが、キリスト教を根本にした西洋文化には、特に肉体蔑視《べっし》の精神がありま す。そこから精神と肉体の二元論が生まれます。男が精神で女が肉体、精神が上で肉体が下、という上下関係がつくられ、それは構造となって、男性中心の文化のあらゆる部分にクモの巣のように張りめぐらされています。その大もとをなしているのが、男が上で女が下という男女関係です。そこから、音楽は上で踊りは下というランクづけもなされます。

音楽と踊りの対立は「映画」の冒頭から示されます。この対立が、女と男の対立の構図を象徴的に表しています。

最初のシーンはコヴェント・ガーデンのオペラハウスでしたが、ここで天井桟敷《てんじょうさじき》に座ったジュリアンを含む音楽学生と、踊りに興味を持つ学生との間に敵対意識のあることが分かります。彼らは「ボロンスカヤ（プリマ）って？」「パルマー（作曲家）を知らない？」「全然」などと言い争って険悪になったりします。

ジュリアンは踊りより音楽優位の考え方を持っています。「音楽はすべてに優先する」「僕の音楽が君を勝利に導く」といった具合で、音楽は踊りより上、音楽が男で、合わせて踊るのが女。指揮者が男、女は肉体、といった、差別的な構造がはっきり見えてきます。その視点から印象に残った二人の台詞をまとめてみます。

ヴィッキー「無理、動けない。もう少し音楽を遅くしてくれない？」

ジュリアン「僕はサーカスの指揮者じゃない。君は馬じゃない」

「この指揮棒が見えないか！」

「それなら従え！」

「ワン、ツー、テアテア、従え！」

このように、ヴィッキーが女であり、しかもダンサーであること、この二点で彼女が社会的性差別を受けたために、この「映画」の悲劇が起きたのです。

闘う男たちの土俵にされた女

映画の最終場面は、男二人と女一人の闘いになります。しかも現実は男女の闘いにはならなくて、男二人の闘いになり、その結果として、男二人が女一人をいじめる構図になります。

ヴィッキーは避暑に来たモンテカルロでレルモントフに説得され、「赤い靴」の舞台に立つ決心をして、いま楽屋で開演を待っています。そこへBBC放送が、ロイヤル・オペラハウスでの新作オペラの初日はジュリアンの「急病のため」副指揮者によって上演されると放送します。突然ドアが開いて、夫ジュリアンが姿を現わし、ヴィッキーを驚かします。

ヴィッキー「初日を捨ててきたのね！」

ジュリアン「だから君もやめろ！」

ヴィッキー「舞台が終わるまで待って」

ジュリアン「それでは遅い」

ヴィッキーとの恋愛でバレエ団から追い出されたジュリアンは、意地でも妻のヴィッキーにレルモントフのところで踊ってほしくないわけです。開演を目の前にしてジュリアンはなんとかして彼女を踊らせまいと、頼んだり脅したりします。ジュリアンのなんと子どもっぽく残酷なこと。初日を捨ててまで駆けつけたという夫の大きな犠牲が、ヴィッキーを〈罪の意識〉で打ちのめします。
よく考えてみれば、ジュリアンがいなくても彼の新作オペラはコヴェント・ガーデンのロイヤル・オペラハウスでちゃんと演奏されていることが分かります。楽譜があり副指揮者がいるからです。ところが、ヴィッキーがいなくては「赤い靴」の舞台は「赤い靴」にはなりません。人は彼女の踊りを見にくるからです。だからジュリアンの「君もやめろ！」は、一見対等な要求をしているように見えてそうではありません。実際、かつてレルモントフが結婚したヴィッキーに「『赤い靴』はあれ以来誰も踊っていない」と言ったように、音楽とバレエとでは芸術の様態がちがうのです。

ジュリアン「他のどこでも踊れる」
レルモントフ「二流でいいのか」「君の存在は彼女をだめにする」
ヴィッキー「ジュリアン、あなたを誰よりも愛するわ」
ジュリアン「でもそれ以上に『赤い靴』を愛する。そうだろう？」
ヴィッキー「分からないわ」
ジュリアン「僕らの愛をだめにするのか」
レルモントフ「平凡な主婦になって子どもの世話に明け暮れろ」

ヴィッキーは、二人の男から愛と踊りの二者択一を求められ、混乱します。ジュリアンが「僕の顔を見ろ」と言ったとき、ヴィッキーはもう彼の顔を見ることができません。ジュリアンはあきらめて楽屋を出ます。舞台に向かうヴィッキー。ところが彼女は突然表情を変えると、廊下を走り抜けて、バルコニーからその下を走る線路に飛び込みます。そこへ汽車が来ます。

こうしてヴィッキーは最後は自殺に追い込まれます。リンチを受けたのと同じです。追いつめたのは二人の男です。彼らに殺されたのです。彼女の才能だけを買う男のエゴと、彼女への所有権だけを主張する男のエゴのはざまに落ちて、文字どおり転落死したということです。最後に楽屋で彼女が二人の男の間にはさまれ涙に暮れるシーンが、それをとてもよく表現していました。

「映画」では、愛をとるか踊りをとるか、「童話」では教会をとるか踊りをとるかの二者択一が迫られています。要するに男や神をとるか、踊りをとるか。一見して問題の所在がちがうように見えますが、どちらも言い方を変えただけで同じことです。

これを〈個人〉と〈世間〉との闘いだと見ることもできますが、そこだけに注目すると問題の本質が見えてきません。たしかに映画では〈芸術と個人〉をレルモントフが代弁し、〈世間〉をジュリアンが代弁し、両者を通して、〈芸術〉か〈世間〉か、の代理戦争が行われます。でもそれは、男同士の女獲得合戦が結果として思想合戦になったということです。ヴィッキーは男二人を闘わせる土俵になって、メタメタに踏みにじられます。そこが問題なのです。

ここでは、女は男がそこに夢を描くキャンバスにしかすぎません。ジュリアンはヴィッキーを個人専用にしたい。要するに、彼に作曲上のインスピレーションを与えてくれたり、身の回りの世話をしてくれたり、心の支えになってくれたりすることが大事なのであって彼女の才能などどうでもよかったわけです。

レルモントフにとってもヴィッキーは同じようにキャンバスなのですが、それでも少なくとも彼はヴィッキーを鍛え、才能を磨き、いろいろな意味で自立するチャンスを提供してくれる人間です。しかしそのために彼女の個人生活を束縛するはめになりました。ただし、それが束縛かどうかは、彼女自身が考え、選択したものなら問題はなかったはずです。

こう考えてみると、私たちには、ヴィッキー自身がなにを考えていたのか、もう一つよく見えてきません。

ヴィッキーはなぜ殺されたのか

それにしても、ヴィッキーはなぜ殺されたのでしょうか。

ヴィッキーがなにをしたかったか、彼女の願望ははっきりしていました。〈踊ることが生きること〉なのです。一つ言えることは、彼女は「踊ること」の訓練は受けていましたが、「生きること」に関しては無知《ナイーヴ》でまったく無防備だったということです。〈踊ることが生きること〉であるなら、当然女性が直面せざるをえない「女は愛と家庭に生きる」ものだという社会規範と自分の芸術との関係を十分に検討しておくべきでした。そんな彼女の弱みにつけ込むように、男の意志が鋼鉄のような強さで押しつけられます。

実際、ヴィッキーは、仕事や男との関係の中で、積極的に自分の意思表示をしたことがほとんどありません。二人の男たちはいつも自分の意見を闘わせていますが、ヴィッキーは黙っています。一度だけ練習のとき、舞台の上から「ここの音楽なんとかして」と要求しますが、それだけです。その意味では、彼女は状況のなすがままになって、生きた人形といった印象さえあります。

問題は、二人の男のことの運び方が、「童話」の「天使」に似て、脅しが主で、大変一方的で、権力的で、暴力的なことです。ゼロかすべてかのやり方、それがヴィッキーを殺すことになります。

いずれにしろ女が、男二人になぶられます。「なぶる」という漢字は「嬲」と書きます。文字どおりヴィッキーはその状況を生きさせられて死ぬということです。彼女が自殺に追い込まれたのは、「童話」の中でカーレンが自ら首切り役人に足を切断してもらったのと同じくらい、この上なく残酷なことだと言えます。

この映画には蒸気機関車がよく出てきます。

音だけで登場するパリ行きの列車、モンテカルロ行きの列車（ボロンスカヤと団員との別れ）。そしてレルモントフとヴィッキーは二回も列車の中で話をしています。一回目はジュリアンが首になった翌朝、ヴィッキーもやめると言ったときです。二回目はレルモントフが結婚したヴィッキーにもう一度「赤い靴」を踊らないかと口説くときです。彼はいきなりヴィッキーのコンパートメントのドアを開けて「僕たちは鉄道と縁がある」と言います。

またはじめの頃、ジュリアンとヴィッキーが二人ともいい仕事をもらい、興奮して夜眠れなくてポーチに出ているとき、二人の下を汽車が白い蒸気を吹き上げて通過します。それはヴィッキーの自殺の伏線になります。最後に二人の男の板挟みになったヴィッキーはそこから飛び降り自殺します。

ジュリアンは指揮者で、指揮者は、よく〝棒振り〟とも言われます。ここでのヴィッキーの描かれ方は自分の言葉を持たない踊る肉体であり、鋼鉄の意志を伝える棒、すなわちペニスに振り回される存在といったイメージです。いつも男の差し金で、運命に魅入られたように、黙って動いている印象を与えているからです。

女を二者択一で、まるで猟犬が獲物を追いつめるように追いつめる二人の男。彼らの鋼鉄のような意志の強さ、意地の張り方は、まるで蒸気を吹き上げ、ひたすら突っ走る機関車のように冷徹かつ冷酷です。ここでは鋼鉄でできた機関車は、侵略のイメージを持つペニスのシンボルともとれます。

長い間、女性は一般に「いい人」になるようにしつけられてきたから、彼女もまた疑うことを知らず、男たちが自分のために闘ってくれているものと思い込みます。現実には、この二人の男は彼女のためになど闘っていません。自分の闘いのために彼女を利用しているにすぎないのですが、ヴィッキーはそれが見抜けませんでした。

最後は飛び降り自殺ですが、いってみれば、交通事故にあったのと同じです。路上で二人の男が彼女は自分のものだと所有権を争って夢中で喧嘩しているうちに、ヴィッキーはその煽《あお》りを食らって突き飛ばされ、向こうから来た車にはねられて即死したようなものです。

言い方を換えれば、男たちの流れ弾に当たって事故死したと言ってもいいかもしれません。レルモントフとジュリアン、ロマンチックに言えば、創造と愛、の両者に引き裂かれて死んだ女とも言えます。しかしヴィッキー自身、何世紀にもわたって女性が置かれてきた社会状況にはまったく無知で、それゆえに自分の置かれた状況を客観的に見る目も自分を護《まも》れるだけの強さも獲得できていませんでした。その結果、男の意地の張り合いの犠牲になったと言うことができます。

ここには踊りはうまくてもただ踊れるだけの、無個性な幼すぎる女しかいません。それは〝男から見た女〟でしかないからです。女は男の気持ちの延長線上でしか動かされていません。ですから私たち観衆は、ヴィッキーの気持ちを最後までよく知ることはできなかったのです。

1章注釈

＊1　以下、この章の引用はすべて『完訳 アンデルセン童話集 2』（大畑末吉訳、岩波文庫刊）より。

第二章

女は男のお気に入りのオモチャである

「突然炎のごとく（JULES ET JIM）」

突然炎のごとく (JULES ET JIM)

〔物語〕第一次世界大戦前夜のフランス、パリ。オーストリアから来たジュール（オスカー・ウェルナー）とフランス人のジム（アンリ・セール）は、ともに文学者志望の青年同士として出会い、親友になる。二人はジュールの従兄弟の紹介で美しく自由奔放なフランス女性カトリーヌ（ジャンヌ・モロー）に会い、たちまち恋をしてしまう。

ジュールはカトリーヌに求婚し、ドイツに行くことになった。やがて第一次世界大戦が始まり、親友の二人は敵と味方に分かれてしまう。終戦後、ライン川の上流に居を定めたジュールはジムを家に招く。ジュールとカトリーヌとの間には女の子が生まれているが、もう二人の仲は冷えており、ジュールはジムにカトリーヌと結婚してくれと頼む。ジュール、ジム、カトリーヌ三人の共同生活が始まる。

やがてカトリーヌはジムが愛人と別れていないと知って逆上、三ヵ月の別居を言い渡す。ジムがパリへ戻った後、カトリーヌはジムとの子どもを流産してしまう。それから数ヵ月後、三人で映画を見た帰り、カトリーヌはジムを乗せて運転していた車を壊れた橋から転落させ、二人で死んでしまう。後に残ったジュールは、二人の棺を火葬場へ運ぶのだった。

監督・脚本……………フランソワ・トリュフォー
原作……………………アンリ＝ピエール・ロシェ
撮影……………………ラウール・クタール
音楽……………………ジョルジュ・ドルリュー
出演……………………ジャンヌ・モロー
オスカー・ウェルナー
アンリ・セール
マリー・デュボワ、ほか

一九六二年　フランス　一〇六分
ブルーレイ　発売・販売元：ＫＡＤＯＫＡＷＡ
（＊二〇二三年三月現在）

★ヌーヴェル・ヴァーグの旗手、フランソワ・トリュフォーが斬新な映像感覚とみずみずしいタッチで描いた恋愛・友情映画の傑作。女優、ジャンヌ・モローの名を世界に知らしめた作品でもある。

「突然炎のごとく」は恋愛映画でなく男の友情の映画である

「突然炎のごとく」は、一九六三年に英国アカデミー賞映画賞と主演女優賞にノミネートされています。日本でも一九六四年にキネマ旬報ベスト・テンで二位になっています。世界映画史上もっとも優れた恋愛映画の一つであり、一人の自由な女、カトリーヌを愛した二人の男の友情を描いた映画でもあるとして最大級に評価されています。私が学生の頃、大変はやっていました。

このように、これは恋愛映画の傑作ということになっていますが、私には、恋愛映画というより、男の友情を描いた映画に見えます。原題も「ジュールとジム」ですから、原題からしてやはり話の中心は二人の男たちと言っていいのではないでしょうか。それなら二人の男が愛を捧げているように見えるカトリーヌは、いったいなんなのか。じつは、ジュールとジムという二人の男の子に預けられたオモチャなのではないか。そういう観点からこの映画を見てみることにします。

ジュールはオーストリアからパリに留学している文学青年で、のちに作家になります。

ジムは外交官志望でしたが、教授から家柄がよくないから旅行記・翻訳・新聞で食っていけと忠告されて、のちに新聞記者になります。

映画の前半は、いかに二人の男の友情が強いかがしっかりと描かれています。ジムは二人の友情を自伝にまとめたりしているくらいで、遊び相手の女性も紹介し合ったりしています。ジュールは商売女のところへ行きますが、どうしても満足できません。そこからこの話はいよいよ本題に入ります。

二人は、歌手のアルベールが見せてくれたスライドの中の謎めいた微笑みの石像に魅せられ、実物が見たくてわざわざアドリア海に出かけていきます。パリに帰ってきた二人は、この石像に似た微笑みを持つ女性、カトリーヌに出会います。

カトリーヌがテーブルの下の足の触りっこでジュールのほうを選んだので、ジュールはジムに「彼女に手を出すな」と念を押します。ところが戦後になって、カトリーヌと結婚していたジュールは、「カトリーヌと結婚してやってくれ」と、ジムに頼みます。それは、「僕のオモチャをとっちゃいやだよ」と頼んでおきながら、さんざんオモチャで遊んで飽きたので、友だちに「僕のオモチャ、もうあげるよ。大事にしてね」と言うのと同じです。これがこの映画の中での男二人と女一人の関係のエッセンスです。

一見そうでないかのように、いろいろ理屈がついていますが、ジュールがカトリーヌというオモチャを必要としなくなったことだけは確かです。ジュールは年をとるにつれ、色恋の後で、自分のしたいことがなにか分かったからです。

彼は、カトリーヌの言葉で言えば「修道院のようなきちょうめんな生活」を送り、昆虫や小動物を愛していて、トンボの本を書いたりしていますが、これからは恋愛小説を書いて文学に戻りたいと考えている男です。そのために山の中に住んでいるわけで、自分の環境を全部自分の都合のいいように作り変えていっています。

可愛い子どももいるし、子どもとお馬さんごっこでもしていれば楽しいし、気晴らしにもなるし、しかも、彼は書くことで自分の精力を使い果たしています。いまは仕事そのものがオモチャなので、もうむかしのオモチャはいらなくなったわけです。

だから、〝むかしは貸してあげなかったけど、今度は貸してあげるよ。でも、むかしから持ってた懐かしい大事なオモチャだから、なくしちゃいやだよ。僕は手放したくないけど、君なら親友だし、なくしたりしないだろうから貸してあげるよ、大事にしてね〟ということになるのだと思います。ですから、彼ら、ジュールとジムがカトリーヌを愛してる、愛してないというのも、じつはオモチャに対する愛着と同じなのです。

ただ問題になるのは、ジュールがジムに〝オモチャを使ってもいいよ〟と言ったとき、ジムはもう親友のオモチャにむかしほど興味を抱いていなかったということです。それが悲劇につながります。

男たちはイメージに恋をした

〝人間なのにオモチャだなんて〟と疑問に思われるのなら、言い方を換えると、カトリーヌは彼らがつくり上げた幻想だということです。

まず、ジュールとジムがカトリーヌに惚れるまでに、どういう経過をたどったか見てみましょう。

彼らは、歌手のアルベールのところでスライドを見て、美しい微笑みの石像を見せられたとき、二人ともそのイメージに惚れてしまいます。仲がいいから似た感性を持っていたのでしょう。それで洋服を新調してアドリア海に行って、そこで本物の石像を見つけ、「あんな微笑みに会ったことがない。もし会えば後を追うだろう」と言ってパリに帰ってくる。それ以来、この石像が二人の夢見る女性像となります。共通の幻想、すなわち理想の女性像を二人は共有したというわけです。

そうしたら、たまたまジュールの従兄弟の紹介で会ったオランダ、ドイツ、フランスの若い女性たちの中の一人、フランス人のカトリーヌが、その微笑みとそっくりな笑顔をしていました。それで、二人は全身全霊でその女性に自分たちの願望を投影するわけです。ですから二人の男たちは、生身の女性を徐々に発見しながら愛していったのではなく、自分たちの中に育んだ理想の女性像があって、そのイメージに合った女性に恋をしたということです。

これは言ってみれば、ギリシャのピグマリオン伝説の一九六〇年代版とも言えます。キプロスの王ピグマリオンは、象牙で女性像を彫り、それに恋をしてしまいます。この話を使って、バーナード・ショーが劇作『ピグマリオン』を書いて、それが映画では「マイ・フェア・レディ」[*1]になりました。

男を虜《とりこ》にする運命の女〈ファム・ファタール〉

男が女に対して抱くイメージは彼固有のものであっていいはずですが、現実にはその男が生きている時代と切り離しては考えられません。ここに文化・伝統が絡《から》んできます。

かつて、フランスの文化の中で男たちが恋愛用としていちばん憧れた女性像は、男を食って食い尽くす女〈ファム・ファタール〉のイメージでした。〈ファム・ファタール〉は、運命の女という意味のフランス語です。十九世紀末の文化の産物で、男たちがつくり上げた女性像なのです。男を虜にして翻弄《ほんろう》して、男の最後の血まで吸い取ってしまう危険な魅力を持っている女のことです。

〈ファム・ファタール〉という女性像は文化・絵画・工芸の中でたくさん表現されて、そのおかげで〈ファム・ファタール〉は一世を風靡《ふうび》しましたが、その影響はいまもフランス文化の中に残っていて、小説だけでなく映画の中にも色濃く表れています。それは、スライドで美しい石像を二人に見せてくれた、アルベールの作ったシャンソン（挿入歌「つむじ風」）の歌詞にもありました。「♪知り合ってまた知り合い、見失ってまた見失い、また会って……」。それがあの男たちが追い求める〈ファム・ファタール〉のイメージです。

この映画の中でオスカー・ワイルドの名前が出てきますが、オスカー・ワイルドの書いた戯曲『サロメ』が典型的な〈ファム・ファタール〉だともいわれています。サロメはヨカナンの首を欲しがります。サロメはヨカナンが好きなのですが、禁欲主義者のヨカナンは「いやだ」と言って応じません。怒ったサロメは権力を利用してヨカナンの首をちょんぎらせて、お盆にのせて持ってこさせてキスをするという、すごい話です。このシーンはビアズリーの絵などでおなじみかもしれません。

また小説やオペラの『カルメン』がそうです。カルメンはホセを手玉にとって翻弄したあげく、彼を苦境に陥《おとし》れます。それからまた、ゾラの書いた『ナナ』も女優で売春婦で、徹底して男をひきつけてむさぼり食らってパッと離す女の話です。男を恋の虜にして、財産まで失わせる『マノン・レスコー』、また、お父さんから勘当されそうになって、それでもその女を断ち切れなくて、苦しみに苦しむ男の話、小説やオペラでも有名な『椿姫』もそうです。そういうイメージで描かれた女が〈ファム・ファタール〉で、あくまで男が女につけた呼び名です。

〈ファム・ファタール〉は殺される

ところで、〈ファム・ファタール〉と言えば、華麗な恋の展開と、恋で男を苦しめるセクシーで強くて美しい女というイメージだけが先行していますが、こうして男を苦しめた女にはどういう最期が待っていると思いますか？　そういう小説や映画はどういう形で終わると思いますか？

ここが私の言いたいポイントなのですが、彼女たちは非業《ひごう》の死をとげます。作家は必ず最後に〈ファム・ファタール〉を殺します。しかし、これまで、誰もそこには気づかないできましたし、したがって表立って論じられることもありませんでした。

『ナナ』の場合、ゾラは最後に彼女を天然痘にかからせて、男を魅了したきれいな顔を見るも無惨なアバタ面にして、しかも臨終のベッドでかつて彼女を愛して苦しんだ男たち一人ずつにその顔を見せた上で死なせます。『カルメン』も最後は闘牛場の裏で、牛みたいにグサッとやられてホセに殺されます。『サロメ』も最後は殺されます。『マノン・レスコー』は映画では男の弾よけにされて殺されます。『椿姫』は、小説でもオペラでも結核で死にますが、オペラよりも小説の死に方は凄惨《せいさん》を極めています。そういう形で、〈ファム・ファタール〉は最後に皆殺しにあいます。*2

そうすると、この映画はどうでしょうか？　これもフランス映画です。新しいようでいて、やはりフランス文化の伝統にどっぷりつかっていることは、最後に男二人を翻弄した女が死ぬことでも分かります。ズバリ言うなら、いらなくなったオモチャは処分されるのです。でも、そこは二十世紀も半ばを過ぎた六〇年代、これまでの〈ファム・ファタール〉の殺され方よりちょっとひねってあって、形は無理心中なので、一見女のほうに主導権があるように見えますが、実際はちがいます。

プライドを傷つけた者への罰

〈ファム・ファタール〉として描かれているカトリーヌの行動は一見、自由奔放で脈絡がないように見えますが、一つだけ一貫しているのは、彼女が最初から最後まで、自分のプライドを傷つけた男たちを、必ず罰しているということです。

はじめの頃はささいなことです。「私の背中掻《か》いて」と言ったとき、ジュールが「自分で掻きなよ」と言ったら、言うことを聞かない彼をパシッとたたきます。

それからジュールと結婚する直前に、ジムと三人でスウェーデンの芝居を見に行って劇場から出てきたとき、カトリーヌが「主役の娘は好きよ。自由を望み、自分の人生を創造している」と言うと、ジュールとジムが「処女かどうか分からん」とか、「女の肉体も描くべきだ」とか、いろいろ言います。それに対してカトリーヌが「肉体のことしか考えないのね」と言うと、ジュールが「女がそれを考えさすのだ」と反論します。これは、強姦《ごうかん》されるのはセクシーな格好をしている女が悪いんだというのと同じ論法です。

その後、ジュールが「夫婦生活で重要なのは妻の貞節で、夫の貞節は副次的なものである。女は自然で下劣な獣《けだもの》と書いたのは誰だっけ」と言うと、ジムが「ボードレールだから、それは特殊な女だよ」と彼女をかばいますが、ジュールはなおも「いや、女全般のことだよ。若い女のこともこう書いている。『案山子《かかし》、怪物、芸術の殺害者、愚者、売女《ばいた》、最大の退廃と結びつく最大の愚劣。私は女を教会に入れるのにいつも驚いた。女が神とどんな話ができるのか……』」（劇中台詞《せりふ》ママ）と言い張ります。それを聞いたカトリーヌが「二人ともバカね」と言うと、ジムは、「僕はジュールの夜中の言葉など認めんよ」と言います。カトリーヌはジムに「ではあなた抗議して」と言うと、すぐ顔のベールをめくって橋の上から川に飛び込んでしまいます。これはまさに男たちへの抗議を意味する行動です。

これから結婚しようという身で川に飛び込んだわけですが、それは抗議であると同時に、男を心配させるための罰でもあります。男たちはふるえ上がります。濡れたからだでタクシーに座ったカトリーヌをジムは「若きナポレオンのような微笑みを浮かべていた」と描写します。後で分かりますが、このシーンは最後の無理心中への伏線になります。

また、結婚式の前にジュールのお母さんからすごく傷つけられたときも、カトリーヌはジュールがお母さんの味方をしたことに抗議して、その罰として結婚前夜にむかしの恋人と寝ます。カトリーヌが男たちに下した罰はまだあります。結婚を約束したジムが、「僕にはお別れの雑用があるから、そっちへ行くのが遅れる」という手紙を送ってきたとき、彼女は彼が来る予定になっていた前の日に家を出て、歌手のアルベールと寝ます。ジムは恋人のジルベルトに請われて出発を一週間延ばしたわけですが、カトリーヌはわざわざパリからやってきたジムに向かって、「あなたと同じで、私にも雑用があったの」と言い、そして「今晩はただ抱くだけにしてね。誰の子だか分からなくなるから」と言います。彼はそれが楽しみで来ているわけですから、これはすごい罰ですよね。

つまり、カトリーヌは、誰かが自分のプライド＝自尊心を傷つけるようなことをした場合、必ず徹底して罰を与えます。ちょうど女王様が奴隷をぶつように、いちばん相手が大事に思っているものをあげなかったり危険にさらしたりして罰していくのです。そこまでは、男性に拮《きっ》抗《こう》できる対等な女性に見えます。

〈強い〉女が男を刺激する

さらに言うと、罰を受ける側には、ある種の快感があるということです。人は悪いことをしたとき、見逃してもらいたいと同時に、早く見つけて罰してもらいたいという矛盾した気持ちになります。特に自分より社会的地位の低い人間を粗末に扱ったときは、自分にいじめられている相手がただじっと我慢していると、かえってもっといじめたくなったりバカにしたくなったりします。そういうとき、相手が腹を立てたり仕返ししたりするとかえってホッとしたり、また余裕のあるときは黙って罰を受けている自分がかえって大きく思われて気分がよかったりもするものです。

すなわち、ここでは、カトリーヌは男を罰したり復讐したりする〈強い〉女として描かれているわけですが、その〈強さ〉こそフランス文化の伝統的女性像である〈ファム・ファタール〉のイメージとしていちばん大事なものであり、また女に要求される特徴でもあったわけです。そういう〈強さ〉に男たちは緊張感を覚え、刺激され、その結果、彼らの人生にドラマが生まれたからです。

ジムはカトリーヌに対して、一緒になりたい理由をつぎのように言います。「僕としては危険と冒険が必要なんだ、そしてそこに新しさがある。僕は君を愛する」と。明らかにジムという男は新しい世界を求めて、そのためにカトリーヌからエネルギーをもらいたがっているということが分かります。

そして〈ファム・ファタール〉ほど、男たちにとって素晴らしい危険と冒険はありません。頭はいいし、パワーはあるし、魅力もあるし、毒もあるし、なによりも官能的ですから。しかもカトリーヌは十五歳のときナポレオンに恋して「エレベーターの中で会った夢を見たわ。彼の子を産んだきりで会わないの。かわいそうなナポレオン」などという誇大妄想的なところがあって、ジムが「彼女もナポレオンなのだ」なんて言いたくなるほどパワーと神秘を感じさせる人です。だから、そういう女と対決すると、男は刺激されてすごく冴えるわけです。

それにしても「危険と冒険」を求めて女と付き合うなんて、まるで猛獣に挑戦するみたいじゃありませんか。その猛獣を手なずけて飼いならす快感は半端じゃないでしょう。

実際〈ファム・ファタール〉を生きる女性のイメージは、当時の絵画を見るとよく分かりますが、ライオンとか豹《ひょう》といった強い動物か、蜘蛛《くも》、蛇《へび》など毒のありそうな生き物で表現されます。また、ふつう〈ファム・ファタール〉の社会的地位は女王・王妃・王女などです。そうでなくても女王のイメージか、それに匹敵する強さと美しさとセクシーさをかねそなえた力のある女性です。エジプトの女王クレオパトラは強くて美人で男を支配して、最後には毒蛇に自分を咬《か》ませて自殺するので、典型的な〈ファム・ファタール〉とされています。

男が要求するイメージを演じ切らされる女

女王様のように、ということで言えば、ジムがこう言っています。「まるで女王扱いだな」。そしたらジュールが「彼女は女王さ」「僕らが彼女を女王のように扱うからだ」と言うのです。

また、ジムは「彼女は万人の幻」だとも言っています。これは〈ファム・ファタール〉は僕たち＝男のつくったイメージなんだ、だから女は僕たちに好かれたかったらそのイメージを生きてよ、と言っていることになります。

彼女を女王様のように扱うということは、男たちのセクシュアリティ（性指向）がそういう女を欲しているということですから、彼女が女王のようにふるまえば、男はそういう女をセクシーだと感じるわけです。そういう男の欲求から、男たちは自分たちのセクシュアリティに都合のいいイメージを女にあてがって、最後まで彼女にそれを演じさせているわけです。

たしかに、カトリーヌは最初から〈ファム・ファタール〉タイプの女性に描かれています。父がブルゴーニュの貴族で母はイギリス人で、あきらかにラヴ・チャイルドで、生まれからしてロマンと自由奔放なイメージがつきまとっていますし、ジムに言わせれば「一分遅れても帰りかねない女」で、また行動も「嘘つきにかける」んだと言って硫酸を持ち歩く激しい女で、結婚後も夫ジュールは「少しでも疑うとなんでもする女」とか「万事が好調すぎると不満になる」などと彼女を描写しています。こうしてカトリーヌはその激しさと行動力で表面上は男を翻弄していますが、男たちが女にそういうイメージを生きてもらいたがっているとすれば、主体は男の側にあるわけですから、男に利用されているのと同じです。

こうしてカトリーヌに最後まで〈ファム・ファタール〉を演じ切らせたのは、ジュールとジムという二人の男たちだし、その男たちを主体とした文化だと言えます。そういう文化・伝統があるということは、良妻賢母になれとか、観音様になれというのと同じ、女にあてがわれた行動規範であり、一つの文化的要請だとさえ言っていいでしょう。

実際、こうして男たちは彼女のパフォーマンスを楽しんで退屈な人生を紛らわしはしますが、彼女が不要になれば、猫と同じように捨てたくなるわけです。ですからカトリーヌの無理心中でさえ、彼女にとっては〈ファム・ファタール〉として演じなければならないパフォーマンスの一つだったということになります。一見自分を苦しめ、自分を受け入れてくれないジムを殺すことで罰しているようには見えますが、同時に自分も死ななければなりません。

カトリーヌが男を道連れにして死ぬことを暗示するシーンはすでに最初のほうに出てきました。彼女が駅に荷物を運んでもらうためにジムを家によんだとき、「嘘を焼くの」と言って、床の上で手紙に火をつけると、彼女のガウンにも火が燃え移って、消すのに大騒ぎをしていました。嘘の手紙を焼く、すなわち嘘つきの男を罰すること＝自分にも火がつく、という暗示です。それからもう一つ、先に書いたように芝居を見た後でカトリーヌがジュールたちに抗議して川に飛び込みます。それも伏線になります。そのシーンを大きくふくらませたのがラストシーンだと言えます。

妻を貸す、借りる、男たちの陰謀

ところで最初にこの映画は男の友情物語だと言いましたが、その分、ここには純粋な〈ファム・ファタール〉の映画とはちがって、いやァな要素が入ってきています。

ジュールは親友のジムに自分の妻に近づくチャンスを与えます。そうやって自分の妻を親友に提供しながら、ジュールはそこに責任からの解放と性的興奮と強い友情という、甘美で刺激的、かつ複雑なものを感じているはずです。

イギリスの小説家にフェイ・ウェルドン[＊編集者注2]という人がいます。彼女の一九七四年の作品に『フィーメイル・フレンズ』[＊3]というのがあります。

その中で、妻は夫の浮気に苦しんでいますが、夫のほうは妻を親友の男に貸そうとします。夫は、妻の貸与は男の本能だと力説するのですが、どう見てもそれは言い逃れです。要するに、男性主体の社会では、男女間の愛情関係よりも男同士の友情のほうがもっと強い、いや、強いというより大切なことが多いということであって、本能などというのはおかしな話です。

ここでの問題は、男は一度手に入れた女を最後まで利用し尽くす、ということです。谷崎潤一郎の小説『鍵』も、自分の女房を弟子に貸して、それをじっと観察して自分の衰えかけた性欲を活性化させ、腹上死するほど目いっぱい妻を楽しんでからあの世に昇天するという話です。

この映画で言えば、ジュールとジムに理想の女性像を抱かせるきっかけをつくった歌手のアルベールが、戦線で負傷して傷病兵として帰ってきたとき、偶然近くにいたカトリーヌが彼を慰めてやる場面があります。するとアルベールはカトリーヌに夢中になって「結婚して子どもも引き取る」とまで言います。そのことをジムに話すとき、ジュールは「彼女はアルベールを元気づけて希望を与えた。アルベールは男らしく、僕に打ち明けた」と言うのです。

もし、彼女がジュールに報告してもいいと言ったのなら話は別ですが、そうでなければ、それはいわゆる「女をまわす」イメージです。たとえば〝あの女と寝たから、おまえもやってみろよ〟というレベルの、男同士で女をオモチャにするのと同じ話に聞こえます。

草むらで仲よく楽しそうに話をしていた三人の男たちは、すでにカトリーヌと寝た男と、これから寝ることになる男で、私は、その場面から男三人の一人の女に対するある種の陰謀というイメージを思い浮かべて、いやァな感じがしました。ただものの言い方はズルくて、ジュールがジムに話すときも「彼女は僕らを捨てそうなのだ」、だから「彼女と結婚してくれ。彼女を失うのが怖い」などという騎士道精神めいた言い方をします。

ジムの同棲相手のジルベルトが黙ってジムの言いなりになっているのに比べると、カトリーヌのほうが一見自我が強そうですが、結果として、彼女の自我の〈強さ〉は反応する強さで、五つ殴られたら五つ殴り返す強さだということが分かります。それはちょうど牛が適度に強くなければ観衆を興奮させるような闘牛にならないのと同じことです。しかも、彼女の〈強さ〉は、あくまで男のニーズに合った〈強さ〉であり、それは彼女が自分の人生をつくっていくたぐいの〈強さ〉にはなっていません。この映画からそういう女の状況が透けて見えてきます。

男は戦争、女は恋愛の悲劇

ところで、この映画の中では、恋愛が個人的な戦争として描かれていました。ジムとジュールとアルベールが三人で草むらに座って話しているシーンで、ジムが戦争で知り合った友人の話を引用して、処女を征服したという話をしますが、ここでは恋愛は戦争や征服のイメージと関係があるようです。

同じシーンで乳房のことを「砲弾」と言っています。この映画の場合は、カトリーヌだって自分の〈力〉を確認するために男を「ものにする」し、男のほうもやっぱり自分の〈力〉で女を「ものにする」という形ですから、恋愛は一種の戦争ということになります。しかも、特に〈ファム・ファタール〉と一緒だったら、恋愛は絶対に戦争になります。男は、そのスリル、冒険と危険がおもしろくて、恋愛するわけです。実際、ジムがそう言ってますが、〈強い女〉と恋愛すればスリルも増すわけです。

映画の中でジュールは「ドイツ語では戦争と死と月が男性名詞で、太陽と恋愛が女性名詞」と言っていました。戦争が男性名詞で、恋愛が女性名詞となれば、男は武力で殺し合いをして、そういう男をあたたかく慰めるのが女の役目ということで、名詞を見ただけでも男性主体の文化が女性になにを期待しているかがよく分かろうというものです。「女たちよ、あんたらの生きる道は色恋だけじゃ」と決めたとなると、いまの時代から見れば、ちょっとこれは男文化の身勝手ではないかという気がするわけです。

実際、カトリーヌの場合は、仕事も持たずに〝性の自由〟だけを獲得した女の悲劇とも言えます。それ以前は〝性の自由〟は男だけのものでしたが、男が自由を満喫するためには、相手である女にもその自由を獲得させる必要があります。しかし経済力もなく、自分の生活もなく、しかも法律的にも不利な状況に置かれている〈産む性〉である女性が、〝性の自由〟だけを与えられたとき、どんなに惨《みじ》めな結論になるか、この映画がそれをよく示しています。

恋愛ほど、イージーにたちまちにして特別な努力もなしに、生命の充実感を味わわせてくれるものは、そんなに多くはありません。しかしそれも相手と対等な基盤に立ってこそはじめておおらかな恋愛になりえるので、そうではない場合には、たいてい割を食うのは女性のほうです。ですからそれを結婚という形で償うことになるのでしょうが、男女がほんとうにそれぞれ自立していれば、恋愛が結婚に結びつく必要はないわけです。映画の中で「愛は瞬間」「幸福は束の間、過ぎ去る」と言っていますが、意外に、恋や愛の本質はそういうところにあるのかもしれないからです。

カトリーヌの心はいつも空虚だった

こうして〈ファム・ファタール〉を演じている、いや、文化的かつ演出上、演じさせられている彼女には、自分のものはなにもありません。

男たち二人は最初から文学をやる人間同士として出会っています。いつも「君の詩を翻訳しよう」などと話して、お互いに詩を翻訳し交換したりしています。ジムは「出版社と契約できたから」と二人に背中を掻く棒と絵のプレゼントを買ってきたりもします。

つまり、物語の進行過程の中で彼らは、カトリーヌとの関係だけで生きているわけではなく、戦争に行ったり、仕事をしたり、それなりの社会参加をしています。彼女との恋愛や生活と同時進行させながら、男たちは二人とも、自分たちの世界を着々と築いていっています。一人は作家でこれから純文学者として頑張ろうとしていますし、もう一人はジャーナリストとしてきちんとした仕事をしています。彼女が男のつくった〈ファム・ファタール〉のイメージを生きて情事に明け暮れている間に、二人とも自分の世界を着々と形づくっているのです。

彼女には自分の世界と言えるものはありません。娘さえ父親になついています。彼女がやることになっている家事労働からも隔離されています。近所のマチルドという女性が主に家事と子育てをしています。あんな山の中で、車なし、セックスなし、家事労働なし、女友だちなし、その上、子どもは他人が世話してくれるので、たまに遊んでやったりするだけで、あとは夜、寝かしつけるだけです。彼女のすることはなにもありません。もちろん、仕事もしていません。男で言えば働き盛りのいい年齢なのに、これはまさに格子なき牢獄にいるのと同じです。

ですから、男の求めるイメージに自分を合わせて生きてしまったカトリーヌの虚《むな》しさは想像を絶するものです。孤独なんていう生易しいものではなくて、もう底なしの穴というか、〈空〉なのではないでしょうか。どうにもしようがない心の満たされなさ、埋めようのない空洞、それは食べても食べても満たされない、まさに〈心理的ブラックホール〉と言えます。

日本の昔話に、「食わず女房」という話があります。普段は大人しくてものも食べないでよく働く女房だと思っていたのが、夜中になると頭の後ろにパクッと口が開いて、そこに鯖《さば》を丸ごとぶちこんだり、ご飯をお釜ごと入れてしまったり、食っても食ってもまだ食う女の話です。私たちも虚しくなると食べるでしょう。入れても入れても満たされないというあの感覚です。

カトリーヌがつぎつぎと男を替えていったのも、単に男たちへの罰だけではなく、こういった心の虚しさ、満たされない気持ちの腹いせだったとも言えます。

カトリーヌの心の空虚は、「(ジュールが戦争に行っているとき) 遠くにいて彼を前よりも愛したわ。でも不和は彼の帰休のときに始まったの。彼が戦争から帰ってきたら、赤の他人のように感じた」という台詞にも表れています。一人のときは自分自身でいられたけれど、夫が帰ってきたら孤独になったということです。それで子どもを産んでから、「子どもは一人でけっこう。

部屋を別にして自由になるわ」と宣言して夫婦でなくなったというわけです。では、その後、彼女はなにをしたらいいのでしょう。

しあわせはいつかすりきれる

未婚の頃のカトリーヌは、ジュールとジムに出会ってからすることなすことすべて楽しくておもしろくて「仏頂面《ぶっちょうづら》はもうおしまい」と言いますが、結婚して夫と一緒にドイツの山暮らしを始めてから、ふしあわせになります。結婚してふしあわせになるという点では「赤い靴」のヴィッキーと同じです。

結婚した後のカトリーヌは、いわば囲い込まれた家畜、神経質で鋭い爪を持つシャム猫のような存在になります。そしたら今度はジムがやってきて、カトリーヌとの子どもを欲しがります。彼女のほうは最初は彼を愛しているなんてことは言ってなかったけれど、心が満たされないから、求められれば、愛していなくてもジムのほうに行きます。

ところが、さんざんオモチャにされて、あげくの果てに、二人の男からこんなオモチャは飽きたからいらないと言われたら、いくらその間は楽しかったとはいえ、色恋ざたでしか生きてこなかった素人女はどうしたらいいでしょう。一人で生活できないわけですから、いったいそれまでの人生はなんだったのかと考えたらとても虚しくなるはずです。当然、女は自分をやっかい者扱いし出した男たち二人に復讐したくなります。

男二人を殺したくても、夫のほうは自分の娘の父親ですから、娘が可愛かったら面倒を見てくれる人を残しておきたいのが人情でしょう。そこで夫の無二の親友で、しかも土壇場で自分を拒絶したジムを罰しなければなりません。絶望の果てに、彼女は、ジムを撃とうとします。ジムは撃たれてくれません。死んでくれなかった男を〝コンチクショウ、あいつを一緒に道連れにしてやろう〟と無理心中したわけです。

こうして彼女は夫から親友を奪いました。これは夫に対する最後の復讐であり、最後の罰です。ジムに対する罰は命を奪うことです。

しかし、自分の人生を奪った男たちへの復讐が、自分の命を犠牲にしてなされるということは、なんともやりきれないことです。女が命を犠牲にしないで復讐をなしとげる小説は、八〇年代になるまで現われないようです。

また、ジムは、だいぶ前からパリでジルベルトという大人しいなんにもモノを言わない女の人と暮らしていました。ところがカトリーヌとの結婚を決心すると、何年も一緒に暮らしているジルベルトに向かって「僕はカトリーヌと結婚する。僕はあの女性との間に子どもが欲しい」とヌケヌケと言います。するとジルベルトは怒りもしないで、黙ってそれを受け入れて、「私家に帰るわ」と出ていきます。愁嘆場《しゅうたんば》一つ演じません。

しかも、ジムはカトリーヌとうまくいかなくなるとまた戻ってきて、ジルベルトと一緒に暮らします。あっちがダメなら、こっち、というじつに身勝手な男であることが分かります。ジルベルトは一見、大人というか、男にとっては物分かりのいい便利な女に見えますが、彼女の側に立てば、カトリーヌとはちがった意味でまたひどい抑圧状況にいることが分かります。

こうして見れば、男にとって女は、カトリーヌであろうとジルベルトであろうと、すべてオモチャです。ただ〈ファム・ファタール〉のカトリーヌは非日常で、ジルベルトが日常というだけです。

しかし女の側からカトリーヌを見ると、すべてを奪われて、手足をもぎとられ、囲い込まれてしまった女の悲劇です。しかも、〈ファム・ファタール〉のイメージでは、奔放に男との恋愛を生きるのが魅力的な女の生きざまとされているので、カトリーヌは必死で恋愛を生きるわけですが、それは、行っても行っても行き着く先がない生き方なのです。ジムとの新しい関係の中でも「しあわせは知らぬまにすりきれる」と言っているように、恋愛だってやっぱり飽きます。

女に男の思想を刷り込む〈性の政治〉

そもそも社会は、暗黙のうちに、ときには大っぴらに、恋愛しなければ女でないみたいな強迫観念を女に刷り込んでいます。女の雑誌は恋愛か結婚、男の雑誌はセックスかスポーツか政治、といった感じでしょうか。男社会は女をなんとかして恋愛や結婚に閉じ込めておこうとしてきました。それに踊らされていると、女の職域は広がらないし、女はいつまでも貧乏のままです。

「恋愛ぐらいしなさいよ」などと人はよく言いますが、もし女が言われたとおりにしょっちゅう恋愛に走っていれば、心理通にはなれても、だんだん自分がなくなっていきます。恋愛こそが女のいのち、だなんて言われてその気になっていれば、恋愛のせいですべてを放棄しても、それが女らしいことになるわけですから、女の生き方をまっとうしたと錯覚しても不思議ではありません。

男の人は恋愛しようとなにしようと、ちゃんと食べていくための仕事や、自分が自分になるための仕事は、着々とやっています。この映画の中の二人だってそうです。あるいは逆に、そういう仕事を見つけたとき、男は〈ファム・ファタール〉がいらなくなります。

女性は恋愛・結婚・出産をしない限り「女でない」ということにされてきたから、社会はそういう形で女がアイデンティティを得るように仕組んできたから、それこそ女性は恋愛だけでなく、結婚にも子どもを産むことにも必死な場合が少なくないのです。「女でない」ことは女にとって生きづらさにつながりえますから。

カトリーヌたち三人が劇場から帰ってくるときに、ジュールがカトリーヌにしきりに言う「処女かどうかが問題だ」、「男の貞操は二の次で、女の貞操が第一だ」という女性蔑視《べっし》的で抑圧的な発言は、じつは〈性の政治〉、すなわち女を牛耳《ぎゅうじ》りたくてした発言なのだということが分かってきます。これから結婚しようとしている女に向かって、あらかじめ「俺はこういう態度でいく」ということを表明しているわけです。

これは男が女を支配する場合の政治的なやり方の一つで、いわば牽制球《けんせいきゅう》のようなものです。相手にこちらの思想を刷り込もうとしているのですが、彼女はそれに対して「私はいやだ」と最初から抵抗して、最後まで、貞操を守らないということでは自分を貫き通します。

それだけの「自我」がありながら、その強烈な自我がどう生かされたかというと、結局、生かす場所がなかったから、男に絡んでいくしかなかったわけです。ですから、カトリーヌが最後に「子どもを産む」ことにこだわるのは、どう見ても唐突な感じですが、もう彼女にはそこにしか自己実現の道が残されていなかったということです。

それはカトリーヌが子どもを産むという女の生物学上の特徴を利用する以外、自分のアイデンティティを確立できない、そのギリギリの時点に追い込まれたことを示しています。それもダメならあとは死ぬ以外ありません。男たちはもう自分の世界ができ上がっていて、そこでは女はいりません。このときカトリーヌはまだ三十二歳、ジムは二十九歳です。

女にとって恋愛は自己確認の手段か

この映画では恋愛が〈力〉として描かれています。カトリーヌがアルベールを元気づけると、その結果、彼は結婚を申し込むほど彼女にひきつけられます。それを見てカトリーヌは二つのことを感じているはずです。一つは、自分が男をひきつけるという〈力〉の意識、もう一つは、傷病兵で生きる希望をなくしていた人間に生きる希望を与えたという〈力〉の意識です。

カトリーヌはなにもしていないし、自分自身にはなにもない人です。だから、恋愛とかセックスをしたいというよりもむしろ、自己の持っている力、人間としての魅力、その力の確信が欲しくて、男から男へと渡り歩いていたのではないか。男だったらそれを仕事とか、自分の世界を通して感じることができたのですが、女には長らくそういう世界が許されていなかったので、男を性的にひきつけることで、そこに自分の〈力〉を感じるしかありませんでした。自分にはまだ魅力があるんだということで、女としてのアイデンティティの確認にもなります。

だから、カトリーヌのように恋愛せずにはいられない女の人は、逆に言えば恒常的にアイデンティティの危機にさらされている場合もありそうです。自分の生き方が分からなくなったり、自分に自信がなくなったりすると、恋愛に逃避したり、相手に自分の夢を投影したりするわけです。ですから、そういうときに恋する相手は、自分がそうなりたいと思っている人とか、力のある人とか、逆にうんと弱い人で、〝あの人、あたしがいないとダメなのよ〟式の思い込みを許すような男の人だったりします。

このように女性の中には自己評価やアイデンティティを求める手段として恋愛しがちな人も

いて、すぐ「生きるか死ぬか」になってしまう人も少なくありませんでした。男性の場合は自己評価やアイデンティティ確認の手段が他にもたくさんあって、恋愛はそのうちの一つにすぎませんから、一般に、簡単にそうはなりません。

でも、会社も家庭もうまくいっていない、すごく追いつめられた男が恋愛すると怖いといいます。そういう状態で恋愛したときには、結局、女だけに自己評価を求めているから、女に捨てられたら立ち直れないわけです。

つまり、追いつめられた男の心的状況は、女のそれにかなり近いと言えます。逆に言えば、女はいつもそういう心的状況に置かれてきたということです。こうして見ると社会が女にばかり〈恋愛〉を押しつけているのは、暗に女は自分を持つなと言っているのと同じことにもなりかねません。

この映画を見ても分かりますが、自分の世界を持っている男たちは別に年中セックスだの恋愛だのと大さわぎしなくてもいい状況にいるということです。ジュールだってもう自分の作家の世界に没頭して満足しています。彼の呆《ほう》けたような顔というのは、彼なりに没頭している結果だと私は思います。

それでも、男も若くてアイデンティティがあやふやなときには女を通して自分の力を、人生をつくっていこうとします。でも、一度でき上がってしまえば、強い女はかえって足手まといになるのではないでしょうか。自分の世界を見つけたときが恋愛の終わるときです。

そのときにはすでに〈ファム・ファタール〉はいらなくなっているから死んでもらうのです。自分を見つけた男がこれから必要とするのは良妻賢母です。ここではお手伝いのマチルドがその代わりをしているのでそれで十分というわけです。

女性抑圧の標本のような映画

こうして男が夢見た女のイメージを忠実に生きることでオモチャにされてしまった六〇年代の〈ファム・ファタール〉カトリーヌは、不要のオモチャとして死を選ばざるをえなくなります。これが〈ファム・ファタール〉に隠された〈性の政治〉だと言えます。

死に方で言えば、世紀末の〈ファム・ファタール〉なら病死や刺殺などが多いのに、カトリーヌは車で壊れた橋から水中に飛び込んで自殺します。それはちょうど女王クレオパトラが毒蛇に自分を咬ませて自殺したのと同じくらい、劇的で女王然とした思い切った行動と言えます。彼女は最後まで見事に、〈ファム・ファタール〉のイメージを演じ切ってくれたというわけです。

ただこの映画の〈ファム・ファタール〉が十九世紀末のそれとちがうのは、元来、結婚は形だけで終わって生活が描かれることはなく、また、いわゆる主婦にもなりませんが、カトリーヌの場合、結婚して主婦にまでなることです。その結果、〈ファム・ファタール〉と家庭の主婦像とはいかにも相容れない存在でありながら、抑圧という視点から見れば両者とも同じような状況にあることが、はっきり証明されたのです。主婦は家事と子育てという女役割に閉じ込められ、〈ファム・ファタール〉は性シンボルとして男の幻想に閉じ込められています。その意味でこれは、じつに見事な、女性抑圧の標本のような映画だという見方もできます。

そういうわけで、私には、この映画を「恋愛」映画として論じること自体が、クエスチョンマークなのです。「恋愛」という言葉自体、私はうさんくさいものだと思っています。「恋愛」として論じると、彼女の行動のほんとうの意味がとらえなくなってしまう気がします。それよりも、男と女の「関わり合い方」としてとらえていったほうが、中身が見えてくるのではないかと考えます。

この映画の主人公は一見、女性であるかのように見えますが、主体は男性二人で、語りも男で、男たちが女を観察し、観衆に報告する形になっています。「赤い靴」の場合と同じで、私たち観衆は一度もカトリーヌ自身の声を聞かないで終わってしまいました。この映画は、女を素材とした男のための映画であって、女を主体とした女たちの問題を扱う映画とはほど遠いということです。それだからこそ逆に、女性がどう扱われているかが透けてよく見える、ということにもなったわけです。

2章注釈

＊1 【「マイ・フェア・レディ」】（ジョージ・キューカー監督、一九六四年、アメリカ。アカデミー賞作品賞、監督賞ほか受賞）

＊2 田嶋陽子「カルメンはなぜ殺されたか」（『もう、「女」はやってられない』講談社刊、版元品切れ、重版未定、所収）参照。

＊3 【『フィーメイル・フレンズ』】（邦題『女ともだち』堤和子訳、新水社刊、版元品切れ、重版未定）

第三章

女も愛だけでは生きられない

「ベティ・ブルー　愛と激情の日々（37°2 LE MATIN）」

ベティ・ブルー　愛と激情の日々（37°2 LE MATIN）

〔物語〕ある日バンガローの修理工をしているゾルグ（ジャン・ユーグ・アングラード）のもとにベティ（ベアトリス・ダル）が訪ねてきて、一緒に住まわせてくれと頼む。ベティを無断で同居させたことを知った家主は、五百軒のバンガローのペンキ塗りを二人でしろと命令する。怒ったベティはバンガローに火をつけ、ゾルグを連れて出ていく。

二人はベティの友だちを頼ってパリに行き、友だちのボーイフレンドのエディが経営するレストランで働くが、ベティは横柄な客にフォークを突き刺してしまう。

ベティは偶然見つけたゾルグの小説をタイプし、出版社に送るが、どこも受け取ってくれない。ある日、エディの母親の葬式についていった二人は、エディから母親のものだったピアノ販売店の経営を任される。しばらくして妊娠テストで陽性の結果が出たと大喜びしていたベティは、後で間違いだと分かり、ショックのあまり、自分の片目をえぐり、病院に運ばれる。

出版社から原稿を受け取ってくれるとの通知が来る。ゾルグがそれをベティに報告しに病院へ行くと、ベティは薬で抜け殻《がら》同様にされている。医者からは回復の見込みがないと言われ、哀れに思ったゾルグはベティを自らの手で殺す。一人で家に帰ったゾルグは、ベティへの想いを胸に抱きながら、次作の構想を練る。

製作・監督・脚本……………ジャン＝ジャック・ベネックス
原作・脚本……………フィリップ・ジアン
撮影……………ジャン・フランソワ・ロバン
出演……………ベアトリス・ダル
ジャン・ユーグ・アングラード
コンスエロ・デ・アヴィラン、ほか

一九八六年　フランス　一二一分
DVD／ブルーレイ（廃盤）
（＊二〇二三年三月現在）

★「ディーバ」で新鮮な感覚を高く評価されたフランスのジャン＝ジャック・ベネックス監督が情熱的な女ベティを独特の映像美で描いた作品。原題の「37度2分」とは、妊娠しやすい体温のこと。
なお、のちに（日本では一九九三年）、「ベティ・ブルー　インテグラル〈完全版〉」として一八五分のノーカット編が公開され、DVDやブルーレイにもなっているが、この原稿は、最初に公開された一二一分のほうをもとにしている。

「ベティ・ブルー」のベティは天才を見抜く天才

ベティはどんな印象を与える女性でしょうか。

まず、美しいしなやかなからだに、大きな目とたっぷりとした唇。セクシーで、どこか神秘めいていて、強烈な存在感を発散させています。行動はじつに大胆で個性的で、直感力が優れていて予言能力があって、カリスマ性みたいなものもあります。ゾルグなどはもう、蛇に睨《にら》まれた蛙よろしく、それこそベティの言いなりです。ということは、この強くてセクシーでカリスマ性のあるベティは、これまたまさしく〈ファム・ファタール〉のイメージでつくられているということです。

ところで、〈ファム・ファタール〉ということになれば、すでに前章の「突然炎のごとく」を読まれた方は「そうか、また一人女が殺されるな」と思うはずです。それが前の章で見てきたことだからです。そして実際そのとおりになります。

この映画を見てまず度肝《どぎも》を抜かれるのは、ベティがじつによく暴力をふるうことです。ベティは男性顔負けの、見ている側が呆然とするような激しい暴力をふるい続けます。女性がこれほど暴力をふるう映画を、私は見たことがありませんでした。どうしてベティはあんなに激しい暴力をふるうのか、そのあたりから考えていってみます。

ゾルグはベティのことを感性が鋭いという言葉で表現していましたが、私に言わせれば、ベティにはある種の天才的な資質があると思います。

〝天才は天才を知る〟とはよく言われることですが、ベティはまさに天才を知る能力があります。まず彼女は作家としてのゾルグを発掘します。ベティはゾルグがしがないバンガローの修理工でまだ世の中の誰にも認められていないときに、ゾルグの書いた小説を読んで、それが素晴らしい作品であることを断言します。ともすればくじけそうになるゾルグのことを「あなたには才能がある」と励まし続け、彼の成功を予言します。精神科病院に入れられる少し前に「あなたの作品が出版される夢を見た」と言っていましたが、ベティが入院した後に出版社から電話があってゾルグの原稿がほんとうに出版されることになります。ベティは優れた作家の才能を誰よりも早く発見して、しかもそのうちに彼が世の中に認められるようになることも、直感的に知っていたわけです。

ゾルグ一人だけにその才能が使われたのなら、彼はベティの恋人ですから、あばたもえくぼ式の偶然であるかもしれませんが、単なる偶然として片づけられないのは、ベティがもう一人、天才を発見していることです。二人が田舎に引っ越してから、ゾルグが家に帰ってきて、すごい音楽が聞こえるのでびっくりしている場面があります。ゾルグが音楽の聞こえるほうに行ってみたら、少年がピアノを弾いていて、ベティが「天才少年なのに、ピアノがないの」と説明していました。それはベティがいよいよ追いつめられる直前のことでした。

ですから、ベティという人は、文学にしろ音楽にしろ、芸術的に優れたものを見抜ける天才的に鋭い勘、見る目や聞く耳を持っていた人だということです。

もう一つ、ベティに天才的な能力があった証とも言えるのは、彼女の集中力のすごさです。ベティはゾルグの非常にたくさんの原稿を一晩中ぶっ通しで読み終える集中力を持っています。ただ、おもしろいから、だけではできそうにないことをやってしまえる集中力です。それから、タイプも全然打ったことがなかったのに、二本の指だけで何週間もかかって、ゾルグの原稿を全部タイプしてしまいます。その集中力はただごとではありません。天才的な資質の一つだと言えると思います。

ただ、ベティはおそらく教育を受けていない人です。ですから、自分に天才的な資質があることなどつゆほども知りません。しかもまだ二十歳になるかならないかで、自己実現なんて考えたこともありません。この映画は、まさに人生の発展途上にいて、教育もなく情報もなく、しかも女であることで性的対象物にされて傷ついた、若い埋もれた天才女性の話なのです。

彼女は、光を求めて真っ暗闇を一人で手探りして、出口を求めてあがきながら、どうにもならない苦しさから、そのありあまる力をすべて自分の破壊に向けてしまったのです。埋蔵されたままのすごい力で、ベティは自爆してしまったのです。

脚を折った野生馬の運命

この映画の中では「馬」という言葉が何度か出てきます。一回目は、パリで、ベティがゾルグに「作家なら競馬でもやってなさい」と言ったときです。ベティからパリのすべての出版社に原稿を送ると聞いたゾルグは「競馬新聞を買ってくる」と言って、酒を飲みに出かけます。最後のほうでは、はっきりと「馬」とベティのイメージが重ねられます。ゾルグが、ベティを薬漬けにしたと言って医者を責めているとき、医者のデスクの上に馬の置物が置いてあって、それが、医者の「重症だ。この先どうなるか見通しがつかない。将来回復するかどうか約束できない」という言葉と同時にクローズ・アップされます。

ゾルグはベティのことを「脚を折った野生馬と同じ」だと言っていました。「壁を越えようと転んでは起き上がる。緑の牧場を夢見ながら、陰気な囲い地に住む。そんなのベティらしくないのに」と。

ベティは本来なら大地を駆け回っているはずの「野生馬」なのに「脚を折っ」てしまったので、走れる日を夢見ながら「陰気な囲い地」に入れられている、ということは、本来備わっている才能を十二分に発揮する手立てがないまま、毎日出口のない苦しみを味わっているということです。

一般に馬は「脚」が命ということになっていますから、「脚を折った野生馬」は殺される運命にあります。駄馬の場合、折れた脚を治してやって観光用とか農業用とかに使えるかもしれませんが、競走馬のように莫大なお金をかけて、しかも速く走るために脚を細くつくってある馬は、体重を支えるのが精いっぱいです。いくら脚を治してやったところで重労働には耐えられないし、もちろん競走馬としては使えないし、よほど優秀な馬なら種馬として使われることはあっても、いずれにしろ、あまりいい運命は待っていないということです。

実際、戦場で脚を折った馬はすぐピストルで殺されます。この映画でも、ゾルグは夜中に病院に侵入して、涙を流しながらベティを枕で窒息死させます。これはまさに、飼い主が愛馬を殺すイメージにそっくりです。ベティは重症で回復の見込みがないわけですから、馬なら脚を折って歩けなくなった廃馬と同じというわけです。

財産のない女は〈飼い猫〉と同じなのか

〝女を動物のイメージで表現するなんて失礼だ〟と言う人もいるでしょう。でもそれは、過去から現在まで女性が社会でどういう状況に置かれてきたか、その状況で女は男の目にどう見えるかということの直截《ちょくせつ》な表現だとも言えます。

女が男に養われている限り、男が抱く女のイメージは飼われている動物と同じで、〈飼われる馬〉や〈飼われる猫〉のイメージになるのだと思います。この映画でも「汽車賃もないの」と言ってゾルグのところに転がり込んできたベティは、後半に出てくる「白い迷い猫」のイメージと重なります。実際、白い猫はベティが思いつめる少し前に窓から入ってきて、いつのまにかベティのベッドに入り、彼女の死後は、彼女の魂が猫の中に宿ります。

また馬の利用価値はそれを飼う人間が決めるのと同じで、女の価値も男の都合で決まるとされてきました。だとすれば養う男が女の〈生殺与奪《せいさつよだつ》の権〉を握ることになりますし、女は生きるも死ぬも男の胸三寸ということになります。

これはよく考えれば恐ろしいことです。ベティの場合、医者は重症で治る見込みがないと言っていますから、ああやって殺されたほうがベティのためにはよかったと言う人もいるでしょう。また誰が療養費を払うのかという現実的な判断がゾルグの側にあったとしても不思議ではありません。

仕事も財産もなくて、男に養ってもらわなければ生きていけないベティは、人間に飼われている猫か馬のようなものです。飼い主の顔色をうかがわないと生きていけない存在です。ですから必然的に〝愛されたい、理解されたい〟とすがるような気持ちで生きることになります。〝愛されれば、理解されれば〟ひどい扱いは受けないという思い込みがあるからでしょう。しかし、現実はそうはいきません。たとえ可愛がられている猫でも、いらなくなれば、飼い主は平気で捨てたりするのです。

結局、男はどんな状況にいても仕事をしてご飯を食べていけるから、一人でも生きようと思えば生きられるのです。たとえばゾルグだって、ベティと出会う前から貧しいながらも修理工をやって自立して生計を立てていました。

ゾルグに限らず、この映画に出てきた男たちはみんな、一人で生きていける存在です。いけ好かないバンガローの家主だって、女房のいる食料品店の亭主だって、たとえ女房が出ていっても、新しい女を取り込めばいいわけです。レストランを経営しているエディだって、いまの女がいなくなったら、また別の女を取り込めばすみます。男たちは仕事と財産を持っているのですから、女のほうから寄ってきます。女に媚《こ》びなくていいし、女の世話になる必要もないのです。

ベティはなぜ暴力をふるうのか

これ以前も女性が暴力をふるう映画がなかったわけではありませんが、いずれもハプニング程度のものが多く、女性に内在する恒常的なものとして描かれてはいませんでした。

女性の暴力を女の抑圧の結果として描いたのは、私の知る限り、この映画がはじめてです。女の人が抑圧されて、自分の力を表現する場がないと、ときにその力を暴力という形で他人に向けたり、精神的に追い込まれたりすることがあるのですが、いままで一般向けの映画の中ではそういう視点から女の暴力がとらえられることはほとんどなかったと思います。そういう意味で、この映画は女の抑圧という視点から、女の暴力や激情を描いた画期的な作品であると思います。

家主はベティが居候したというので五百軒のバンガローのペンキを塗れと無理難題をふっかけて、しかもタダでやれと言うので、ベティは猛烈に怒り出します。同じ居候でもベティが男だったら、家主はむしろ五百軒分の労賃を支払ったと思いますが、それが女だというのでバカにしたわけです。

ベティが一年も働いた飲み屋を逃げ出して汽車賃もなしでゾルグのところにやってきたのは、客だけでなくそこの店主までもが彼女の股に手をつっこむという、いわゆるセクシャル・ハラスメントにあっていたからなんです。彼女はその頃しきりに「男はみんなロクデナシ」「男はいつだってバカよ」「肉体目的の男はいや」と男を批判していて、そんなときにこの家主のいやがらせにあったので、怒りに任せて思う存分に暴力をふるいます。家主の車にペンキをぶっかけ、彼をベランダから突き落とし、罵詈雑言《ばりぞうごん》を吐きながら自分の性器を見せつけ、最後はバンガローに放火して、そのままパリに逃げます。

人手の足りないエディのレストランで二人が働いていたとき、ベティが女性客の腕にフォークを突き刺したのは、客がベティをバカ呼ばわりしたからです。

また同じ頃、編集者からゾルグの作品をくそみそにやっつける手紙が何通も来ますが、その中でゾルグを「ドロドロの頭脳」の持ち主と書いてきた編集者がいて、ベティはその家を訪ね、彼の顔を櫛で引っかきます。

そうやって他人に向かっていた暴力が、田舎に引っ越してからは次第に自分に向かうようになっていきます。まず、ベティがうつうつとしているときにゾルグが「ブスッとするな」と言ったら、ベティは急にウワーッというものすごい顔をして、ガラスをバーンと叩き割ります。どういうわけか、ゾルグに対しては直接暴力をふるいません。ふるわない分だけベティは自分を傷つけるようになっていきます。最後は自分の片目をえぐって、徹底した自己破壊に踏み出します。

女の人が自己実現や自己表現をするチャンスが十分に与えられていない父権制社会の中では、女性はとかく自己否定的になりがちです。ですから女が暴力的になっても、その力を他人というより自分に向けてしまうことが多いようです。

ベティも結局、なにがどうなっているのかよく分からないから、暴力をふるう自分が悪い、ものを壊す自分が悪い、「頭の中から声がする」自分が悪い、私がダメなんだ、というふうになっていきます。

パリから九百キロの田舎に引っ越してからは、パリにいたときのような友だちもいないし、夢中でゾルグの原稿をタイプする作業もないし、テレビを見るか、家事をするだけです。そこでのベティの未来像は、食料品店の女房のアニーのように子どもを産んでその後「色情魔」になる以外ありません。このときすでにベティは眠れなくて睡眠薬を常用しています。

食料品店の亭主の「オレの女房は色情魔、そっちは頭がヘンときてる」（劇中台詞《せりふ》ママ）という表現は女の抑圧状況をよく表している台詞だと思います。食料品店の女房アニーは子どもにお乳を含ませているとムラムラしてくるのに、亭主は一ヵ月もかまってくれない。そうかと思うと、彼女が「クタクタに疲れて眠っていると、後背位で攻めてくる。そんな無神経な夫」です。だからいつも夫に不満で、ゾルグに「私を抱いて」というふうになるわけです。それが「色情魔」だと言われるゆえんですが、それは彼女の人生全体に対する抑圧への不満がセックスを求めるという分かりやすい形で出てきただけだと思います。根本的にはベティが暴力をふるう理由と同じものなのです。

ベティの暴力は、自分でもコントロールのしようのないエネルギーの噴出で、もちろん〈怒り〉の表現ですが、それは強さとはちがって、よく見ると、瞬時にして無力感に襲われたことが透けて見えます。

ベティは自分に才能があることを自覚していません。周りにそれを教えたり育ててくれたりするような人もいません。わずか十九歳で、教育も訓練も人脈もない、絶望的な状況を生きています。突き上げてくるエネルギーにとまどいながら、焼けた鉄を飲んだような悶々《もんもん》とした状況を生きています。これが私のとらえたベティです。

ほんとうは誰もが自己表現や自己実現ができるはずだし、したいはずなのに、彼女にはそれを十分に発揮できる場がない。仕事のような手立てがまったくないのです。特に都会から田舎に行ってしまうと、情報は少ないし、活動範囲が狭くなります。ベティは田舎に行ってからさらに追いつめられていきます。

できるのはセックスと家事労働

教育もなく、いままで〈女らしさ〉の中で育てられてきたベティにできるのは、セックスと家事労働だけです。しかし、最後には、セックスもほとんどしなくなります。抑圧が最高潮に達すると、ベティのようになる人もいるのでしょうが、人によっては食料品店の女房みたいに「色情魔」になってしまう人もいるわけです。けれども食料品店の女房だって、もしかしたら亭主よりもずっと頭がいいかもしれないし、少なくとも亭主のやっている仕事ぐらいはできた人だと思います。女だからそれを発揮する場を持たされず、だからこそ追いつめられてしまうのです。

ここに出てくる男たちがなぜそうならずにすむかというと、金を稼がなければならない、女房、子どもを養わなければならない、という義務があるからです。義務は重荷になっていやだと言う人もいますが、女にはその社会的な義務さえもないのです。ベティや食料品店の女房は、女役割だけを生きさせられていて、自分の対価物、自分の影になるものが、外に全然ないという、一種の地獄にいたのだと思います。

じつは、ベティの苦しい状況というのは、映画の最初から出てきています。

映画は、二人がセックスしているところから始まります。日本初公開版ですと例のボカシが出ていてよく見えないのが難点ですが、それでもゾルグがベティの上にいて、先に終わってしまうと、ベティはその下で一生懸命うごめいているのがよく分かります。つまり、ベティはゾルグがイッてしまっているのに、自分はまだイケないわけです。ゾルグはふつうの男よりも優しいから、ベティがイケるように協力しますがそれでもダメで、そのうちベティはもうゾルグを突き放しながら、必死になって声を上げて腰を動かします。ベティはなんとかしてイキたいのにイケなくて苦しんで「アー、アー」とすごい声を出しています。

このシーンは、ベティの置かれている状況を象徴的に表現していると思います。つまり、抑圧状況に置かれた気性の激しい女が、解放を求めて一人でもがき苦しんでいる姿です。この冒頭のシーンこそ、まさにこの映画の原点だと言えます。

ベティには最初からどこか危ういところがあります。中には統合失調症だと断定する人もいます。ほんとうなら、セラピーにかかったほうがいいくらいだと私は思います。

どういうところを見てそう言うのかというと、最初「肉体目的の男はいやなの」と言いながら、それでもゾルグのところに来たとき、裸にエプロンです。エプロンドレスの脇からお乳が丸見えでした。つまり、肉体目的の男はいやだと言いながら、わざわざ男性の肉欲を挑発するような格好をしてしまうという矛盾が、ベティの中にはあるわけです。肉体を目的にされるのがいやだと思ったら、あんなお尻丸見えの格好からは遠ざかると思います。それを隠す方向にいくと思います。

でもそれがおかしいというなら、この世の大方の女性たちはみんなおかしいということになります。男社会に閉じ込められている女の人たちはダブル・バインド（二重拘束）に苦しめられているので、多かれ少なかれそうならざるをえないような状況を生きているのです。

ベティの場合も、行動が言葉を裏切ってしまいます。行動と言葉が矛盾します。二つの価値観に引き裂かれた女なのです。いわゆる「女っぽく」ふるまっていやな目にあっているのに、女っぽくふるまうのをやめられない自分と、内側から込み上げてくる屈辱感との板挟《いたばさ》みになって、一事が万事彼女を破滅へ導いていく要因になっていきます。

ベティはまだ若すぎてそういった自分を内省する知性、教養を身につけていません。そのために女性をないがしろにする社会の罠《わな》にはまって自分を見つけそこねたまま、泥沼に足をとられて破滅への道を歩くことになります。さらに社会がちょうど馬や羊を囲い込むように彼女を追いつめていって、最後には精神科病院に囲い込んでしまいます。

引き裂かれていく姿の奇妙な美しさ

この男性を主体とした社会では、能力のある女性が十二分に活躍できる場所は限られています。女性は才能があるというだけで、男にとっては扱いにくい存在になってしまうからです。たとえ天才でも、そういうことに気づく人は少ないでしょう。また才能を伸ばす機会にも恵まれません。女に天才はまれだという潜在的な偏見が世間にはびこっていますから、本人まで自分の天才的才能をなかなか信じません。もしベティが中世に生きていたら魔女にされていたかもしれません。

こうして優秀な女は、どこかセンシティヴな面を持たされています。極端に気分が変わりやすくて、いま泣いていたかと思うと急に怒り出したり暴力的になったりする女の人は、私たちの周りにもかなりいます。そして、私たち自身も、大なり小なりそういうセンシティヴな部分を持っています。ベティの場合は、天才的なすごい力を持っているので、怒りや暴力の程度がふつうの女よりすごいというだけのちがいなのです。

そういう天才的な資質を持ったベティですが、若くて自分のことをなにも分かっていない人ですから、自分と世間との間にそんな大きな裂け目があることすら気がつきません。そして彼女自身も引き裂かれて苦しんでいる姿はとても悲惨ですが、一方でその姿には言いしれぬ美しさがあります。

「ベティは特別な感性を持った奇妙な花だ」とゾルグが言っていましたが、私は彼女の「奇妙な花」のような美しさは、顕微鏡で見た細菌や細胞の美しさに似ていると思います。テレビの画面や写真で、顕微鏡で写した細菌や細胞を見たことのある人は分かると思いますが、すごくキレイなのです。下手な美術品よりもはるかにキレイで、一種サイケデリックで抽象的な美しさにあふれています。しかし、細菌や細胞を見ただけでは、ふつうの人にはそれがなんの細菌だとか、からだのどの部分の細胞だとかはいっさい分かりません。ただ、その造形的な美しさに目を見張り、細菌や細胞が、こんなにもキレイなものなのかと思うだけです。

この映画は〈抑圧〉という病原菌が精神に対してどういう働きをするかを、映画という顕微鏡で見せてくれたのだと解釈できます。ちょうど癌患者の癌細胞を顕微鏡の下に置いて、その細胞の働きをつぶさに写し出したようなもので、細胞はからだの中では命をむしばむ致命的な働きをしているのに、そこだけ切り取られて顕微鏡で拡大されると、まるで抽象画のような異様さと神秘さで、芸術作品さながらに美しいのが常です。

また、切り取られた細胞だからこそ、映画の中では当人の過去その他、生活風景の説明がいっさいないのだとも言えます。兄弟は何人いるのか、どんな過去があるのか、父母はいるのか、学校は、などなど、彼女の背景はいっさい分からないままです。それは意図的な気がします。

もし家族などの説明があったらベティの暴力には説明がつけやすいし、またつけたくなります。その結果ベティは説明され、ありきたりの論理で片づけられてしまうでしょう。神秘性は薄れ、映画はすぐに忘れられます。なぜベティがあまで暴力をふるうのか、人は問い続けはしないでしょう。

ゾルグは作家志望で、芸術家の魂を持っている男でしたから、ベティの苦しみについて理解しえたと思います。それだからこそ、ゾルグはベティと最後まで付き合い、面倒を見たという面があると思います。ゾルグは非常に穏やかな性格で、気弱な男として描かれていますが、彼の作家の魂を支えていたのは、ベティが持っているのと同じ激しいものであったはずです。このことはまた後で別の角度から触れます。

愛だけでは生きられない女たち

この映画についての批評を読んでみたら、やれ「愛」がどうのこうのと言うばかりで、ピントが外れていて全部ダメです。

ベティとゾルグはたしかにお互いにひかれ合って一緒に生活しているので、世間ではふつう、それを「愛」と呼ぶのかもしれません。でも、この映画は決して「愛」の物語などではありません。それが分からないから、「愛の崩壊劇」とか「ロマネスクな愛を追い求める」とか「僕は羨《うらや》ましくてしょうがなかった。僕もあんなふうに女の人から『あなたは素晴らしい、作品を書いて』なんて言われたかった」とか、ヒドイ批評になってしまうのです。

「暴力的」だという批評もありますが、肝心の暴力の意味についてはなにも書いてありません。ましてや、女性の抑圧という視点でこれを見ている人は、私の調べた限りでは一人もいませんでした。「あまりに激しすぎる愛に自ら傷つく娘と、そんな娘を愛さずにいられない男」などと「愛」の物語に仕立てている限り、この映画はまったく理解されないと思います。

もし、批評家たちの言うようにこれが「愛」の物語なら、はじめから二人の間に愛はたっぷりありました。それにもかかわらずベティは追い込まれた。では、なぜそうなったのか、そのほうが私ははるかに気にかかります。

結論から言ってしまえば、もう女は「愛」だけでは生きられないところにきているということです。

ベティが、たまたま見つけたゾルグの原稿を一昼夜かけて読み切った後、二本指で夢中でタイプをたたいて清書し、それを出版社に送りつけ、その後、周りの人間までハラハラするほどの緊張ぶりでその返事を待ち続けたのも、また意地悪な返事をよこした編集者の家に押しかけてその顔を櫛で引っかいたりしたのも、ゾルグに対する愛情や彼の能力に賭けていたからというより、この修理工に天才的資質を発見した自分自身の才能に賭けていたからです。

編集者の侮蔑的な手紙は、ゾルグに対する侮蔑というより、ベティの才能を踏みにじるのに等しい苦痛を彼女に与えたのです。そうでなければ、いくら愛しているとはいえ、男の原稿のことで鉄道自殺でもしかねない消沈ぶりで茫然と鉄橋にたたずむようなことはないはずです。

こう考えてきてはじめて、なぜ最後に彼女がひどく思いつめるのかも理解できると思います。

ベティが愛だけを生きがいにしていた女性なら、これだけゾルグに愛されて大事にされているのだから、なぜ思いつめざるをえなかったのか判断に苦しみます。生活にしてもすでにピアノ販売店という食うための仕事も家もあるわけですし、それこそ世間の亭主なら「これ以上なんの不足があるんだ」と文句を言うところでしょう。子どもはいませんが、その気になればゾルグはまだ三十歳そこそこですし、ベティも二十歳になったばかりなのですから、きっと産めるはずです。

ところが、ベティの様子がおかしくなり出した直接のきっかけは、避妊の失敗で妊娠テストが陽性と出て大喜びしたのに、後でそれが間違いだと分かった、そのショックです。妊娠したくなかったから避妊していたわけで、避妊リングを外せばいくらでも妊娠できるという、ごく当たり前の事実がすでに通じなくなるほど、ベティは追いつめられていたということです。精神科の医者の診断は「ショック」で回復の見込みがないほど「重症」だということでした。

なぜ妊娠できなかったことがそれほどショックだったのか。すでに目つきも顔相も変わってしまったベティが、ゾルグに髪の毛を切ってもらいながらボソッとつぎのようにつぶやく場面がありました。「運命は意地悪だわ。私の願いを拒否するのよ。赤ん坊さえ授けてくれない」

この台詞から分かることは、ベティが向き合っていたのはゾルグでも妊娠テストでもなく「運命」だったということです。ベティは運命に愛されたかったのです。

ゾルグの作品が出版社に受け入れられることは、すなわち自分の才能が認められることでもあったわけです。それなのにどの出版社からも人をバカにしたような文面で断られ続け、彼女は次第に追いつめられ、絶望していきました。ベティが追いつめられる直前、もうみんな忘れた頃になって、ゾルグに「あなたの作品が出版される夢を見た」と言います。彼は本のことなんか忘れるようにと言いますが、ベティは心の中で、あくまで自分と「運命」すなわち自分の才能が認められることにこだわり続けていることが分かります。

ここを描きたかったからこそ、この映画ははじめから愛がたっぷりで、一見純愛映画ふうに仕立ててあるわけで、もっと言うなら、彼女は男に愛されたいし、愛されているけれども、それだけでは人間としてやっていけない、そういうところまで来ていることを言っているのだと思います。たとえ「飼われて」いる女でも、愛だけではなく、自分が自分と対峙《たいじ》する世界がなければやっていけない状況が生まれ出しているということです。

少し前まで女たちは、男に愛されて台所仕事をして子どもを産んでいれば、それで〈女らしい〉という世間へのパスポートが獲得できました。しかしいま、女たちはそれだけでは満足できなくなっています。自分の能力を生きたいのです。

人間として生きることに不慣れな女の悲劇

かつて大方の映画は男と女が結ばれればそれがハッピー・エンドでしたが、ここではもう、女は男にこれだけ大事にされ愛されていても、それだけでは満足できずに、自分と向き合い、愛を超えたその向こうの声を聞き取ろうとしています。

しかしまだ女の個人としての誕生は間もないので、人間としての自分を生きることにそれほど慣れていないから、手足の動かし方も不器用、ちょっと動けばすぐ怪我をするし、ヘマばかりやるし、しかも耐性がないから命を危うくすることさえあります。それでもそれなりにその一歩を踏み出した女の過渡的な現実を、この映画はじつに巧みに描き出しています。

男はどんな状況においても、自己表現の手段において自立していますが、女は男との〈関係性〉でしか、自己成就《じょうじゅ》、自己達成の方法がありませんでした。自分の能力に絶望したベティは最後のよりどころとして、セックス、恋愛、子どもといった伝統的な女の在り方に目を向け、〈産む性〉を生きることで自己実現しようとして、ここでもまた失敗したと思い込みます。

ゾルグは一度も子どもが欲しいなどとは言わないし、そのそぶりも見せません。ただベティはそれが女から男への、最高の「贈り物」だと思い込んでいたようで、ゾルグに一宿一飯の恩義を感じていて、お礼がしたかったのか、あるいは死んでいく自分の忘れ形見、自分の一部を残したかったのかもしれません。

いずれにしてもベティは最後まで産むということにこだわりながら死んでいきます。「突然炎のごとく」のカトリーヌもそうでした。すなわちこれは〈女は母性〉という刷り込みから来ています。ベティの悲劇は〈産む性〉と規定された女が、その社会規範から自由になれなかったために起きた悲劇でもあります。〈女は母性〉という考え方は、これを生きていれば男社会では女として安泰ですが、現在のように、女に子育てが押しつけられることが多い状況では、人間としての女の生き方の足を引っ張る病原菌の一つなのです。

「ベティ・ブルー」は、はっきりと、女性の抑圧という視点から、女性の暴力や激情を描いています。つまり、女性学的な視点が男性の作った映画の中に入ってきているわけです。この映画と同じように〈ファム・ファタール〉を扱った「突然炎のごとく」は、六〇年代に男の視点で作られた映画ということもあって、女性学的な視点はいっさいありませんでした。「突然炎のごとく」は、男同士のいい関係、男二人と女一人の三角関係、女が男に捨てられて死ぬ、というレベルで話が終わっています。「ベティ・ブルー」のほうはやはり、一九八六年の映画だけあって、「突然炎のごとく」よりもずいぶん先を行っていると言えます。

リラックスした男たち

実際、「突然炎のごとく」から二十年もたつと、フェミニズム運動の影響が映画界にも現われ出しているということは、「ベティ・ブルー」を見れば明らかです。

まず、ここでは男たちはそんなに威張っていません。一人威張っていたバンガローの家主はベティに懲《こ》らしめられます。女に対して「あれ持ってこい」式の横柄な態度をとる男は一人もいません。もちろん大都会パリとそこから九百キロも離れた田舎では文化的時差があって、ちょっと様子はちがいます。それでも「赤い靴」や「突然炎のごとく」でひどくもったいぶっていた男たちとはちがって、みんなリラックスしていて、レストラン経営者のエディなどは母親を亡くしたときは子どもみたいに手放しでワーワー泣いて、従来の〈男らしさ〉のイメージなどかなぐり捨てています。

ゾルグもエディもよく台所に立って食事の用意をしていますし、パリではゾルグやベティの友だちは、男も女もみんな一人暮らしや同棲が基本で、「結婚」などという言葉は一度も聞かれません。自分のことは自分でやりながら、女と男がそれぞれ仲よくやっているという感じでした。

そんな中でただ一つむかしふうだったのは、ベティが経済的に自立していなくて、「汽車賃もないの」と言ってゾルグのところに転がり込んできて、居候のお礼のつもりだったのでしょうが、家事を引き受け始めたことです。でもベティが死んだ後、ゾルグがまたスッともとの自分一人の生活に戻って、自分の好きなチリコンカンを作ってゆっくり味わっている姿には、不便をかこつというより、なにか一人になってホッとした気楽さが漂っていました。

ゾルグは現実生活ではベティへの対応に手いっぱいといった感じで、彼女に変な期待や幻想など抱いていません。むしろあるがままのベティを愛しているように見えて、害のない、じつにいい男といった印象さえ受けます。

しかも冒頭で家主がベティの居候にやっかみ半分に文句をつけたとき、ゾルグは、「彼女は働き者だ。家事、買い物、なんでもやる。大したもんだよ。僕は時間の節約になって助かっている。タダでやってくれてる」「（ペンキ塗りをさせるのなら）彼女に賃金を支払ってくれ」と反論します。その「タダでやってくれてる」という言い方には、すでに女だけに家事を押しつけるのはおかしいという社会的コンセンサスのあることが感じとれます。その意味では、この映画はこれまでの女と男が役割分担で描かれるような世界とはずいぶんちがって、さすが八〇年代の映画という感じがしないでもありません。

こうして見るといいことずくめのようですが、よく見ると、そうとばかりは言っていられません。セックスシーンでは、一度としてベティが上になることはありませんでした。そこから趣味の問題というだけでは片づけられない問題が見えてきます。それは二人の関係の中に抜きがたく巣くっている、男性上位の男女関係を象徴的に表しているからです。

ベティは〈もう一人のゾルグ〉

先にも述べたとおり、映画評論家たちは、この映画をベティとゾルグの愛情物語ととっているようですが、私にはそうは思えません。

ガラッと観点を変えると、じつはこれはゾルグ一人の「成長物語」ではないか、ということです。ベティはゾルグの分身なのです。ベティは〈もう一人のゾルグ〉なわけです。もっと正確に言うなら、彼が我慢して表面に出さない心の中の部分を、ベティが代わりに演じているということです。我慢している心の部分ですから、当然それは不安や怒りなどで、それが日の目を見れば、暴力という形をとることにさえなります。

彼の心の中を擬人化してベティに演じさせていると考えていくと、映画の中のすべての謎が解けます。なぜゾルグが最初からベティの暴力を徹底的に受け入れているのか、またどんな暴力をふるっても決してベティを非難しないのはなぜか、ベティが妊娠していなかったショックのあまりピエロのような化粧をしたとき、なぜ彼も一緒になって食べ物を自分の顔に塗りたくったりしたのか。一見それは愛情のなせる業《わざ》のように見えますが、これもベティが〈もう一人のゾルグ〉だとすれば容易に納得がいきます。ベティの絶望はゾルグの絶望ですし、ベティをいとおしく思う気持ちは、まさに彼が自分自身をいとおしく思う気持ちそのものだからです。

実際、ベティの暴力は、どれもゾルグがふるってもおかしくないものばかりです。たとえば家主の卑劣さに腹を立てて暴言を吐いたり、車にペンキをぶっかけたり、ベランダから突き落としたり、性器を見せたり、それでもまだ腹の虫が収まらずにバンガローに火をつけて燃やしてしまったりします。

ゾルグは「僕らも妥協が必要だ。愛の巣を失いたくない」と言って、生活のために過剰適応して家主の言いなりになり、怒りや屈辱感を抑圧しているわけですが、そのときのゾルグの気持ちをストレートに表現すれば、ベティがやったのとまったく同じことをやっただろうと思います。まさにベティは彼の気持ちの肩代わりをしているわけです。

エディのレストランでベティが客からあしざまに言われたときも、ゾルグは仕返しにごみ箱の残飯でピザを作って客に出し、ベティは客の腕にフォークを突き立てます。これもふつうなら、女のベティがピザで、男のゾルグがフォークであってもおかしくないはずです。

ゾルグは、暴力、暴言に対してひたすら無抵抗主義を通してきています。ベティが逆上したときだけ、彼女を正気づかせるためにほっぺたをパチパチ叩いたりはしますが、ベティの暴力を否定するどころか文句一つ言いません。エディがパニック状態のベティを心配して「水でもかけろ」と言ったときも、ゾルグは干渉するなとばかりに怒り出す始末です。

ところが、そういったゾルグの態度が田舎に引っ込んでから少しずつ変わり始めます。まずベティがいらいらし出して、それに並行するように彼もよく怒るようになり、はっきりものを言うようになります。たとえば食料品店の亭主が「オレの女房は色情魔、そっちは頭がヘンときてる」（劇中台詞ママ）などと言うと、彼の襟首をつかまえて黙らせたり、二十五トン車でピアノを運ぶときの指揮ぶりも、これまでの彼には見られなかった威勢のよさでした。またベティに対してもはじめて「ブスッとするな」などと文句を言ったりします。

そして精神科病院ではベティの主治医に乱暴をはたらきますが、なんといっても最大の暴力は、ベティを殺すことです。

ベティがエネルギーを失い始めてから、まるでベティと入れ替わったように、ゾルグは攻撃的でかつ暴力的に自己主張するようになります。ベティからエネルギーを吸い取ってしまったみたいです。それでもベティに対しては限りなく優しいのです。

さらに、ベティと知り合う前のゾルグは、世間を怖がっていて自分を殺して生活していましたが、ベティと出会うことで、彼ははじめて自分の中の〈もう一人のゾルグ〉を解放し始めたようです。バンガローに放火した後パリに逃げる車の中で、ゾルグはベティに何度も「愛してる！」と叫ばせます。それはベティの暴力を肯定した自分、すなわち自分の中の暴力性を認めることで、抑圧されていた〈もう一人のゾルグ〉の存在を容認し出したということです。

ベティが、家主の無理難題を受け入れるゾルグの「誇りのない」態度に腹を立てて、「私、あなたを尊敬したいの」と言います。それは彼自身、自己嫌悪にかられて心の中で叫んでいた声でもあったはずです。それは生活者である自分と、自分の才能に賭けたがっている〈もう一人の自分〉との葛藤《かっとう》だったわけです。

この映画はどことなく現実離れしています。それからベティとゾルグの間に「距離」があります。それはゾルグが自分の内面風景としてのベティを観察しているからではないでしょうか。実際ベティの放火事件も傷害事件も、ゾルグのベティ殺しでさえも、一度として警察の取り調べの対象にはなっていません。おかしいとは思いませんか？　しかもベティの過去や生い立ちはこれっぽっちも知らされていません。要するに、この映画はそういうところに焦点を置いていないということでしょう。

この映画が一人の男のさらなる自立に向けた旅立ちを描いた作品だとすると、当然主人公はゾルグで、彼がベティの暴力に理解を示すのも、彼女をああまでかばうのも、彼の中で抑圧されてうめき苦しんでいる〈もう一人の自分〉を認め、愛し、生かしてやるためなのです。それは彼の場合、作家活動に邁進《まいしん》することでもありました。

この映画はそこにいたるまでのゾルグの猶予期間《モラトリアム》を、つまり彼が自分を立て直すまでの過程を描いているといえます。もしこれを愛の物語というなら、これは「自己愛の物語」なのです。さらに言えば、これは「女の物語」であり「男の物語」ではあっても、「女と男の愛の物語」などではないということです。

女の暴力は「ヒステリー」で片づけられてしまうが……

ここまで考えてくると、私たちは「愛」などという言葉にごまかされないで、じっくりとこの映画の中の女と男の関係を観察できます。

するとさっそく気になることは、なんだか男だけがよい役回りを演じていることです。たしかに女の抑圧状況と男の抑圧状況が見事に描き分けられていて、それはとても興味深いのですが、しかしここで問題なのは、それがどう表現されているかということです。

私が問いたいのは、なぜ男の抑圧部分を女に表現させたのかということです。なぜ、女に暴力をふるわせて、男が〈ヒステリー〉女を優しく見守るというカッコイイ役割に回っているのかということです。昨今、暴力ははやらないので、教養ある男はもう暴力を卒業したふりをして、女に暴力の部分をふり分けて、その新しさを売りものにしようというつもりなら、やっぱり男はズルイと思います。

家主はベティを「ヒステリー」と呼びます。でもこれまで見たようにベティが〈もう一人のゾルグ〉なら、これは男の暴力であり男の〈ヒステリー〉のはずです。それなのに〈ヒステリー〉の部分は相変わらず女で擬人化したというわけです。それに男があれだけの暴力をふるえば世間は〈ヒステリー〉などとは言わないで、「いや、社会が悪い」とか「それなりのわけがある」とかみんな深刻に考え込みますが、女の場合はただの〈ヒステリー〉で片づけられてしまう場合があります。

〈ヒステリー〉という言葉がギリシャ語の「子宮」から来ていることはよく知られています。ギリシャ時代にすでに女に敵意を持っていた男たちが、女の不満や怒りの表現をみんな子宮に還元してしまえとばかりに作ったこの言葉は、はじめから女性に対する憎悪や偏見に満ち満ちています。男の暴力は社会との関係で考えてもらえるのに、女の暴力は子宮に還元されてしまうわけですから、やはりひどい差別だと言えます。

そう考えると、この映画も表向きとはちがって、非常に古い女性観で作られているんだなということが分かります。そして、女としては失望の吐息をもらすことになります。

八六年版内助《ないじょ》の功《こう》に終わっていないか

いやな思いにさせられるところはそれだけではありません。ゾルグが感情的に自立して、怒りや無力感を自分で表現できるようになったとき、これまでの〈妥協〉の人生に〈さよなら〉するに当たって、それまで彼の代弁者だったベティが用済みになるだろうな、ということは分かりますが、問題なのはその追い払い方です。

この映画は「突然炎のごとく」と同じように、主人公・ベティを〈ファム・ファタール〉(運命の女)〉として描いています。これまでにも言いましたが〈ファム・ファタール〉が出てくる小説や映画では、その魅力と強さで男を虜《とりこ》にし、男を翻弄《ほんろう》した女は、必ず最後になんらかの形で殺されます。

さらにもう一つの特徴を言うと、〈ファム・ファタール〉と関わっていた男の側は生き延びて成長して、しかもその女とのことを小説に書いたり映画にしたりして、それを契機に社会的な成功を勝ち取るというパターンがあります。「突然炎のごとく」でも、ジュールはカトリーヌをジムのところに追い払った後、恋愛小説を書いて純文学作家として再出発する予定でした。

そこでこの映画「ベティ・ブルー」のはじめと終わりを思い出してみると、冒頭のセックスシーンの後、ナレーションで「一週間前にベティと出会い、毎晩セックスした。嵐の前触れだった」とゾルグが言います。そしてゾルグが昼食のチリコンカンを食べにバンガローに帰ってきたところへ、ベティがふらっと迷い猫のように姿を現わすところから始まります。最後はベティを殺して「嵐」が収まって彼が原稿用紙に向かうと、机の上にはきれいな白い猫が座ってベティの声で「書いてるの?」とききます。するとゾルグは誇らしげに「構想中だ」と答えて映画は終わりになります。

映画が始まったときと終わったときとでゾルグの人生に起きた大きな変化と言えば、バンガローの修理工が作家生活に入ったということです。しかも彼を作家にしたベティは、殺されたことを恨みに思うどころか「白い猫」に変身して彼の守り神になりました。ゾルグはベティの予言どおり出版社に認められ、原稿料をもらい、いま二作目の構想にとりかかっています。

私はこの終わり方にどうもすっきりしないものを感じるのです。

ベティは殺された後、おキツネさんならぬ「白い猫」の守り神にされてしまって、机に向かうゾルグに「書いてるの?」と聞きます。しかしこれまで見たように、ベティだって彼女自身の天才的資質を生き抜きたかったから思いつめたのであって、ただ彼に作品を書かせるためではなかったはずです。ほんとうならこの作品はそこまで書き込むべきなのに、監督は目配りできないでいます。

その結果、これはあくまで男の視点で描かれた作品で、ベティの能力の問題は曖昧《あいまい》にされてしまっています。ベティ自身は使い捨てにされています。ベティの気質も能力もただ作品を神秘めかすために使われただけで、結局身を捨てて男の能力を見つけて伸ばしてやったにすぎません。言ってみれば、〝八六年版内助の功、フランス編〟といった感じです。ちょっと意匠が変わって、ソフィスティケイトされてはいるけれど、やはり伝統的な女役割の美化だけで終わってしまったのではないか、そんな気がしています。

結局ベティの才能は認められない

ベティだけが一方的にゾルグの才能を見つけてやりますが、ゾルグはベティの才能に目を見張っても、それをなんとかしてやろうとはしていません。たしかにゾルグはベティを養い、病人を扱うように丁寧に優しくしてやりましたが、ただそれだけです。なぜベティが彼の作品を天才的だと見抜けたのか、なぜ一度も習ったことのないピアノ曲を彼に合わせて弾けるのか、今度はゾルグがその才能を見抜いてやってもよかったのではないでしょうか。

なぜ彼は彼女の才能に対しては無関心だったのでしょう。それは彼のほうに、女にそんな才能があるものか、という強い偏見があったせいです。そうだとすれば、ベティの死は、そういった偏見に根ざした不平等な男女関係から生まれたとも言えます。

それともゾルグ自身の自己評価が低いから、ベティの入院後に出版社から電話が来るまで、ベティの彼への評価が信じられなかったというのでしょうか。でもベティの真剣さは生半可ではなかったし、その真剣さは、あの膨大な原稿を全部タイプしたことからもよく分かるはずです。それに作家というのは誰でもちょっとは自惚《うぬぼ》れた部分がありますから、「天才だ」と言われ続ければ、いつまでも謙遜《けんそん》ぶってはいられないはずです。

ベティの能力は入院後に分かったから、もう後の祭りだというのなら、それならそれでベティを殺した後、二作目にとりかかる前に、彼女の才能に敬意を払うような一コマがあってもいいのではないでしょうか。ゾルグが書き始めたことで、ベティの予言の正しさは証明されたわけですが、それだけでは、殺された彼女は幽霊にでもならない限り浮かばれません。

結局女は使い捨てにされ、内助の功で命を落として、男だけがしあわせになればハッピー・エンドだというなら、それはやはり女から見ればあまり気持ちのいい終わり方とは言えないのではないでしょうか。

そうなるとこの映画は従来どおりの古いスタイルを踏襲して、女性の犠牲を美化した男の出世物語ということになります。しかもゾルグに向かって「書いてるの?」と白い猫に優しく言わせていることは、彼のベティ殺しが彼女からも許されているという、殺人行為の自己正当化にもなっています。

ゾルグがベティを殺したのは、あまりにも哀れで見ていられなかったという愛情の問題だと、誰もが考えるでしょう。しかし、病院の費用は誰が支払うのかということを考えると、また問題はちがって見えてくるはずです。

こうして男は一見優しくなって、表向きの役割分担意識はなくなっていても、それでもまだ自分でも気がつかない深いところで女性への偏見を抱え込んでいて、結局、この映画もむかしと変わらない、男だけがいい目を見る、身勝手な男の出世物語ということになってしまいます。肝心なのは、物語の語り手がいつも男だということです。「突然炎のごとく」は作品の視点がまったく男の側にあったので、カトリーヌは徹底して男の道具にされて、したがって彼女の生の声は一度も聞こえてきませんでした。

この作品も、一見、視点が女性の側にあるかのように見えますが、その視点が途中から曖昧になり、やはりベティの生の声はほとんど聞こえてきませんでした。結局ベティその人は、恋人にも誰にも理解されないまま、「特別な感性を持った奇妙な花」で終わってしまったということになります。

退治され剝製《はくせい》にされた猛獣〈ファム・ファタール〉

十九世紀の絵画を見るとよく分かりますが、〈ファム・ファタール〉はいつも豹《ひょう》などの強い動物か、毒を持った蜘蛛《くも》や蛇、または気持ちの悪いこうもりや梅毒などと関連づけられて描かれていることは「突然炎のごとく」でも見たとおりです。ですから男にとって〈ファム・ファタール〉との出会いは食うか食われるかの強烈な体験で、その後生き延びた男が死んだ女の回想を書いて社会的成功を勝ち取るのですから、この女との出会いは、まさに命を賭けた「取材」と言っていいでしょう。

これまで、強くて、セクシーで、男を翻弄してその生き血を吸い尽くす面ばかりが強調されてきた〈ファム・ファタール〉ですが、結局、男にすれば、退治しなければならない動物であり怪物であっても、男はそこからエネルギーを得て生きる糧《かて》にしているということが、この映画では、よく分かります。

「脚を折った野生馬」は殺されて、静かな「白い猫」に変身して男の守り神にされ、ベティ本人は作品の「素材」にされたというわけです。

よく広大なお城のホールや大邸宅の応接間などに、豹や鹿の首の剝製が飾ってあることがあります。殺されて、作品に描かれた〈ファム・ファタール〉にはそんな印象があります。この映画にも新しい意匠の陰にそんな復古調が忍んでいるのですから、要注意というわけです。

第四章

娘が母を告発するとき

「秋のソナタ（HÖSTSONATEN）」

秋のソナタ（HÖSTSONATEN）

〔物語〕有名なコンサート・ピアニストとして活躍し、家庭に不在がちだった母シャルロッテ（イングリッド・バーグマン）。彼女が長年のボーイフレンドを亡くしたことを知った娘のエヴァ（リヴ・ウルマン）は、自分の住むノルウェー北部の牧師館に母を招待することにした。

七年ぶりに再会した母と娘だったが、エヴァが、脳性麻痺でからだが不自由な妹ヘレナ（レナ・ニーマン）をシャルロッテに内緒で退院させ、同居させていたことが分かると、シャルロッテの態度は冷たいものに一変した。母に会えた喜びを一心に表現するヘレナに対して、シャルロッテは表面上は優しくふるまうが、エヴァに対しては不機嫌さを隠さない。シャルロッテは来たばかりなのに、早くも帰ることを考え始め、エヴァは、自分はなにを求めて母親を呼んだのかと、自問自答する。

翌日、母の前でショパンを弾いたエヴァは母に感想を求め、プロであるシャルロッテに酷評されてしまう。その夜、悪夢にうなされたシャルロッテを心配して寝室に行ったエヴァは、自分が幼い頃から感じ続けてきた母親への不満と憎しみをぶつける。翌日、シャルロッテは予定を変更して、エヴァの家を早々に立ち去った。数日後、エヴァはシャルロッテに謝罪の手紙を書くのだった。

監督・脚本……イングマール・ベルイマン
撮影……スヴェン・ニクヴィスト
出演……イングリッド・バーグマン
リヴ・ウルマン
レナ・ニーマン
ハルヴァール・ビョルク、ほか

一九七八年　スウェーデン　九二分
DVD／ブルーレイ（廃盤）
（＊二〇二三年三月現在）

★名匠ベルイマンが、母と娘の対立を描いた映画が少ないことに着目して発案し、イングリッド・バーグマンを祖国スウェーデンに招いた話題作。バーグマンの実生活と重なる母と娘の葛藤《かっとう》が冷酷なまでに赤裸々《せきらら》に描かれている。バーグマンは本作品が最後の映画出演作となった。

「秋のソナタ」は良妻賢母であれというメッセージ

「秋のソナタ」は、職業を持った母親を、娘が告発する映画と言っていいでしょう。この母と娘との間には、はっきりとした「対立」がありますが、その対立がどう展開するのか、和解はありえるのかどうかを見ていきたいと思います。

母シャルロッテは愛人レオナルドを癌で亡くしたばかりの寂しさも手伝って、娘エヴァの優しい言葉につられて結婚している娘を七年ぶりに訪ねます。ところが〝飛んで火にいる夏の虫〟とばかりに、娘から子育てのお粗末さをさんざんに指摘されて、それに対して申し開きをさせられるはめになります。

娘は、母親から世話をしてもらえなかった、放っておかれたと言って、そのことをものすごく恨んでいます。エヴァは、母親から愛情をもらえなかったから、自分はいま人が愛せない、だから不幸だ、という論法で激しく母親を責め立てます。それなら、シャルロッテがピアニストの仕事を中断して、家にいてエヴァに愛情を注いだ時期というのがあったのですが、それはどうなのか、という疑問がわきます。ところが、そのときのことについても、エヴァはすごい剣幕で「私はママの着せかえ人形だと分かった」と文句を言っています。

シャルロッテは、ピアニストという仕事を持って、世界中を飛び回って、自分の持っているエネルギーを十分出していた人です。そういうシャルロッテが、職業の面でスランプに陥ったとき、かつて共演してくれた有名なコンダクターから、〝もう君のピアノはダメだ〟という意味で「家庭へ戻るといいよ。尊敬される場へ」と言われて、泣く泣く家庭に帰りました。そこで、シャルロッテは、ピアニストとして一度に何千人もの人を魅了できるエネルギーを、全部娘に浴びせたわけです。

体操に邪魔だと言っては娘の髪の毛を切ったり、歯並びの矯正《きょうせい》だとムリに針金をはめたり、着る服にも干渉したり難しい本を読ませて感想を話させようとしたり、要するに娘の年齢でできる以上のことを、どんどんどんどんやらせようとしたわけです。シャルロッテとしては、それなりにいい母親になろうと努力したのですが、その強大なエネルギーをすべて幼い娘にぶつけることで、彼女を傷だらけにしてしまったのです。その傷は娘が老眼鏡をかけるようになってもまだ癒《い》えないほど大きかったということでしょう。

娘エヴァはあれだけ欲していた母親からの愛情なのに、それが実際に与えられたら、すごい束縛だと感じたわけです。母の期待に応えたいのに応えられなくてかえって萎縮《いしゅく》したというのが娘の言い分です。すなわち、娘はあれだけ母の不在を告発していながら、いざ母親がその役割に没頭し出したら、今度はいい母親ではなかったと言って非難するわけです。

娘はどうあろうと母を許しません。あっちがダメならこっちもダメ、そうなると、この母親でなくても〝じゃあ、どうしたらいいの（Help!）〟と絶望的な気持ちになろうというものです。

この映画を見たある女子学生が「キャリア・ウーマンになってもならなくても、子どもからあんなふうに言われるかと思うと怖い」と顔をくもらせていました。この映画には、これから社会に出ようとする若い女性たちに、そんなふうに受け取られるような要素があるということです。

それに対して、映画の中で娘エヴァは、告発するだけで、どうしてほしいのかなんら具体的な答えは出していません。でもベルイマン監督の言いたいことはよく分かります。要するに〝女はまず家庭にいて、しかも、よい母親になれるように修業しなさい〟ということなのです。

こうしてみると、前向きに生きようとしている人たちには、あまりお薦めできる映画ではないかもしれません。しかし、見方を変えれば、女性を母親業だけに閉じ込めようとした、この時代錯誤的な主張の中に、逆に学ぶべきものがたくさんあるのではないかと思います。

ところで、娘の母親に対する非難は〝私は人を愛せない。それは母さんが私をちゃんと愛してくれなかったせいだ。あんたにメチャメチャにされた私の人生、どうしてくれる！〟というものです。それに対する母親の申し開きは「覚えてない。愛されたか罰されたか、両親の覚えがない。私はすべてに無知よ。触れ合いもあたたかみも知らない」というものです。母も娘もそれぞれが、自分の生い立ちの中で母親から愛されたことがないと言っているわけです。

すると、怖い不気味な顔でリヴ・ウルマン演じる娘が「母の不幸は娘の不幸」とご託宣《たくせん》を下します。〝親の因果が子に報いー、ああ、うらめしやー、うらめしやー〟となるわけですが、もっと言えばベルイマン監督が言いたいことは、母親の愛が足りないと、こうして次代に母親になる娘もまた人を愛せない人間に育ってしまう、愛の不毛は一家一族に遺伝していくんだぞおー、ということです。われわれ女性にお説教をたれて脅《おど》かしているわけです。母親は家にいてしっかりと子どもを愛さなくちゃいけない、という母性イデオロギーを唱道する結果にもなっています。

〝愛されなかったから愛せない〟の裏側

この〝愛されなかったから愛せない〟と娘が母を責める気持ちは、じつは私もかつてそう思っていた時期があったので、とてもよく分かります。でもエヴァの場合、自分の子どものことは、死んでからもその霊と交流するくらい溺愛《できあい》していたみたいだし、しかも身障者の妹までわざわざ病院から連れ出して在宅介護をしているところを見ると、どうも「人を愛する能力がない」というのは当たらないのではないでしょうか。

それなら「人」というのは「男」のことで、「人を愛せない」を「男を愛せない」に置き換えられるのかと考えてみると、たしかに夫のことは愛してないと言っていますが、二人は手紙の内容まで見せて仲むつまじく暮らしているし、また彼女の過去を見れば、医者と数年にわたって同棲していたこともあります。そうなると「人を愛せない」という彼女の訴えがもう一つよく分かりません。

ですから、この「人を愛せない」という言い方をそのまま受け取ってはいけないのであって、「愛せない」のではなく、宗教に走った彼女の中には完璧な愛のイメージがあり、そのイメージに比べると「よりよく愛せない」という意味なのだと考えれば、少しは筋が通ります。

人間関係では「よりよく愛する、愛される」ことがとても大切です。なぜなら自分一人のことではなくて相手がいることですから、相手を考えない一人よがりの愛は未熟で破壊的で、殺人的にさえなりうるからです。そのせいで人は人間関係に失敗して苦しんで、その結果、自分がどうしてよりよく愛せないのかと考えたとき、そうか、自分はたっぷり愛されてなかったから愛し方も分からず、また愛されたことがないから自分のことも好きになれない、だから自己評価も低いんだな、とかいろいろ思うわけです。夫ヴィクトルが読み上げたエヴァの本の出だしがまさにそうでした。

彼女は年中死にたいと口走っていたりして、生きることを楽しめないのですから、まず人は、「生きることを日々に学ぼう」とあります。それから「だが自分が何者か分からぬ点が問題だ」と言います。エヴァは自分が愛されたことがないから、自分のアイデンティティが不確かだと思っているのですね。それともう一つ、そんな自分でも「ありのままの自分が愛されるとうれしい。でも、その希望はむなしい」。これに対しては、夫が、自分は彼女を心から愛してる、それを彼女に伝えたいけど、伝える言葉を知らないというようなことを言っています。

ただ、そこからその後どう考えるかで、その人の人生が変わってくるのだと思います。エヴァの場合は「ママは私を傷つけた」「皆を殺したママ」「私の憎悪や恨みよりもママのほうがすごい。私は若くて、すなおで、愛情にあふれていたわ。その愛をママは奪った。独占しようと。ママの手の中の私。愛の名でつぶされた」と、こうなるわけですが、そうなると、その後がにもなくなります。それなら私たちは、宿命すなわち自分の生まれや育ちから究極的には自由になれないのか、人間には自由はないのかという問題になります。

しかし、その人の人生の立脚点はいやおうなくそこにあったとしても、大方の人たちはそれをバネにして滋養にして自分の人生を創っていくものではないでしょうか。たとえ子ども時代のハンディを背負った未熟な歪《ゆが》んだ愛でも、愛がほんとうに必要なら、エヴァの年齢になるまでに、自分の責任でなんとかやりくりしていけるはずではないでしょうか。

実際、彼女の場合は無力感と絶望から宗教にいくわけですが、宗教よりほんとうならセラピーに行ったほうがよかったのかもしれません。

なぜ娘は母に共感できないのか

ただ一度でいいから、母に思いのたけ、恨みつらみをぶちまけたかったと言うならその気持ちはとてもよく分かります。自分がどんなに苦しんだか、どんなに孤独だったか聞いてもらいたい、という思いがあって、それがこの機会になったとしたら、それはそれでいいわけですが、それにしては、この娘はあまりにも悪意に満ちていて、自分なりに問題の解決に立ち向かっている人間に見られる相対的なところがなにもありません。いかにも母を「悪」と決めてかかっていて、まさに母を糾弾《きゅうだん》するだけで終わっています。女という同じ状況を背負わされた一人の人間としての母への同情と理解が、まったくありません。

この、女としての同情のなさや共感、理解のかけらさえないところは、娘が主婦で母がキャリア・ウーマンという形で対立させられているからだ、とさえ思わされます。そうなると、母性イデオロギーでこりかたまった主婦業の娘が、仕事を持つ母親を責めるという、よくある構図になっていきます。

エヴァもかつては宗教紙のジャーナリストであったり本を書いたりしているのに、ピアニストとして仕事を持つ一人の人間としての母には、敬意や理解どころか、あたたかい関心すら寄せません。「ただのエゴイストよ」のひと言で片づけてしまっています。最初から最後まで「母」としてのシャルロッテが「母親」としていかにお粗末であったかということしか頭にありません。人間としてピアニストとしての母には興味すら示していません。

それはちょうど、仕事を持っている女を責めるときに男がとる態度とそっくりです。女が外でする仕事なんかどうでもいい、それより、ここ、家庭の中で、男の自分が味わっている不便さのほうが、ことは重大だというわけです。

実際、エヴァは母親が留守の間、父親と一緒に家にいました。エヴァの母親批判は、父親、すなわちシャルロッテの夫の妻批判の代弁だと言うこともできます。それでなければどうして母親だけが責められなければならないのか分からないからです。

こう考えてくると、女が〈女らしさ〉や〈母性〉を生きていない場合の、男側からの女に対する非難という抑圧的な視点が露骨に現われてきます。この映画では、誰も〈父性〉としての男親の責任を問うていません。またここでは夫も子どもも、同じレベルで母親の帰りを待つ子どもになっています。そして娘はこの父と自分を同一化して母を責めているというわけです。

男の視点で語る〈父の娘〉

この映画は、やはりベルイマンという男性監督の視点で作られているので、なかなか女性の側に立つだけのイマジネーションが持てないというのは、仕方がないと言えば仕方がないのかもしれませんが、でもそれ以上に気になることは、女のエヴァが男性側の意見を代弁させられているということです。

エヴァが母シャルロッテに言っていることの要旨は〝お母さんはずっと仕事で家にいなくて、その間、お父さんと私がいかにつらい思いをしたか。あなたは自分のことしか考えないエゴイストだ〟ということで、これはいまもって働く母親に対してよく言われる非難です。

夫が直接妻に文句を言うなら、妻のほうも夫の身勝手さを指摘できるわけですが、子どもでしかも同じ女である「娘」の口を借りて、母親らしさ、女らしさを求めさせているということは、問題の原点を見えなくさせるという点で、じつに巧妙な〈性の政治〉ではないかと私は思います。

エヴァはさんざん〝お母さんに愛されなかった、だから自分も人を愛せない〟と言っていますが、お父さんにはすごく愛されていたはずです。お母さんがいない間、お父さんと二人で仲よく暮らしていました。こうして父親とのつながりが強くなると、娘は母親のことを見るのにも「父親の目」で見るようになっていきます。そうすると、父親に寂しい思いをさせている母親が許せなくなります。つまり、女性でありながら、女性の側に立った見方をしないで、男性の視点を自分の中に内在化させることで、女が男の立場に立って、女を責める、という現象が起きてくるわけです。

このように女性でありながら、男性の視点で女性を見る女性を、私は〈父の娘〉と呼んでいます。*1

女性の視点の男性化の極端な形が、女の人が虐待され、辱《はずかし》められているポルノを見て、女の人が興奮するという状況です。これは、いつのまにか、女の人が男の目でポルノを見る訓練をしてしまっているということです。

こういう男性主体の文化で塗りつぶされた世の中で生きているわけですから、女にすれば、適応したほうが生きやすいのです。恋人とか誰かにポルノを見せられたとき、いちいち頭が痛くなったり、吐き気がしたりしていたら、大変です。ですから、女の人も男の視点でものを見る訓練をせざるをえなくなります。

そうやって男社会に適応した女が、男の目から見れば、ヘェ、女のくせに「おもしろい女」、「可愛い女」、そして「できる女」ということになるのだと思います。

「女の敵は女」の真相

そうやって、女性が男性の視点でものを見るようになると、今度はエヴァのように、女自身が男の意に沿わない行動をする女をチェックする状況が出てきます。たとえば、隣近所で〝あそこの奥さんはパートになんか行ってるけど、あの子どもの服装、見てごらんなさい、だらしないわね〟とか〝あそこの奥さん、しょっちゅう出かけてるわよ〟とか下世話に噂を流して他の女を監視したりするわけです。

そうなってくれれば、男は自分で直接女の行動を監視、批判しなくてもよくなります。女の頭の中を男の考え方で洗脳してしまえば、男は自分の女にだけ〝いやあ、君はよくやってるよ〟とでも言っておけばいいわけで、そうすれば女は男の子分になって、世間並でない女を罰してくれます。「女の敵は女」という状況を分析すれば、そういうことになります。

女が男に養われて、食べさせてもらっている限り、そうやって女同士がいがみ合う可能性はなくなりません。男の言うことを聞かないで〝出ていけ！〟って言われたら、食えなくなりますから、怖いですよね。女は、仕事に就ける状況になくて、赤ん坊と同じで、養ってもらわなければ生きていけないとしたら、男に可愛がられる女になることが生存していくための条件になるわけです。ですから、女は男の下手に出て自分の精神を小さく小さく蟻さんみたいにしていかないといけない、男に可愛がってもらうために、自分の自我という刺《とげ》を引っ込めて、ツルリときれいになっていなければいけないわけです。

また、その分、女は口で言っていることと本心で思っていることがちがってきます。平気で「嘘」をついておいて、すぐばれるような言動の不一致が頻繁《ひんぱん》に起こります。

たとえばこの映画でも、娘は自分で誘いの手紙を出しておきながら、「なぜ来たんだろう」と憎しみを込めて言います。母が二階で着替えをしている間、夫に母親の悪口、侮蔑の言葉を言い募ります。おそらくベルイマン監督は、彼女がそんな行動をとるようになったのも、みんな母が「愛」をくれなかったせいだ、と言いたいのでしょう。そうすれば私が指摘したエヴァの独善性、欺瞞《ぎまん》性といったものは逆に〝誰がこんな女にした〟ということで、エヴァの母親非難の正当性を証明することになってしまいます。

たしかに、娘があそこまで母親を批判できたのは、苦しんだ孤独な時期があったからです。抑圧されてきた人間は、自分の抑圧者に対して面と向かってなかなかあれだけ言えないものです。あそこまで言える自分というものを、また自分の考えを持つことができたのは、たいしたことだと思いますが、自分が誰の領域に立ってものを言っているか、彼女には、まだその見極めがついていません。つまり監督ベルイマンの意見を代弁させられている娘は、女であって女ではありません。あくまでも〈父の娘〉であって、同じ女として一度も、母親の立場には立っていないということです。

エヴァは、子どもを産んだ四十代に近い女性ですから、ふつうなら、最後は、少しくらい母のほうに歩み寄ってもいいのではないでしょうか。それなのに娘は母を責めるだけで終わり、母の側の意見を少しも受け入れていません。最後まで母親というものを一人の人間として見る視点が皆無だったといっていいでしょう。

それは、母が去った後、娘が母に出した手紙の書き方を見ても分かります。

母が去った後すぐ、手紙を書いて非礼を詫びているものの、〝まだ間に合う〟式のいかにも母に非があって、それも母の努力次第で罪が償われるかのような印象を与える手紙です。

これは母と娘の〈パワー・ゲーム〉といえます。かつて母のことを「独裁者」だと思っていた娘は、今度私の家に来たら私があのときの「仕返し」をしてやるという、まさに報復の論理で動いています。こうなると病院にいる妹を在宅介護にしたのも、娘たちを放り出して好き勝手をしている母親へのつらあてであり、なんとかして母に母親としての意識をめざめさせたい、罪の意識を喚起させたいという思いからだということが分かってきます。

こうして母を裁くという姿勢は最初から最後まで変わりません。妥協もありません。すなわち、この映画は、〈報復、復讐〉という、みんな一度はやってみたいけれども、ちょっと大人になったら気恥ずかしいものを描いているのではないかということです。いまどき〈報復、復讐〉ものはお笑いにするか、活劇にするかでもしない限り、真面目に深刻に取り上げたら、ムリが出てくるような気がします。

人生を生み出す母親と現実から目を背ける娘

食事の後で、エヴァがシャルロッテの前でショパンを弾くシーンがありました。ショパンの「プレリュード」を弾いた娘から、その感想を求められた母親は、求められるままに自分の意見を言います。そのときのシャルロッテに対して、この映画の批評家たちはみんな厳しい批判をしています。

たとえば三木宮彦氏は『ベルイマンを読む　人間の精神の冬を視つめる人』[*2]の中で「シャルロッテはプロ意識を出し、プロの水準と比較してエヴァを徹底的にやっつけてしまう」と書いていますし、同書の引用文の中で白井佳夫氏は「アマチュアである実の娘が弾くピアノ曲までを、プロとして厳しく正してしまう、といった女性の性格」と、これまたシャルロッテに批判的です。また、映画を見た人の中にも、あんなふうに批判されたら萎縮してしまってできるものもできなくなってしまう、と感じた人がいると思います。

でも私はちょっとちがって、母親の言うことに理があるという見方をとりました。あのシーンは、私はこの映画のポイントだと思っています。この映画を「二人の女の物語」として見ると、母と娘の生き方がどこかで根本的にちがっている、ということが、このシーンに端的によく表現されていると思いました。

シャルロッテ＝母親は、娘の目から見ればエゴイスティックに見えるけれど、自分にはとても正直に生きています。ですから、彼女自身はちっとも不幸ではありません。それに引き替え、娘エヴァのほうは自分ではとても不幸だと感じていて、死や自殺のことばかり考えています。映画の最後でも、生きる目標がないから、いつ自殺するか分からないと言っています。

エヴァは「母親に愛されなかった」ということを、自分の一生の課題にしてしまって、母親に愛してもらえなかったから、他人を愛せないと、主張し続けています。でも、実際はこれまで見たように、彼女は父親や夫に愛されています。ですから、エヴァは、自分の問題として引き受けなければならない問題を、母親との問題にすり替えているという気がするのです。

エヴァは、最初は本を書いていて、それから宗教紙のジャーナリストになって村に来て、牧師にプロポーズされて「愛していない」とはっきり宣言して結婚したわけです。いまは夫のことを「最良の友」と言っていますが、まるで身を投げ捨てるような結婚の仕方でした。

エヴァは自分が書いた本の中で、「自分自身が何者なのか分からない」と、問題提起しています。そして、母シャルロッテもまた、同じことを言っています。「顔も体も老いるが大人になれない。恐るべき未来、生まれない私」と。さらに続けて「誰の顔も思い出せない。自分の顔さえ。母の顔を思い出したい。でも、だめ。背が高くて、色が黒くて、青い目、大きな鼻、豊かな唇。これだけ。全体はバラバラ。見えない」と。

シャルロッテとエヴァは、二人とも母親に愛されなかったという立場に変わりはありません。けれども、シャルロッテのほうは「生まれない私」を、音楽という芸術を通して、ピアノを弾くという解釈と技術の世界を通して自己実現することで、もう一度生み直そうとしてきたわけです。ですから、ショパンの解釈を娘に教えたときにも、「四十五年間弾いてきたけど、まだ分からない点だらけ」と言えるのです。それだけのすごい探求心と好奇心を持続してきたわけです。それだけに彼女の言うことには、説得力があります。

一方エヴァのほうはどうしたかというと、結核にかかったりして、自分の望みどおりの人生を生きられなかったということはありますが、本を書いた後に結婚して子どもを産んで、その子どもを四歳で亡くして、その後、子ども部屋も片づけないで生きていたときのままにして、死んでしまった子どもをまだ生きているかのように愛している。「精神を集中すると姿を現わす」し、その子の息づかいまで感じることができるという。つまり、彼女は現実を見ないで生きているわけです。実際、母シャルロッテは娘の生き方、ものの言い方を「背筋が寒くなる」と表現します。

そう言えば、そんな娘になったのも「母さん、あんたのせいだ」と言い返されるでしょう。それでも同じように母の愛を知らなかったシャルロッテでさえ、芸術を通して自分と自分の世界をつくっていったのだから、この娘も甘ったれて夫に庇護《ひご》されて父娘ごっこなどしていないで、ちゃんと働いて現実に直面したらいいのです。少なくとも仕事に就けば、こんな精神状態にいないですむのではないか。かつてジャーナリストまでやり、本まで書いた人間が、毎日この田舎の牧師館でからだの不自由な妹の世話と死んだ子どもの思い出だけで生きていたら、切羽詰まって当たり前です。

ほんとうに感じる力を「感傷」でくもらせると……

さてそうなると、このピアノを弾くシーンが、なぜキー・ポイントになるか分かってくると思います。まず、エヴァが三つ編にした二つのおさげをアップにしたクラシックな髪型でピアノの前にすわり、静かに弾き始めると、最初、シャルロッテはそれを黙って見ていますが、だんだん顔がくもってきます。おそらくプロの目から見てというより、その弾き方に「なんだ、こりゃ」と感じるものがあったからだと思うのですが、弾き終わった後でシャルロッテは「よかった」と言います。エヴァが「それだけ？」と聞くと、批判がましいことはなにも言わないで、適当に誉めました。そうしたらエヴァが「教えおしみするから」と怒って「どうせ私はへタよ」と言います。シャルロッテも〝それなら〟というわけで、ピアノに向かって自分の解釈を語りながら弾き方を教えます。

シャルロッテのショパンの解釈はおもしろかったですね。説明し終わってシャルロッテがピアノを弾き始めると、素人の私の耳にも、エヴァとのちがいは歴然と分かりました。それを聞いている娘の目が、ものすごく意地悪になっていって、お母さんを穴の開くほど見つめていました。息詰まるようなシーンです。シャルロッテは「感情と感傷とはちがうのだ」と言います。私はこの言葉が、この映画のいちばんのポイントだと思います。

つまり、エヴァは「感傷」の人生を生きているということです。〝愛されなかったから、愛せない〟という発見に甘えてしまって、死んだ子どもをも死んだと認められない、認めるのが怖い、そういった感傷の世界に生きているということです。

「感傷」とは、言ってみれば、おしきせの気持ちのことです。人が死んだら悲しい、子どもは可愛いものだ、というたぐいの決まり切った気持ちの路線から出ないことです。真の感情から遠いことです。一種の逃げです。

エヴァが宗教紙のジャーナリストになったり、牧師と結婚したのは、彼女なりに人生について悩んでいたということですが、宗教にいく前に自分の感性で考えなければいけない問題はいくつもあったはずです。ある意味で宗教に逃げたとも言えます。そして死んだ人とも交流できるという非現実の世界、自殺とその瀬戸際を生きているわけです。

ですから、エヴァは、いろいろ聞いたようなすごい哲学を子ども部屋でシャルロッテに話しますが、それはシャルロッテのショパンの解釈とちがって、彼女の感性から生まれたものではないから、人の心を打ちません。シャルロッテは聞いていて気味悪がります。

エヴァは最初、子ども部屋で「真実は無数よ。私たちには見えないだけよ」と言っていたのに、最後にシャルロッテと議論したときには「真実も嘘も一つしかないわ」というふうに、前に言ったことと矛盾したことを平気で言ってしまいます。

ところが、シャルロッテのほうは自分の「感情」で生きているから、そういう矛盾がありません。ここで言う「感情」というのは、「感情的」という場合のものとはちがって、ものごとを腹の底から深く感じる能力のことです。

抑圧された人は、憎しみ、悲しさ、楽しさ、怒りなどを深く根本的に感じる能力をなくしてしまいがちです。深く感じるということは、行動につながります。行動は変化につながります。夫のことでも「こんな男いやだな」とほんとうに思ってしまったら、すぐに去ることになるかもしれません。

エヴァが愛してもいない男と一緒にいられるのは、感じないからです。感じないようにすることで自分を守っている、抑圧された人たちが、中でもいちばん抑圧するのは「怒り」です。ですから、抑圧された人ほど、いつもニコニコしているということも言えます。女の人の場合、怒りを表すのにも、自分よりも弱い存在である子どもに向けていることが多いはずです。

いちばん大事な人間の尊厳を侵されたとか、権利を侵されたとか、そういう根本的なことに対する怒りというのは、みんな表に出さないようにしています。私たちはみんな、怒らないほうがいい人だとか、怒ると損だというふうに言われて、怒りを抑圧するように仕向けられています。「憎しみ」の場合もそうです。

そういう意味で、エヴァはほんとうに感じる力というものを「感傷」でくもらせてしまっています。夫に大事にされていても、自分と拮抗《きっこう》するものを持てない、おざなりの感性を生きてしまっています。ですから、愛にも完璧を求めます。そういう人はショパンの曲を「自分なり」に弾けないのです。

けれどもシャルロッテは、生まれそこなった自分をもう一度仕事を通して生み直した、そのくらい自分にきちんと向かい合って生きている人ですから、一生懸命、「感情」を生きて、ショパンならショパンときちんと向かい合って、仕事をしているわけです。そのちがいが、あのシーンに、二人の生き方のちがいとなって表れていると思います。

ですから、たとえばエヴァが「ママのお芝居の始まり始まり。涙にくれた未亡人ぶり、拍手でごらんください」と夫に言っていたら、なんとシャルロッテはその裏をかいて真っ赤なドレスで食事に現われたりするのです。つまり、エヴァは「感傷」を生きている限り「感情」を生きているシャルロッテには、太刀打ちできないということです。

「感情」を生きるということは、自分の「思想」を生きるということでもあるからです。

見捨てられた娘たちのラヴ・コール

もう一つ、シャルロッテという人間を知るには、娘ヘレナとの関係を考えてみるといいかと思います。

彼女にはエヴァの他にもう一人、脳性麻痺でからだが不自由になったヘレナという娘がいます。その末娘に対する態度がとても冷たいということで、シャルロッテの好感度がかなり落ちていることは確かです。でもなぜ彼女が娘に冷たいのかをよく見てみると、シャルロッテという人間が分かるのではないかと思います。

シャルロッテは「毎日おまえのことを思っていたよ」と言いながら、一方で「会わないわ、今日は」「人道主義って疲れるのよね」と、かなりひどいことを言ったりします。このままですと、シャルロッテのヘレナに対する冷たい態度というのは、娘が障害者だからみたいに聞こえるかもしれませんが、そうではなくて、じつはちゃんとした理由があるわけです。そのことは分かりにくいかもしれませんが、ちゃんと映画の中で出てきます。

シャルロッテが愛人レオナルドと二人で休暇中に娘たちのところを訪れているシーンがあります。そのとき、レオナルドと娘ヘレナとの間で恋が芽生えたわけです。シャルロッテもエヴァもそれを知っています。シャルロッテは「レオナルドはヘレナのために残すわ」と言い捨てて、挨拶《あいさつ》もろくにしないで、予定より早く一人で家を出ていってしまいます。ところが、レオナルドは急に落ちつかなくなって、シャルロッテの後を追うようにそそくさとそこを出ます。つまり、レオナルドにとっては、ヘレナとの束の間の恋よりも、シャルロッテとの関係のほうが、ずっと大事だったということです。ヘレナは、レオナルドとシャルロッテが去った夜に、腰と右足の痛みを訴え、高熱を出して救急車で運ばれます。脳性麻痺でした。

ヘレナに関しては、もう一つ、エヴァが言っていたことが手がかりになります。「生まれて一年目からヘレナを置き去りにして、そして発病してからは病院に入れた」と、エヴァは母シャルロッテを激しく責めていました。

エヴァは、表面的にはシャルロッテに憎しみと敵意を持って〝お母さんは私に愛情をくれなかった。だから、私はこんなふうになった〟と責めていますが、その裏にあるのは、母親への屈折したラヴ・コールであることは確かです。それでなければ、あれだけ母親を責めはしないでしょう。

実際エヴァの小さいときの話を考えてみると、いかに彼女がお母さんに恋していたかがよく分かります。お母さんが家でピアノを弾いているときに声をかけてもらいたくて、休憩時間にエヴァがお茶を持っていくのに、シャルロッテはピアノを弾き終わったら、「ありがとう」とひと言言って、お茶を飲んで、あとはパッと新聞を広げて読むばかりで、娘に「いい子だね」とひと言声をかけるでもなく、からだに触ってやることもいっさいしません。そればかりか「庭にいて」と追い出します。しかも、女として母親に同一化する時期には、演奏旅行でシャルロッテは娘のそばにはいなかったわけです。

そういうことを繰り返されるうちに、娘の母親への恋はふくれ上がって鬱屈《うっくつ》して、変形していきます。そして、つぎに生まれたヘレナの場合は、生まれてすぐにお母さんから放っておかれたわけですから、もっと母親に恋する気持ちは大きかったはずです。

そこから推察すると、ヘレナがお母さんの恋人であるレオナルドに恋したのも、じつは、レオナルドがシャルロッテにいちばん近い人だったからではなかったか。だから、ヘレナはレオナルドを通じて、レオナルドというよりむしろ母親に近づきたかったのだと思います。子どもというのは、母親のつけている衣服の匂いを嗅いだり、母親の使っているものを使ってみたがったりします。ですから、私には、ヘレナの思春期の恋は、身近にいない母親への想いが、母親にいちばん近い人への思慕の情として表れたのではないか、それがほんとうのところではないかと思います。

だから、シャルロッテが「レオナルドはヘレナのために残すわ」と言って家を出た後すぐ、レオナルドが追いかけていってしまったのを見て、ふつうなら「なにさ、腰抜け男が」と思っていいはずなのに、ヘレナは一度に恋しい人を二人も失うことになって、そのショックで熱を出してしまったのだと思います。

ヘレナはほんとうは母親に近づきたいと思っていたのに、逆に母親を怒らせる結果になってしまって、その罪の意識もまた発病の大きな原因だと私には思えてなりません。しかも、ヘレナは自分のそういう気持ちをシャルロッテに誤解されたままなわけです。

実際、ヘレナは何回もシャルロッテに向かって不自由なからだで手を伸ばして、顔をゆすって、ベッドから落ちてまで、必死になってなにかを言おうとしています。なにを言いたいのかは分かりませんが、その必死さは単に「お母さん、好きよ」ということではなくて、なんとかして、そのときの誤解を解きたいという切なる願いなのではないかと、私は思いました。

しかし、実際のところシャルロッテの誤解は解けていないわけですから、シャルロッテからすれば、一時といえども、自分の同棲相手で、夫といってもいい人のハートを盗《と》ろうとした娘は、自分の敵になるわけです。その、シャルロッテのヘレナに対する〝生意気な娘〟という思いが、「人道主義って疲れるのよね」「病院のほうが幸福」だとか「死ねばいいのよ」とかいう冷淡な言葉になって出てくるのだと思います。じつに正直です。「感情」をそのまま表現しています。そこには〝病気になって当たり前よ〟という気持ちが丸見えです。シャルロッテはエゴの非常に強い人ですから、自分の愛人を盗ろうとした人間に対して強烈な嫌悪感と憎しみを持って当然です。そこでは、娘だろうが他人だろうが、あまり関係ないと思います。

母親にならない女性シャルロッテへの一方的な非難

この映画をフェミニズムの視点から見てすごいなと思うのは、母親自身の口からはっきりと「私は母親になれない人間だ」と言わせていることです。それに、母親を演じてしかるべき人間を、あれだけエゴイストに描けたということです。女の本能が母性だとか、女は母性に生きるべきだとかいう論調がある中で、母親になれなくても、女で、なおかつ人間でいられるという人物を描き出したというのは、それだけで画期的なことだと思います。

しかし、問題はそれを打ち出した後のシャルロッテの扱い方です。映画を見た人は、シャルロッテに好感を持つでしょうか？　持てないように作ってあるのです。結局、シャルロッテは、妻としても母親としても失敗した。しかも、いままでと同じように今回もまた母親としての義務と責任から逃げた、というふうに描いてあります。

またこの映画を論じたり、解説したりする人で、母親シャルロッテの立場に立って同情的な発言をしている人はほとんどいません。みんなこの映画の監督ベルイマンの意図どおりに娘の立場にすっぽりはまって、母を非難する側にいます。娘の言うことに正義があると思っているらしいので、娘に批判的な意見はありません。娘の生き方のおかしさ、不自然さ、また言っていることの矛盾を指摘する人もいません。したがって、ここでは仕事を持つ女の味方になる論理がまったくありません。

働く母のことを「利己的幼児」だと印象づけます。他の批評家もだいたいそんなところですが、唯一光っていたのはＮＨＫがこの映画を放映したとき、解説者として登場した母娘。娘神津カンナさんの「人間としてのエゴイズムっていうの？　母は母で娘は娘で自分のエゴイズムを丸出しにして闘うのがすごい」と女役割を超えて人間のエゴイズムに言及した発言と、母中村メイ子さんの「深いところの芸術性にこうなっている（没頭している）人だから、子どもなんかかまっていられないっていうのも正直な気持ちだったと思う」という発言でした。

よく考えてみれば、娘が母親だけを責めるのはおかしいと気がつくはずです。もしシャルロッテが男で、しかも有名なピアニストだったとしたら、彼は娘から、世間から、ああいうふうに責められたでしょうか？　あれが父親だったら、娘はむしろ「うちのお父さんはこんなに偉い」と、自分の誇りにするのではありませんか。ホロヴィッツにしたってルビンシュタインにしたって、演奏旅行で世界中を回っていることで、「家庭をないがしろにした」と責められることがありえるのでしょうか？　スランプになったからといって「家庭に戻ったほうがいい」とアドバイスされるでしょうか？

なぜ、女だからという理由だけで、世間から、そして娘からも責められなければならないのか。それはおかしいと、私は思います。そこにはまた、自分の母親を憎んでいたという、ベルイマン固有の視点もあるような気がします。

母親のエゴは十分に描いてあっても、娘のエゴはよく見えません。母親の無責任さは描けていても、娘の自己欺瞞と責任転嫁はもう一つ見えにくくなっています。

またこういう形でベルイマン自身の母親に対する恨み、憎しみを娘に代弁させたとき、しかもそこにフェミニズムの視点が欠落している場合には、母と娘は和解に至る道を探し出すことは難しいのではないか、そう思います。

4章注釈

＊1　田嶋陽子「『父の娘』と『母の娘』と」（『もう、「女」はやってられない』同上、所収）参照。

＊2　【『ベルイマンを読む　人間の精神の冬を視つめる人』】（フィルムアート社刊、版元品切れ、重版未定）

第五章

あの人にだけは分かってほしい

「女優フランシス（FRANCES）」

女優フランシス（FRANCES）

〔物語〕一九三一年、フランシス・ファーマー（ジェシカ・ラング）は、十六歳のとき「神は死せり」という論文で全国大会の一等賞をもらうが「アカ」呼ばわりされていた。フランシスは左翼思想を持つ新聞記者のハリー（サム・シェパード）と出会い、共感を覚える。

大学で演劇を学んで演技賞をもらったフランシスに、モスクワ旅行招待の話が舞い込む。共産主義嫌いの母親リリアン（キム・スタンレー）の反対を押し切って旅行に出かけたフランシスは帰還の地のニューヨークでスクリーン・テストに合格、ハリウッド入りが決まる。フランシスは映画会社と対立したが、俳優ディック（クリストファー・ペノック）と結婚し、主演作品の宣伝のため故郷に凱旋《がいせん》する。

ハリウッドに嫌気がさしたフランシスは、グループ・シアターに加わり、劇作家と恋仲になるが、利用された後で捨てられる。傷心でハリウッドに戻ったフランシスはヘア・ドレッサーを殴った事件をきっかけに逮捕・投獄される。

刑務所生活の後、母親はフランシスを病院に入れてしまう。ハリーによって救い出されたフランシスは休養を決心するが、女優を続けさせたい母親と対立。母は親権をたてに、言うことを聞かないフランシスを今度は精神科病院に入れる。ハリーにふたたび救い出されたフランシスは家を出るが、警察に連れ戻されてしまう。三たび病院に入れられ、ついにロボトミー手術*編集者注3を施される。

製作……ジョナサン・サンガー
監督……グレーム・クリフォード
脚本……エリック・バーグレン
　　　　クリストファー・デ・ヴォア
　　　　ニコラス・カザン
撮影……ラズロ・コヴァックス
音楽……ジョン・バリー
出演……ジェシカ・ラング
　　　　サム・シェパード
　　　　キム・スタンレー
　　　　バート・バーンズ
　　　　アラン・リッチ
　　　　クリストファー・ペノック、ほか

一九八二年　アメリカ　一四〇分
ＤＶＤ（廃盤）

各種ＶＯＤで配信中
（＊二〇二三年三月現在）

★ウイリアム・アーノルドの伝記『シャドーランド』が下敷き。「人形」ではなく、本物の女優として認められたいと願うハリウッド女優フランシスが、投獄、精神科病院入院へと流転していくさまをジェシカ・ラングが熱演、モスクワ国際映画祭主演女優賞などを受賞。

「女優フランシス」を肉体として利用し捨てる男たち

「女優フランシス」は一九八二年に作られていますが、作品の舞台は一九三〇〜四〇年代です。当時はものすごい不況でした。ブロードウェイで演劇がやりたかったフランシスですが、職に就けないのでハリウッドに行きます。そこで「女優」として認めてもらいたかったのですが、周りの目は「女」としての彼女しか見てくれないのでひどく失望します。

ハリウッドはとにかく商業主義ですから、名前も可愛くしろとか、お尻を出せ、胸を出せ、脚を出せということで、女優どころかただの肉体としての彼女を売ろうとしました。映画に出演しても、自分の意見を言うことも禁じられていました。「他の分野に口出しすべきではない」と、製作者から小言まで言われる始末です。

フランシスはそれに抵抗して、ハリウッドに背を向けます。その頃、左翼のグループ・シアターの人たちと出会います。彼らが立派な思想を持った人たちだと思い、彼らになら人間としての自分を認めてもらえると考えて、フランシスはグループ・シアターに加わります。不況のときというのは、左翼が非常に伸びる傾向があります。それと当時は、左翼思想は演劇人の間で一種の流行だったという時代背景があります。

左翼思想を喧伝《けんでん》していたグループ・シアターの男たちは、ひどくかっこいいことをいろいろ言っていたので、フランシスは左翼の男たちはハリウッドよりはるかにましだと考えたわけですが、彼らは実際のところ、話す言葉とは裏腹に、自分たちではなにもしていませんでした。金持ちになって高級アパートに住んでいる脚本家も〝僕はこうやっていたら金ができて堕落してしまった。だから君は金になんか振り回されない芸術家になれ〟などと開き直りのおためごかしを言いながら、恥ずかしげもなく左翼思想を振り回し、それを売りものにし、それで女を釣り、女を自分たちの思いどおりに愛人として女優として利用していたわけです。ある意味ではハリウッドの男たちより、もっとたちが悪かったということです。

あげくの果てに、「金を出してくれる女優を主役にする」からという口実で、フランシスを解雇し、さらに脚本家は「僕たちの情事は終わった。妻がヨーロッパから戻った」と「たった二行」の手紙で彼女を捨てるわけですから、なにをか言わんやです。

「赤い靴」の中でも、女は肉体として扱われていました。女は男の思想を体現する道具にすぎませんでした。「赤い靴」の中でレルモントフの言った「話すのは僕、踊るのは君」という台詞《せりふ》に象徴されるように、男は女に自分の理論を生きさせようとしました。

「赤い靴」の中で忘れられないシーンの一つに、男＝ジュリアンがオーケストラ・ボックスでアップテンポの曲を、女＝ヴィッキーに踊らせようとすると、ヴィッキーが音楽が速すぎて「無理」と言います。すると、ジュリアンは自分の指揮棒に「従え！」と命令して、音楽のテンポは下げないまま、ヴィッキーに踊りまくらせるシーンがありました。フランシスがグループ・

シアターの男たちにされたことは、それと本質的には同じことです。この場合、音楽でなくて左翼思想であり、踊り子でなくて女優だったというだけのちがいです。

ですから、いくら左翼の人たちが「人民のため」と言っても、その人民の中に「女」が入っていなかったことがよく分かります。そこでも女は、男の夢や思想を描くキャンバスすなわち肉体でしかなく、利用するだけ利用して、使いものにならなくなったら、後は捨ててしまえる存在というわけです。

フランシスは最初、左翼思想にとても憧れていました。ソ連にも演劇の勉強に行きたいと思っていたくらいで、彼らとの活動に期待していました。それにもかかわらず、彼らの思想の道具として利用され、捨てられるという形で裏切られます。その後、彼女はふたたびハリウッドに戻って、そこで屈辱的な演技指導を受けて、ついに酒・煙草・薬に頼るようになります。撮影中の映画「ノー・エスケープ（絶体絶命）」の撮影室にはヒットラーの大きなポスターが貼ってありました。

この後、彼女を落ち目の女優扱いしたヘア・ドレッサーを殴り倒したことから、運命が狂っていきます。裁判、入退院を繰り返す中で、フランシスと母親との関係が大きくクローズ・アップされていきます。ハリウッドとの闘いは、母と娘との闘いに置き換えられ、繰り返されることになります。

最大の「敵」が母親であったとき

この映画のテーマは、娘にとって〈味方〉であっていいはずの母親が、じつは最大の〈敵〉だったということです。なぜ最大の敵かというと、あまりにも身近にいて、しかも母の〈仮面〉をかぶっているので、敵が敵に見えない、したがって闘えないということです。

誰にでも母親は子どもを護《まも》るものだという幻想が根強くあります。フランシスもその幻想にとらわれていて、母親のことをずっと自分の〈味方〉だと信じ切っていました。母親からどんなにひどいことをされても、母親を敵だと認識できなかったのです。

この映画の中で、娘フランシスは病気でもないのに精神科病院に入れられたりして、母親からひどい仕打ちをされ続けます。しかし、それでもフランシスは母親のもとへと帰り続けます。それは〝私の母親が敵であるはずがない、私に対してそんなにひどいことをするはずがない〟、そう思いこんでいるからです。

実際、映画の最初のほうでの母と娘の関係を考えると、ふつうの親子よりも信頼し合っていたことが理解できます。

フランシスがスピーチ・コンテストで無神論を訴えたとき、ほとんどの聴衆は沈黙してしまい、さらには「おまえなんか地獄に墜ちろ」と罵倒《ばとう》する人さえ出てきました。そのとき、満場の聴衆に反抗して立ち上がり、たった一人で力いっぱい拍手をしてくれたのが母親でした。客席で拍手をする母親と、演壇のフランシスとが目と目を合わせるシーンは、二人の深いつながりを示しています。その後でフランシスと父親が映画を見に行くと、ニュース映画の中で母親が一生懸命、娘の援護をしています。彼女はそれを映画館の暗闇の中で見たわけですが、この思春期の出来事は、スピーチ・コンテストで無神論をぶったことといい、母の援護といい、フランシスの心に深く焼きついて、彼女の将来の行動の原点になるほどの大きなインパクトを持ったはずです。

つまり、フランシスにとって母親は、最後の土壇場で必ず自分の〈味方〉になってくれる唯一の人であり、この母親への信頼は思春期にでき上がったものですから、絶対だったはずです。

しかし、その後、フランシスはソ連行きもニューヨーク行きも母親に反対されます。生まれてはじめて母親に反抗し、母親と闘います。「あたしの人生よ」と。「お母さんのお金、いらない」、「自分で働いて貯めたわ。あたし流にやりたいの。ママに仕込まれたのよ、人の意見は無視して信念を貫けって」と、家を出ます。

それでも自分がいちばんひどい目にあったとき、いちばん親身になって味方をしてくれるのが母親だという強い思い込みがあって、フランシスはブーメランのように母親のもとに何度でも戻っていくのですが、スクリーンを見ている私たちは、〝それは幻想だよ、早く気がつかないと命取りになるよ〟とハラハラします。

そもそも病んでもいないフランシスを最初に病院に入れてしまったのが母親だからです。一度目の入院のとき、母親が病院へ持ってくる手紙が全部開封されているのを見てフランシスは「お母さんに殺されそう」とうっかり母の前で言ってしまい、それを母は医者に告げ口します。医者はどっちを信じたらいいか分からないと言いますが、結局、弁舌さわやかな母親の申し立てを信じたので、フランシスはせっかく退院することになっていたのにそのチャンスを逃すことになります。

母親は弁護士と病院を味方につけて、親の言うことを聞かない娘を徹底してこらしめる算段をします。病院を脱走して家に戻ってきた娘が休養を望んでいたとき、母親は「ファンに申し訳ない」からすぐ復帰するようにとせかします。母親は弁護士と手を組んで後見人*編集者注4になると、言うことを聞かない娘を精神科病院に入れます。これは、かつて母親に反抗してニューヨークへ出ていき、いままたせっかくの銀幕の栄光を捨てて田舎で休養したいなどと我儘《わがまま》を言う、そういう不服従な娘への罰なわけです。

母親幻想からは容易に抜け出せない

それでもフランシスは、なんとかして母親に分かってほしい、母親なら分かってくれるはずだと考えていたからこそ、母親への幻想を打ち砕くのに、あれほど時間がかかってしまったのでしょう。母親に向かって「もう、あんたのことなんか愛してない」と言えるようになったときは、ロボトミー手術を受けさせられる直前で、もう後の祭りでした。そのくらい、フランシスにとって、母親に対する幻想は大きかったわけです。

フランシスにはそんな母親から逃げるチャンスはいくらでもありました。ハリーという新聞記者がフランシスを病院から逃亡させて「このまま家に帰らずに、バンクーバーに行ったほうがいい」とアドバイスします。母親のもとに戻らないほうがいいと言っているのですが、それでもフランシスは「家に帰らなくちゃ。あの人は私の母親なんだから、そんなに簡単に断ち切れないのよ」と言って、また母親のところに帰っていきます。そして案の定、また病院に入れられます。退院しても、また帰っていく……。

警察に捕まって以来、いったいフランシスは何回それを繰り返したことでしょう。なぜ、性《しょう》こりもなくこういうことになるのでしょう。

私は、こういう父権制社会の支配・被支配という人間関係の中でつくられる、抑圧された側の悲しいメンタリティがそこに露呈しているように思います。

フランシスは〝自分にとって大事な人だから、自分のことをいちばん愛してくれているはずの人なんだから、あの人にだけは分かってほしい〟と思って母親のところに帰っては、また病院に送り返されます。

その心理は暴力をふるう夫から離れられない妻のメンタリティに似たものがあります。

伝統的な女らしさを生きた人の中には、愛している身近な人からいじめられればいじめられるほどすがりついていく、というパターンがあります。だからよく、暴力をふるう夫と一緒にいる妻にどうして逃げないのかときくと、妻は、自分を殴る夫になんとか暴力をやめさせたい、なんとかして自分を分かってもらいたい、自分の言い分を認めてほしいのだと言って、繰り返し繰り返し夫にすがりついていきます。

人は自分が大事に思っている人、身近にいる人、保護してくれる人のことを〝鬼〟だなんてふつうは思いたくないし、また思えません。そう思ったら自分がみじめになるし、自分自身を支えられなくなりますから、ある意味では自分のためにも必死になって自分を抑圧する人に自分を理解させようとするのです。もっと理解し合えれば、もっと愛すればと、愛の足りない自分を痛めつけることにもなります。

そうやってフランシスは必死になって、母親に自分のことを分かってもらおうと思っていますが、母親のほうは娘のことを分かろうなんて、金輪際思っていません。とにかく、娘に自分の言うことを聞かせて、自分の思いどおりの人生を歩ませようとしているだけです。この映画を見るとよく分かりますが、抑圧している側は、たいてい、相手を「分かろう」などとはしないものです。

フランシスは「お母さんを誰よりも愛してる。でも私に生きたいように生きさせて。私は死にかけたから、田舎に行って犬でも飼って花を育てて、ゆったり暮らしたいの」と頼んでいるのに、母親は「引退なんて、ファンに申し訳ないわ」と、弱っているフランシスを働かせ続けようとします。そして二人は大喧嘩になって、フランシスはまた病院に入れられます。

娘のからだのことよりもファンの心配をしている母親ですが、それでもまだフランシスは母親のことを見切ることも、母親から逃げることもできません。退院するとまた母親のもとへ戻っていきます。まるで蛇に狙われた蛙のように身動きできません。すっかり母親の奴隷になっているのです。

母親は言うことを聞く「いい子」が欲しい

フランシスが二度目の入院後に母親のところに帰ったときに、カムバックということでハリウッドからインタビュアーが来ていましたが、そのときの母と娘の向いている方向が、二人の関係をよく表していました。

母親はなにかを聞かれると娘にしゃべらせないで娘の代弁に一生懸命でしたから、カメラに向かって正面を向いていました。しかし娘はお茶を飲みながら、カメラには横顔を見せて、自分は母親の顔を見ていました。自分へのインタビューなのにカメラのほうを見ないで母親を見ていたわけです。

その姿勢は、ハリウッドに背を向けているとも解釈できますが、もう一つは、母親が世間を向いているのに対して、娘は母親のほうに向いているということもできます。つまり、娘の気持ちは母親にしか向いていないということ、娘の気持ちはすっかり母親で占められているということです。母親に反抗しながらも、母親に牛耳《ぎゅうじ》られているということです。それが象徴的に出ていたシーンでした。

ちなみに、私の観察したところ、このポーズは広告などで、男と女の間でもよく使われていました。男がこちらを向き、女が男の腕に手をかけ、顔を男に向けて微笑んでいるポーズです。男は社会をみつめ、女は男の横顔をみつめています。

その後、ハリーと夜を過ごしたフランシスは、翌朝また警官に家へ連れ戻されます。最後の入院の前になってやっと、フランシスは母親幻想から解き放たれます。

「私を屈伏させて第二のあんたをつくろうとしている。でもあんたにはならない」と、はじめて、母親に向かって言います。

「あんたは私を入院させられる。私を異常者とかまだ半人前の子どものように思いこむこともできる。でもリリアン、もう勝手に思い込めないことが一つある。私に愛されていると——もう愛してない、愛せない。あんな目にあわせて。私は私。私であろうとして闘ってきた。あんたは邪魔しただけ」

けれど、そう言えるようになったときはもう遅すぎました。まるで母親に刃向かった自分を罰するかのように、自分から病院の車に向かいます。逃げません。自殺行為です。

病院では薬を飲まされてもうろうとなった患者たちが、職員に売春をさせられていました。フランシスもその一人になります。そしてロボトミー手術をされることになります。

母親が「後見人」になっているということは、フランシスには成人の権利がないということ、すなわち自己権利がないということです。ですから、母親は娘を思いどおりにできたわけです。

母親がフランシスに「ママにピアノを弾いてちょうだい。『アフトン川』をね」と、まるで小さな子どもに言うように言うシーンがあります。母親は成長した自分の意志を持つ娘ではなく、いつまでも可愛いママのお人形である娘を欲しがっています。こうして母親は最後のおしおきとして娘にロボトミーの手術をほどこして、言うことを聞く「いい子」にしてしまったのです。

ロボトミー手術は簡便な抑圧方法だった

ロボトミー手術は、すごく簡単にできて、しかも人格が穏やかになるというので、一九三〇～五〇年代頃まで暴力をふるう人間に対して盛んに行われていたそうです。映画でいうと、衝撃的だったのは、ジャック・ニコルソン主演の「カッコーの巣の上で[*1]」の中で、暴力をふるうニコルソンがロボトミー手術で魂の抜けたような状態にされたことです。

この手術は歯を抜くのと同じで、前頭葉にある神経をノミでトントントンと叩いて切断すればいいだけですから、一時間に十人もの人を手術できると、フランシスの執刀医は言っていました。

ロボトミー手術は、感情エネルギーを伝達する神経を遮断するものです。ですから、脳でなにかを感じても、泣いたり、笑ったり、暴力的になったり、行動で表現できなくなります。感情が平坦になって、なにが起きてもいつも冷静なままでいるように、他人からは見えるわけです。感情が喪失し、感情の原点にある想像力の衰退がもたらされます。もちろん、女優などという他者を表現する、クリエイティヴィティが要求されるような仕事はできなくなってしまいます。

しかし、映画の中で医者は、「その想像力が病んでいる以上、仕方のないこと」と言って、本人の同意も得ないで手術をしてしまいます。患者を社会に適応させるためにはロボトミー手術しかないということなのでしょうが、ロボトマイズドという英語には比喩的な意味で「生気のない」「ぼんやりした」という意味があるくらいですから、その手術は適応というより、人間ロボットを作るのに等しい作業といえます。

この手術を受けると、抑圧された人間と同じで、ほんとうに感じることがないので、自分でモノを考えることができなくなります。また「秋のソナタ」で見たように、〈感傷〉はあっても〈感情〉がなくなるわけです。

一般に抑圧されている人ほど自分が悪いと感じ、罪の意識を持ちやすくなります。ですから、フランシスは手術後、テレビでインタビューを受けて「私は罪深い女だ」と繰り返し言うようになっています。神への信仰を取り戻したからです。

映画の最初のほうで十六歳のフランシスは、神の否定ということを自分の頭で考え、それを生活の中で発見したことから「独力でこれに気づいた自分を誇りに思います」と言って、自信にあふれていました。世界中で信じられているキリスト教の神の存在を否定することのできる根拠を発見し、その理論を打ち立てたというのですから、それも当然です。そのすごい創造力のもとになっている、感じ、想像し、考える能力を奪われてしまったのですから、フランシスにとっては〈いのち〉を奪われたことに等しいわけです。

ですから、ロボトミー手術の後、「映画を一本撮ったのち引退し、テレビの司会などを」つとめますが、それまでのように創造性を発揮するような仕事はできなくなってしまいます。こうしてロボトミー手術で〈いい子〉にされた後、フランシスは五十六歳でこの世を去ります。

神の否定で始まった映画は、神の肯定で終わります。神の否定という精神的営為は彼女の創造性に結びつき、神の肯定という洗脳の結果が、創作活動の枯渇をもたらしたということは興味深いところです。

映画の最後で、テレビ番組で新しい車をもらったフランシスは会いにやってきたハリーに対して「送ってほしいんだけど……」と、その言葉を何度となく繰り返します。フランシスがハリーに遠慮しているとは思えないので、ただ言えることは、彼女はもう自分がどうしたいのか、なにをしたいのか、自分の欲求がよく分からなくなってしまった、自己主張も決断力も鈍ってしまった、そう考えるしかありません。

病院へ収容されたばかりの頃、フランシスは、医者を前にして「あんたの型に、はまる気なし。凡庸、凡俗、正常な人間になんかなるもんか」と傲然《ごうぜん》と言い放っていたのに、手術の後では「私は罪深い人間だ」と卑屈なくらいへりくだった自己像に落ちつきます。それに曖昧《あいまい》な物言いといい、この変貌ぶりはどうでしょう。〈抑圧〉は、文化の中で社会規範や親のしつけなどによって、時間をかけて徐々に完了されるものですが、ロボトミー手術は、手術という物理的、機械的処置によって、瞬時にしてとっとり早く完了させる〈抑圧〉方法ということになります。

フランシスの運命を暗示する鉛筆と煙草

フランシスがいちばん最初に病院に連れていかれたとき、ドクター・サイミントンとの面接のシーンで、フランシスの運命を暗示するものが二つ出てきます。

一つは、退院できるかどうかの面接のとき、ドクター・サイミントンが鉛筆を削っているのを見て「なにさ、偉そうに鉛筆振り回して!」と、フランシスが怒るところです。これは、後でロボトミーの手術をするときに、ベッドの上に寝かされているフランシスの頭の上で、医師が鉛筆のような棒を振り回しながら、どの角度にメスを入れるか決めるシーンにつながっていきます。一本の棒で角度が決められ神経が遮断され、人間のロボットができ上がるという恐ろしい結果への伏線になっているわけです。

もう一つは煙草です。入院のときの面接でドクター・サイミントンと話しているとき、彼女は吸っていた煙草を捨てました。そのとき、きちんと灰皿に入れないでその脇に落としました。するとドクター・サイミントンはその火のついた煙草を拾い上げ、灰皿の中でぎゅっぎゅっと執拗《しつよう》に火を消します。そのときの彼の表情とその消し方の執拗さから、彼女の〈いのち〉が彼の手の中にあること、しかも暴力的に扱われるであろうことが分かります。煙草というのは、彼女が口をつけて吸っていたもので、彼女の呼吸で火があおられていたのですから、煙草の火は〈いのち〉の象徴だと言えます。フランシスがきちんと火を消さないで捨てた、しかも灰皿の外へ、ということは、彼女の〈いのち〉が生殺しのまま、まっとうされないということを暗示しています。

煙草と言えば、私はもう一つ二つ、別の映画を思い出します。

「ドイツ・青ざめた母」[*2]という作品で、兵隊に行っている夫が休暇で帰ってきて、子どもと妻と三人で過ごした後、「俺はまた戦争に行く」と言って、行きがけに吸っていた煙草を灰皿の中で、ぎゅっぎゅっぎゅっと消すシーンがクローズ・アップされます。それ以後、彼は人が変わったようになります。彼は、それまではナチに反対だったし、戦場で避妊具を配られても「俺は女房を愛しているからそんなものは使わない」と拒絶するような男だったのに、そのシーンを境に変わっていきます。戦争が終わって、家庭に収まると、かつて自分が反対し憎んでいたナチのようにふるまって、妻を抑圧する側に回ります。

また、「モモ」[*3]という映画では、顔も洋服もすべて灰色の、ビジネス軍団みたいな男たちが出てきて、みんな煙草をふかしていますが、命令に背いたりすると煙草を取り上げられて死んでしまいます。ここでは煙草は命そのものとして扱われています。そういう意味で、「女優フランシス」でも煙草は非常に効果的な伏線として使われていることを指摘しておきます。

女が精神科病院に入れられる場合

アメリカの小説や映画には、よく精神科病院が出てきます。たとえば、マリリン・フレンチ[*編集者注5]の『背く女』[*4]という小説でも、精神科病院に入れられた主婦が、後見人が夫なので、夫のサインがなければ病気が治っても病院から出られないという設定になっています。彼女は「ここから出してほしい」と夫に何回も頼みますが、夫はそのたびに「いや、君はもう少し静養したほうがいいよ」と言ってサインしません。自分の思いどおりにならない妻なら、閉じ込めておくほうがましだというわけです。

さらに、その小説で興味深かったことは、女の人が正常かどうかの世間の判断基準が「お化粧をちゃんとしてるかどうか」だということです。正常だと認めてもらうために、口紅をつけなければいけないというのは大変ショッキングな話ですが、つまり化粧というのは、自分のために好んでしていると思っていてもじつはそうではなく、すればするほど女らしいから正常だという「印」になる、そんな側面もあったということです。

もう一つ、一九九七年に邦訳が出ましたが、マージ・ピアシー[編集者注6]の『時を飛翔する女』[5]というSF小説があります。こちらはもっと怖い話で、主人公はチカナ（メキシコ系アメリカ人）で、人種差別される側の有色人種の女の人の話ですが、彼女は、自分の姪を守ろうとして、姪の亭主（ヒモ）を殴って怪我をさせてしまいます。そこへ警察が来て「女が暴れている」ということで連行されて精神科病院に入れられてしまいます。

同じ人間でも男の暴力は大目に見られ、女が暴力をふるうと許されないのは、「ベティ・ブルー」でも見ました。

結局、たとえ正当な理由で暴力をふるった場合でも、一度精神科病院に入れられるとなかなか出してもらえません。しかもこのチカナの場合は身寄りがなくて、唯一の親類である姪の亭主を殴ってしまったわけですから、よけいどうしようもありません。読んでいて、味方が誰もいなくて病院から出られないその恐ろしさが身にこたえます。

この「女優フランシス」の中でも、フランシスがヘア・ドレッサーから「不摂生で髪の毛が薄くなったよ。主役じゃないんだから帽子をかぶったら」みたいなことを言われて、かっとなってものすごい力でヘア・ドレッサーを殴りとばして、怪我をさせました。それが原因で、フランシスは裸のままで警官に逮捕され、その事件をきっかけに、彼女の転落に加速度がつき始めます。

フランシスは、唯一の身寄りである母親がサインしないのですから、見殺しにされたようなものです。そんなとき、いつも突然現われて助けてくれたのが新聞記者のハリーでした。

白馬の騎士ハリーの限界

この映画の中でのハリーはやはり「白馬の騎士」として描かれていると思います。ハリーはほんとうにいい人で、しかも新聞記者で世の中のことをよく知っていて、いつもフランシスを救ってくれました。

ハリーはことあるごとに、「持ってる才能は生かさなけりゃいけないよ」と彼女に言ってきました。しかも、彼女の裁判のときには彼女を悪く言う他の新聞記者をやっつけたりもするし、病院から彼女を逃がしてやったり、母親との関係も見抜いていて、母親と離れたほうがいいと、アドバイスしたりもします。フランシスが海辺の家にいるときには、優しい話し相手になってくれ、また「そんなことをしているとマスコミに潰されるよ」と親身な忠告もしてくれます。とにかく、フランシスが苦境にいるときには、必ずそばに来て彼女を救ってくれます。ですから、この映画の中のハリーは、まさに「白馬の騎士」の現代版として描かれていると思います。

こうして陰になり日なたになりしてフランシスを支えてきたハリーがプロポーズしたのに、なぜ彼女が断ったのか、ちょっと常識では理解に苦しむところがあるかもしれません。

ただ、白馬の騎士にも限界があるということです。

ハリーは最初、フランシスに絹のストッキングをプレゼントしました。不景気ですからフランシスはとても喜んでいましたが、それは、ハリウッドで「脚を出せ」と言われていやな思いをさせられることにそのままつながっていきます。

もう一つ、一度目の病院を脱走してきてハリーにプロポーズされたとき、フランシスは、彼が好きとか嫌いとかを言わずに、まず「社会復帰してから」とか「家に帰らなくちゃ」とか「私はぶち壊す名人だから」と自分の側の問題を言い出して断ります。すると二度目の退院の後、ハリーが再度切り込みます。「そばにいてくれるだけでいいから。俺に賭けてみないか」。それに対しフランシスは「病院がつらかったのよ、昼も夜も一人になれなくて」と言うのが断りの言葉です。つまり、母と病院がグルになって彼女をいじめているとき、心が弱っている彼女の意識の中では、ハリーも病院の中にいる誰かと同じ位置にいたということなのです。

ハリーの親切も偉さもありがたいけれど、心の傷を癒すために彼女が「一人になりたい」とき、一緒にいたい人ではなかったということです。ですから、かつて二人は愛し合っているように見えたし、いまも友情は深いのですが、入退院を繰り返すうちに、フランシスにとってハリーは、彼女に絹のストッキングをくれた親切な「男」の一人にすぎなくなっていったのだと思います。一方でそれがハリーの「俺に賭けてみないか」という言葉になって、フランシスの「負けるから」の返事になります。

その言葉で思い出すことは、この母と娘の関係です。

そもそも、この映画の悲劇は、母親が自分で自分を生きる代わりに、ありったけの力を娘に「賭けた」ことです。人間は競走馬ではないのです。それなのに、愛情の名において、母親はフランシスに自分の人生を賭けてしまいました。そして、今度はハリーがそれをフランシスに要求しました。フランシスは、自分が母親に命を賭けられてさんざん苦しんだから、賭けられる苦しさをいやというほど知っています。そういうことはもういやなのです。

言ってみれば「賭けてみないか」という言葉の使い方に、これまでのフランシスと母との壮絶な闘いへの根本的な理解のないことが表れています。だから、フランシスはハリーのもとに行かなかったのだと思います。ハリーは最後のぎりぎりまでいい人なのですが、それでもやはり彼は「男」であり、母と娘の壮絶な闘いから透けて見えた女の状況をもう一つ踏み込んで理解できなかった人だと思います。無理もないことです。

自分の人生の主役を生きられなかった母の怨念

ところで、フランシスをあんなに苦しめた母親リリアンはどういう人だったのでしょうか。この映画のはじめのほうのニュース映画の紹介では、栄養士リリアンと言っていました。彼女の夫は、妻のことを大変能力のある人だと言っています。

そうなのです。よくあるように、やはり母親のほうも、女だということで、社会から自己実現の機会を奪われてしまった犠牲者の一人だったということです。そういう視点を持つと、母親だけを責められなくなります。逆に言うと、そういう視点がないと、単に、娘が母を責めるだけで、娘と母の対立を生み出しているほんとうの原因が見えなくなってしまいます。

私自身も、自分の考えで私の人生を縛ろうとする母親とずいぶん闘ってきました。でも私が子どもの頃、その母親が茶碗を洗いながら〝なんで自分ばかりこういうことをしていなければならないのか〟と言いながら泣いていた姿を見ていますから、いくら母親と闘っていても、心からは憎めません。フランシスは母親と闘いながら、同時に自分が母親と同じ立場にならないようにするにはどうしたらいいか考えていたのだと思います。

たしかに、フランシスのお父さんは「ママはおまえに期待してるんだ」とか「お母さん自身が立派な政治家になれた人なんだよ」とか話していました。母は自分の見果てぬ夢をフランシスに託しました。そして、母親はやはり娘にしあわせになってほしかったのだと思います。

フランシスと大喧嘩したときに「無名の存在（nobody）ってどんなものか、いい仕事と夫に恵まれた、スターだったおまえには分からない」と母親が言います。肩書きがない、nobody（ただの人〉であることの苦しさを、先輩の私のほうがよく知っているのだから、おまえのためを思って、女優を続けなさいって言っているんだというわけです。ふつうに主婦をやっている人には、あまりそういう発想は出てきませんが、この母親は、栄養士だけでは消化しきれないエネルギーがあって、ただの人止まりであることに対する不満が、自分の中にくすぶっていたのでしょう。

娘が女優として大成功した後、母親が父親と二人で、ハリウッドへ遊びに来たとき、母親はまるで自分が主役のようにふるまっていました。娘の栄光をわがもの顔に楽しんでいる堂々とした姿がありました。フランシスが女優として有名になってシアトルに帰ってきたときもそうです。しかも娘婿といいちゃついてみたり、いわゆる〈女〉を演じていました。いずれにせよみんなの注目を浴びて、母親は得意満面でした。

そして、女優を続けるよう強制している母親の中には、娘のためだけでなく、たとえ娘の母親という役回りでもいいからああやって世間の注目を浴びていたいという気持ちが強くあったことは確かです。「秋のソナタ」の母親が娘を放っておきすぎたとすれば、この映画の母親は、娘からできるだけ甘い汁をしぼり出そうとしているヒモだとさえ言えます。

こうして、大変自我の強い、自己顕示欲の強い女性が、その力を彼女の生活の中で十二分に発揮できないでいるとどんなに恐ろしい結果を招くか、それをこの映画は見せてくれたと言えます。発揮されずにくすぶってしまった「力」、その怨念をそっくりかぶってしまったのが、娘フランシスです。

娘の立場から言えば、親離れをしようと思うのだったら、結局家を出てしまうのがいちばんてっとり早いのですが、距離だけは離れたとしても、親が自分の中につくったメンタリティというのは、自分で意識してなんとかしない限り、いくつになっても延々と自分の中で生き続けます。自分の中に親によってつくられたメンタリティがあるということに気がつくだけでも、ふつうは何十年もかかると思います。

だから、父親と反対の男を選ぶつもりが、自分では気がつかないうちに父親そっくりの男を夫に選んでしまったり、母親にされたことをいやだと思いながら、無意識のうちに娘に対して同じことを繰り返していたりするわけです。これは恐ろしいことですが、実際によくあることです。しかも、女の人がいつまでも男の人の言いなりになって、「赤い靴」みたいに男の人生の肉体や手足の役割をしている限り、それは再生産されていくことだと思います。

その不幸の再生産をなんとか断ち切ろうとしたところから、フェミニズムなどが出てきたのだと思います。抑圧はどこかで断ち切らないといけません。祖母から母へ、母から娘へと〈遺伝〉するものだからです。

この映画は、まさに母親による娘の人生のレイプを描いたものだと思います。しかし、その原因は、よく考えてみると、母親自体が主婦業に閉じ込められて、自分の望みどおりの人生を生きてこられなかった、という点で、やはり母親もすでに男社会からレイプされているということなのです。

社会構造全体が女をレイプする仕組みになっている、それが母と娘の力関係の中でまた繰り返されていく、というのが真相だと私は思います。ただ哀れなのは、母親は自分が社会からレイプされているから、そのうっぷんを娘に向けて、自分もまた娘をレイプする側にいるという構造に気づいていないということです。

父権制社会で母と娘の関係は歪《ゆが》んでいく

フランシスは妥協をせずに、自分の思いどおりに行動し続けます。しかし、見ている側は、実際のところ、〝もう少し我慢してれば〟〝あそこで大声なんか出さないで、いい子にしてればすぐに病院から出られるのに〟とか、〝結婚すればちょっとくらいおかしくても社会は大目に見てくれるだろうに〟とか、いろいろ思います。でも、私たちにそう思わせるからこそ、この映画は下手な活劇よりもおもしろいのです。〝ああ、またうちに帰ると、お母さんに病院に入れられちゃう、バカだなあ〟とか、〝なんで逃げないの〟とか、見てるほうが手に汗握るわけです。

そして、「賢くふるまわないフランシス」という点からこの映画を見ていったら、フランシスは実際おバカさんです。結果から見ると彼女はやはり考えが足りなかったということになってしまいます。

でも、そういう個人的な「賢さ」の問題でこの映画を見ていったら、なにも見えなくなってしまいます。問題は、最初は神まで否定する能力があった、あんなに賢かった人が、どうしてそんなバカなことを繰り返してしまうのだろうか、ということなのです。それが、私がこの映画を見るときのポイントです。

たとえばむかしあった「赤狩り」[*6]などを思い出してみてください。権力は意に沿わない人を捕まえようとしたら、証拠があろうがなかろうが、捕まえてしまいます。一度、その人を抹殺しようと思ったら、理由があろうとなかろうといくらでもでっち上げて、なんとかしてしまうのが権力というものです。

この映画でも、フランシスが逮捕されて裁判にかけられたとき、弁護士さえつけてくれません。さらに、自分の味方であっていいはずの母親までもが敵に回って証言します。

よくあることですが、母親はすぐ体制側に回ります。この場合も母親は「猫撫で声」で、病院に娘の行状を言いつけに行き、体制の手先になります。娘が冗談半分に「お母さんに殺されそう」と言うと、母親はそれを医者に告げ口して退院取消になります。

その医者のことをフランシスは「神様のつもりかしら」「人の頭の中を再構築しようとする」というような批判をします。娘という存在は、この父権制社会の中では身寄りのない、いちばん孤独な存在だとも言えます。そんな中で、賢くふるまうとはどういうことか。誰も自分を助けてくれない、なにを言っても聞いてもらえない、あの恐怖と絶望の中にいたら、どんなに頭のいい人でも、パニックを起こして愚かな行動をしてしまう可能性があります。

そういうふうにこの映画を見ていくと、決して「賢くふるまう」ことでは解決できないものがあります。女の人が、自分の思うように人生を生きることができなくて、蛇の生殺しみたいな状態で自分の夢を実現できないでいるとき、自分の人生を娘の人生に託してしまう。そういった母親がオンブオバケになって、娘を頭からムシャムシャ食わざるをえない父権制社会のあり方、そこでの母と娘の関係としてとらえたほうが、フェアに状況が見えてくるような気がします。

5章注釈

＊1 【「カッコーの巣の上で」】（ミロス・フォアマン監督、原作ケン・キージー、一九七五年、アメリカ。アカデミー賞作品賞ほか受賞）

＊2 【「ドイツ・青ざめた母」】（ヘルマ・サンダース＝ブラームス監督、一九八〇年、西ドイツ）

＊3 【「モモ」】（ヨハネス・シャーフ監督、原作ミヒャエル・エンデ、一九八六年、西ドイツ・イタリア）

＊4 【『背く女』】（松岡和子訳、パシフィカ刊、品切れ、重版未定）

＊5 【『時を飛翔する女』】（近藤和子訳、學藝書林刊、品切れ、重版未定）

＊6 【赤狩り】一九五〇年代、特にアメリカで起こったマッカーシズムによる反共キャンペーン。

第六章

主婦という自己犠牲からの脱却

「愛と追憶の日々（TERMS OF ENDEARMENT）」

愛と追憶の日々（TERMS OF ENDEARMENT）

〔物語〕夫に先立たれたオーロラ（シャーリー・マクレーン）は、一人娘のエマ（デブラ・ウィンガー）に幸福な結婚をさせることを願っていた。しかし、エマはオーロラの希望とはちがった、風采の上がらない大学教師、フラップ（ジェフ・ダニエルズ）と結婚することになる。オーロラは結婚に反対し、結婚式にも出席しなかった。しかし、エマとオーロラは、それからもずっと、なにかあるごとに電話で自分たちの近況を報告し合っていた。

オーロラの隣家に引っ越してきた元宇宙飛行士ギャレット（ジャック・ニコルソン）は、オーロラに興味を示して交際を申し込んでくるが、崇拝者の男友だちに囲まれているオーロラは、彼の粗野な態度がいやだと、はねつける。

エマは三人の子どもを出産。生活も苦しく、子育てに追われていた。やがて、夫の浮気が発覚。エマはそれに対抗して自分も銀行員のサム（ジョン・リスゴー）と浮気してみたりするが、長男も自分になつかなかったりで、悩み多い日々を送っていた。一方、オーロラはギャレットとの情事に、自分の生きる望みを見出すようになっていた。

そんな中でエマは癌にかかり、短い一生を終える。オーローラは、ギャレットと二人で、エマの子どもたちを引き取ることにするのだった。

製作・監督・脚本……ジェームズ・L・ブルックス
原作……ラリー・マクマトリー
撮影……アンジェイ・バートコウィアク
出演……シャーリー・マクレーン
デブラ・ウィンガー
ジャック・ニコルソン
ジェフ・ダニエルズ
ジョン・リスゴー
リサ・ハート・キャロル、ほか

一九八三年　アメリカ　一三二分
DVD／ブルーレイ　発売・販売元：NBCユニバーサル・エンターテイメント
各種VODで配信中
（＊二〇二三年三月現在）
〈アカデミー賞――作品賞・監督賞・主演女優賞・助演男優賞、ほか〉

★親友のように強い絆で結ばれた母と娘の三十三年間をコミカルなタッチを交えながら、ドラマティックに綴った感動娯楽作。アメリカ人の「家庭回帰願望」の表れとも評され、アカデミー賞の主要部門を総なめにした。

なぜエマは死ななければならなかったのか

「愛と追憶の日々」を見た人は、娯楽映画風のタッチに笑い転げて、あげくに泣かされて、涙、涙で、カタルシスをたっぷり味わわされて、サウナに入ったみたいにサッパリします。後に残された強烈な印象と言えば、平気でセックスの快感を語り合えるオープンな母と娘の関係であり、大勢の人間が出入りするなんとはない家庭的な楽しさであり、そしてなによりもエマが三十三歳の若さで、癌の病で死ぬことです。その死に方が、じつに立派で勇敢なので、妻として母としての模範となるべき姿を見せてくれたように思えます。

たしかに死んでいく人に鞭打《むちう》つより、その生前の業績や勇敢さを称えてあげるのが、人としての優しさでしょうし、また死者へのはなむけでもあります。しかし後に残された者たちは、家族ならいざ知らず、スクリーンのこちら側の私たちとしては、涙を拭《ぬぐ》った後で、〝でも、なぜエマは死ななければならなかったのだろう?〟と、少し冷静に考えてみてもいいのではないかと思います。いくら評価されたところで、死ぬのはイヤですからね。

そして実際、この映画には、そういうふうに考えるに値する情報やメッセージがキチンと取り入れてあります。でもそれをストレートに出したら一般の観客には重すぎて不愉快がられるから、ユーモアと涙というオブラートにくるんで提供しているわけです。それだからこそ、うっかりシャーリー・マクレーンやジャック・ニコルソンといった強烈な個性を持つ俳優たちの演技に魅せられて、大口を開けて笑ってばかりいると、そこに一貫して流れているテーマを見落としかねないというわけです。

「愛と追憶の日々」を〈専業主婦〉の終焉《しゅうえん》宣言として見る

エマは、母オーロラの反対をものともせず、教師のフラップと結婚します。

しかし、結婚のしあわせとやらは、ご多分に漏れず、結婚したてのほんの二、三年で、あとは文字どおり苦労の連続です。エマは、三人の子どもの休みなしの育児に疲れ果て、その上、家計は苦しいし、夫は女をつくるし、長男は反抗期で父親の味方になるしと、どうあがいても立つ瀬のない、閉塞《へいそく》状況に陥ります。

その出口なしの閉塞状況がストレスになって、具体的には癌という病気の形で現われ、癌は三十三歳という若い盛りの命を食い尽くしてしまいます。癌という病気そのものが、専業主婦という役割を生きている女の状況のメタファー（隠喩）だと言えます。

専業主婦の中には、自分のために生きる以上に、夫のため、子どものため、家族のために生き、子育てと家事と人の世話をやくことで人生の大半を過ごす人もいます。そういう人の場合、夫が出世すれば、糟糠《そうこう》の妻、子どもが成功すれば偉大な母と誉められはしても、ただそれだけのことで、自分自身がなにかになったわけではありません。誰かのための黒子《くろこ》でいがちです。

実際、エマ以外の人たちは、物語が進行していく中で、それぞれが自分の世界を持ち始めて生活環境や生き方を変えていきますが、エマだけは、もといたところにとどまって、そのまま癌で亡くなります。家族のメンバーや親しい人たちがそれぞれ新しい在り方を模索していく中で、ただ一人、専業主婦のエマだけがその変化に対応しきれないで、周りから取り残されていきます。

エマの死が伝えていることは、従来の女性像に亀裂が生じて、専業主婦は使い捨て人間にされかねない、これからは自己犠牲を強いられるそんな女の役割などあってはならないんだ、これで終わりにしよう、というメッセージなのです。そんなわけで私は、この映画を、アメリカ社会における〈専業主婦〉の終焉宣言だと見たのです。

社会で力をつけていく夫と、変わらない妻

エマの夫フラップは、十年足らずのうちに二回も転勤します。それはアメリカ社会の例に漏れず、業績ができたということであり、転勤のたびに社会的地位は上がり、それなりに魅力もまして取り巻きも多くなり、妻以外の女性と出会えるチャンスも増えます。実際フラップはそのとおりの人生を歩むことになります。

フラップは転勤でデモイン（アイオワ）に来て間もなく、妻の妊娠中に、学生の中から自分に適した恋人を見つけます。その後ネブラスカに転勤しますが、その転勤も、じつは、そこに恋人のジャニスが仕事を見つけたからだと、引っ越した後で分かります。しかも、エマが死ぬ間際の夫婦二人の会話からも、エマが亡くなった後フラップとジャニスが一緒になることは了解済みでした。自分の死後、夫が恋人と暮らすことをエマは納得していたわけですが、ただ、子どもだけはジャニスに渡したくない、と頑張って、それには夫も同意しました。

こうして夫は、妻が健在なうちから家事や子育てを妻任せにして、一方で、着々と自分の世界を再編成し始めていたということです。

夫は、転勤や生活環境を変えることで、自分の人生をそれなりにベターな方向に導いているのに、エマの生活はそれとはちがい、なんの変化ももたらしません。

子どもの数が増えれば、子育ては大変になり、家事は増え、家計は苦しくなり、そのうちに長男は反抗期になるし、赤ん坊は病気になるし、留守がちな夫に代わって一人で処理しなければならないことがつぎつぎに生まれ、その結果、ストレスでイラつけば、夫はますます家に寄りつきません。「パパ戻った」「ほんとうか、めずらしい」といった会話が子どもの間でさえ交わされるようになります。

こうして家事や子育てや生活苦に加えて、夫の浮気までしょい込み、結局、エマは夫に当たり、子どもに当たり、あげくに、スーパーのレジ係にまで当たって、みんなにイヤがられます。

フラップにすれば、家に帰ってエマにガミガミ文句を言われるより、自分に言い寄る小綺麗で、知的で、愛情深い同僚の恋人と一緒に過ごすほうが楽しいから、図書館で居眠りしてしまったなどと言い繕っては、無断外泊を増やしていくことになります。

結局、彼女に起こった変化は、なに一つとして、彼女が主人公になって、主体となって、起きたものではありません。夫は変化のたびに力をつけていくのに、その後をついていくエマは、疲弊《ひへい》するだけです。

夫へのつらあて半分で銀行員のサムと浮気して、いまはそれが心の支えだというのに、夫が学部長になって転勤だというので、その情事もあきらめて夫についていってみれば、夫の転勤はなんと恋人の後を追ってのことだったと分かります。妻であることの悲しさ、養われている人間のくやしさが伝わってきます。

子どもの誕生も、長男のときまではよかったのですが、二人目からは最悪の状況になります。それなのに驚いたことに、夫の浮気や家計の苦しさにもかかわらず、エマは当然のように三人目を産みました。

七〇年代半ば当時においても、エマほどものを考えない人もめずらしかったと言えます。大むかしの女学生がそのまま妻になり母になったという感じで、夫の浮気はモラルを説けばなんとかなると考えているし、中絶はのっけから悪だし、自分のからだを守ろうとか、自分の時間を持ちたいとか、これまでの生活を反省して将来のことを考えるとかいった態度は、いっさいありません。子どもは夫への愛の証だし、女は子どもを産むものだし、子どもがたくさんいればそれが女としての存在証明で、それで自分はOKだというわけで、これが女の在り方だと言われていた、古い社会規範どおりに生きています。

そうなれば当然、よき妻としては、夫の浮気を許さざるをえないし、幼友だちのパッツィーから「なぜ別れないの?」と聞かれれば、「彼って可愛いの」と答えはしても、離婚など思ってもみません。ましてや働くことなどまったく頭にありません。自分のパンを自分で稼げることが人間の権利だという発想はありません。

女は愛にすがって生きていくしかないのか

こうしたエマの、唯一、生きる心の支えとなっているのが〝愛〟というものです。しかし、いくら彼女を愛していた夫でも、社会でいろんな人に出会って考え方が変われば、付き合う人や愛する人が変わっても不思議はありません。人の気持ちの変化や成長に歯止めをかけることは難しいと思います。

二番目の子どもが生まれた後、「もう一週間もごぶさたよ」とエマが夫に苦情を言うシーンがあります。夫は答案の採点があるからと言ってあたふたと家を出ていきますが、それでも途中で思い直して「しょうがないな」という顔をして戻ってきます。エマが大喜びして「ああ、これであたしたちは救われたわ」と二人で二階へ駆け上がりますが、こうしてエマの欲求に応じた彼がエマと同じことを考えていたかどうかは別問題です。なぜなら、そのときすでに彼には他に愛人がいたのですから。

〝愛〟には、どんなに固い約束をしたところで、明日はどうなるか分からない要素があるわけで、この話は、その愛を頼りに男の気持ちにすがって生きざるをえない女の悲劇と言い換えることもできます。

こうして女性は、何千年もの間、エマのように男の愛だけを頼りに生きることが女らしいことだと思わされてきました。エマのような素直な人が社会や文化の言いなりになって、それこそ至上命令のように愛にこだわり、愛に頼り、愛を得ようとして、人に気に入ってもらえるように自分を磨くことだけにエネルギーを使ってきたとしても、あながち女性ばかりの責任ではないでしょう。古今東西、どの社会でも、女は男に頼れと教えはしても、自分を育て、自分を愛し、自分が頼りになるようにならなければ、人を愛することさえ自滅行為になりかねないということを、学校も母親も誰も教えてはくれなかったからです。

なにかと男に有利で、男が力を持っているこの社会では、まず男に便利な女を育てることが先決なのです。テレビや映画では、〝女は愛〟のスローガンが女向けに流されてきました。女がそのスローガンを生きて、誰がいちばん得をするかといえば、それはふつう男です。尽くす女ほど男にとって便利な存在はないからです。

この物語の時代背景は七〇年代ですから、アメリカでは、当然、子育ても平等にといった思想はすでに浸透していたはずで、エマが大学の構内で夫が愛人といる現場を見つけたときも、彼が子どもを抱いて職場に行っていたことが分かります。しかしそれも男の場合は〝手伝う〟式の参加であって、実際は、彼は外で金を稼ぎ、エマは家庭を守っていました。末っ子のメラニーが夜中に喉頭炎を起こしたときも、子どもたちのほうが心配していろいろ手を貸してくれるのに、夫のほうは「まーだ時間がかかるの?」といった態度で、エマに情けない思いをさせていました。

しかし、夫が恋人に選んだ女性は、やはり専門の仕事を持って働いている女性でした。こうして静かなアイオワの町にも時代の波が押し寄せているのが分かります。しかしエマはそんなことには頓着しません。夫に「金なら君が働けばいいじゃないか」と言われても、「じゃあ、子どもはどうするの!」程度の怒鳴りあいで終わっていました。新聞一つ読むふうもないし、隣近所との付き合いで女性同士ダベッているふうもありません。

同じ田舎でも、夫は大学という職場で職業柄、新しい風に当たるチャンスはあるし、子どもたちはどんどん成長しますし、母オーロラは時間がありあまっている上に、取り巻きやらお手伝いのロージーやら、ボーイ・フレンドなどを通して、娘よりもっと世間の風に当たるチャンスがあります。エマは、ただ、夫との「愛」すなわち、関係だけで生きていて、子どもは育てても、自分を育てることを知りません。またそういう訓練を受けていません。世間から決められた女の役割を、なに一つ疑うことなく、ただやみくもにこなしてきたあげく、世間のほうが変わり始めたのに、その変化に気づかないで、とうとうおいてきぼりをくってしまいました。精神は痩せ細り、肉体は病に冒されていきます。

最愛の息子は反抗する

こうした中で、エマを非常に悲しませていたのは、こんなに自己犠牲に徹して育ててきた長男のトミーが反抗期で、なにかと母親に刃向かい、生意気を言って、こともあろうに父親の味方をして、ただでさえ割りをくっている母親を責めているということです。

トミーはトミーで絶え間のない夫婦喧嘩にとても傷ついていて、しょっちゅう両親の顔色をうかがっています。両親の罵《のの》り合いに耐えられなくて、家の前から歩き去るシーンがあります。「ケンカなんかして恥ずかしい」と思っています。このトミーのいやがる夫婦喧嘩も、もとはといえば夫の浮気、度重なる外泊、苦しい家計、そういったことが原因なのですが、トミーから見ると、みんなエマが仕掛けて「パパをいじめている」ように見えるわけです。

エマが夫に向かって不満や文句を言えば、夫はおもしろくないのでますます家に帰りません。子どもは父親の留守で不安になります。パパが家に帰らないのはママがガミガミ言うからだ、ママが悪いんだ、ということになります。男の子には、母親の置かれている状況は見えません。

むしろ、罪の意識からたまに猫撫で声で戻ってくる留守がちの父親のほうが受けはよく、身近でガミガミ叱ってばかりいる母親は憎まれ、批判の対象になります。ですから、病院でエマと最後の面会をした後で、トミーは、ヒューストンにいいボーイ・スカウトがあるのにエマが教えてくれなかったから「ママは怠け者だ」と批判して、祖母のオーロラから平手打ちをくらいます。

こうして、エマは夫の浮気と子育てと家計のやり繰りで苦労しながら、そのあげくに、可愛がって育てたトミーにまで背かれ、臨終の床でも反抗され続け、優しい言葉一つかけてもらえなかったのですから、なんとも皮肉な救われない話です。

子どもの写真を自慢げに見せる母親とは

エマの夫の生活に変化が起きているのと同じように、エマの親友の生活にも変化が起きています。

パッツィーは、最初はエマと同じような、ただの女の子という感じでしたが、離婚してからユダヤ人のボーイ・フレンドと一緒になり、ロスを引き上げてニューヨークへ行って、キャリア・ウーマンに変身します。その頃から人生が変化に富んで豊かになっていきます。仕事を楽しみ、たくさん友人をつくります。

エマとの友情はちっとも変わらないので、エマの娘を引き取って育てたいと言うくらいですが、パッツィーの世界は、すでにエマといた頃の世界とはまったくちがってしまっています。彼女の場合も、変化は自分の世界の再編成であり、新しい世界を築くことにつながっていったわけです。

癌が手遅れだと知った後、エマがパッツィーの案内でニューヨークへ行ったとき、彼女の友人たちに「子どもの手が離れたら仕事でしょう?」と聞かれたエマは、ちょっと驚いて「働いたことなんかないわ」と言います。これを聞いた女性たちはETでも見るようにエマの顔を見つめた後、あわてて取り繕って「それはそれでいいわ」と言います。同じアメリカでも、ネブラスカとニューヨークとでは、女性の生き方にも、文化的・社会的時差のあることが分かります。当時でも、エマの頭の中は古い女性観でいっぱいだったということでしょう。

でもそれだけではなくて、ここでは、エマが主婦として生きている間に、ある種の社会性を喪失してしまったこと、または育てそこなってしまったということがよく分かるシーンが挿入されています。エマが出会ったばかりの人たちに子どもの写真を見せて、子ども自慢をしてしまうところです。

人が人の子に興味を持つというのは、ふつう最後の最後、よほど親しくなってからか、相手が恋人だとか親戚だとか、あるいは特別な有名人で興味しんしんだから無理に見せてもらうとか、そういった場合です。子ども自慢が真っ先に出てくることはありません。たとえお世辞で請われたにしても、まず出会いがしらではそういうことにはなりません。これは、相手にとってはひどく退屈な、一人よがりな行動に映るからです。ここでもみんな義理で「可愛いわねー」「こんないいお子さん持ってしあわせね」みたいなお世辞を言いますが、それを聞いたエマがドヤ顔をするシーンは、ホント、見ていてこっちが恥ずかしくなってしまいます。

一般に主婦の会話の内容は、亭主と子どもの話と相場が決まっていると言われていますが、誰でもいちばん大切なことを話したいのは当たり前だとはいえ、まずはじめに語れるような自分自身があってもいいのではないでしょうか。このシーンでは、主婦という閉塞的な状況から生まれた、お人好しで、社会性がなくて、一人よがりになってしまった女性の例が描かれています。

自己犠牲に徹した姿はたしかに美しいが……

いわゆる専業主婦になって、家庭だけを守って、それだけで十分しあわせだった時代もあったのでしょうが、この七〇年代のアメリカでは、エマは、あの若さですでに時代から取り残されていることが分かります。

しかも悲劇的なのは、エマ自身がなにが起きているのか皆目分からないまま、出口なしの状況を生きていたことです。周りの人間がみんな変わっていくのに、彼女だけが自分の世界を開拓し忘れて、おいてきぼりを食ったということです。エマの臨終の瞬間の、なんとも言えない無念そうな孤独な目が忘れられません。

ここでは、はっきりと、専業主婦は使い捨て人間にされているんだ、という警告があります。もうこういう形の女の自己犠牲があってはならない、女性はこれから徐々に新しい生き方を模索していくべきなんだ、というメッセージが投げかけられています。その意味で、はじめに書いたように、この映画は、アメリカ社会における〈専業主婦〉の終焉宣言なのです。

ふつう、友人でも家族でも、人が死ねば必ずといっていいほど、周りの人たちは罪の意識に苦しめられます。エマは、自分の死で家族のものが誰一人そんな思いをしないですむように、最善の努力をしました。パッツィーが感心して誉めたほどです。

結婚当初にエマが買ってやったネクタイを締めて面会にやってきた夫の思いやりに対して、「いろんなことはあったけど、でもあたしたちの愛は変わらなかったわ」と喜んで、自分がいなくなったら他の女性と暮らすことになっている夫を涙ぐませます。なんと寛大で優しいことか。お化けになって出てやる、なんて恨みがましい態度は決してとりません。

最後まで母親に反抗していた長男のトミーは、このまま大人になってものを考えるようになったら、なぜあのとき、ひと言、死んでいく母に優しい言葉がかけられなかったのかと悔やむことになるでしょう。エマはそれを見越しているかのように、無理やりトミーに母を愛していると言わせます。しかも、エマは「あんたがママを愛していることは分かっているんだから」と、何度も何度も言って聞かせます。

この映画がこんなにも感動を呼んだのは、エマが病魔に冒されて余命いくばくもないと分かってから死を迎える最後まで、徹底して夫と子どもに、妻として母としてできるだけのことをしてから死んでいったからです。自己犠牲に徹し切ったからです。まさに妻と母のあるべき姿を見せて、有終の美を飾ったのです。

エマは恨み一つ、愚痴一つこぼしません。死んでいくというのに、その我慢強さ、自己抑制の力、そしてどたんばの勇気に、みんな泣かされました。誰をも恨まず、憎まず、よき妻と母の役割を立派に、勇敢に、演じ切ったからです。これこそまさに〝専業主婦の鑑《かがみ》〟、理想像といっていいでしょう。

しかもエマの死で、かつて母のオーロラといさかいをしていた人たちまでが、みんな和解したりより親しさを増したりします。オーロラは、婿のフラップがエマ亡き後、子どもの面倒を自分に任せてくれたことに感謝し、彼を許します。またオーロラは葬式の後、これまで嫌っていたパッツィーにも親しげに話しかけています。ギャレットは父親役に興味があるらしく、これからは隣のオーロラとは単なるセックス・フレンドの域を越えた付き合いになるはずです。

この愛と和解はみんなエマの死という犠牲をきっかけとしてもたらされたものです。エマの死には、職務に忠実だった警官が味方の流れ弾に当たって死んでいくような、そんな殉死の無念ささえにじみ出ています。

〈専業主婦〉を選び取ったという錯覚

しかし、もしエマの立場に立ったら、そう簡単に彼女の死を美化ばかりはしていられないはずです。

この場合、女性でも、エマの不当な死を憤るというよりは、むしろ、エマの死にざまの凛《りん》とした美しさに魅せられ、主婦の自己犠牲を美化してしまうのではないでしょうか。あんなふうに死ねるなら、主婦をやりたい、あるいは、あんなふうな妻が欲しいということになりかねません。そうなると、エマの専業主婦であったがゆえの苦労や屈辱とか、また、エマはその役割に殺されたのだという視点などがいっさい忘れられてしまうわけです。かつて悲恋の女王が死ぬと、みんなあんなふうに恋されて死にたい、あんなふうに死ねるなら失恋してもいい、と考えたのと同じ心理と言えます。それが、この映画の困ったところです。感動にだけ身を任せる人なら、必ずそう解釈してしまうような作り方をしているからです。だからこそアカデミー賞がもらえたのかもしれません。

実際、がに股で威勢のよいエマの歩き方、口のきき方、一見、行動的で自己主張も強く、ズケズケものを言う、そんな彼女を見ていると、どうしても彼女が置かれている悲惨な状況が見えにくくなってしまいます。それでも彼女の主婦としての生活のありようを見ると、むかしの忍従を強いられた日本女性の生き方とたいして変わっていないことが分かります。畳や掛け軸の代わりにフローリングと観葉植物という、そういった生活様式やマナーのちがいだけで、本質は驚くほど似ています。そっくりそのままと言っていいかもしれません。

ただちがいがあるとすれば、むかしはそれが女の生き方だと決まっていて、しかも世間から目に見える形で強制されていましたが、ここでは、女の生き方の選択肢の一つになっているかのように、あたかもエマが自ら好んで、いとも楽しげに主婦の生活を選び取ったかのように見えることです。そこがむかしといまとでは大きくちがっています。

いまの日本の若い女性たちも、仕事をやめて結婚するときや、また仕事をしたくない理由を挙げるとき、「あたし家にいるの好きなんだもん」とか「料理作るの好きだから」とか、「家事も好きでやっているんだからいいじゃない」式の意見を言います。

この「自分が好きでやっているんだから」といったお手軽な発想で自分の人生を他人に預けてしまう、その無神経さ。自分を、また自分の人生をかけがえのない大切なものだと思ったり教えられたりしたことがないところから生まれる、自己評価の低さ。そういった意味で、一般に、この一九七〇年代半ばに生きているエマの状況は、いまの二〇二〇年代に生きる日本女性たちの状況に似ているとも言えます。それにしても、時差があるとはいえ、女性の状況は古今東西たいして変わりないということでしょうか。

服装がエマの没個性的な在り方を象徴する

みんなが変わっていく中で、ただ一人エマだけが停滞して変わらなかった状況をよく表しているのが彼女の服装です。

自分の世界を持ち始めている周囲の人たちとは対照的に、エマの服装には個性がなく、しかも次第に着方がだらしなくなっていきます。最後のほうでは、実家に戻ってシャワーを浴びてリラックスしていたときとはいえ、ガウンにベチョッとした髪の毛で、なにか惨《みじ》めな感じでした。実際、三人目の子どもの妊娠、出産以来、家にいるときは部屋着姿ばかりで、しかもそれは十五年前の新婚当時に着ていたワイン・レッドのガウンです。

エマの個性のなさがいちばん目立ったのが、パッツィーの案内でニューヨークに出かけてキャリア・ウーマンたちと会食したときのことです。エマはとても影の薄い存在でした。好みは別としても、他の女性たちはそれぞれみんな個性的で、それなりに目立っていました。エマはふだん着のほうがまだエマらしいと言えるほど没個性的で、見ていて気の毒なくらいでした。でもそれは、彼女の在り方そのものを象徴しているのです。

たとえば、母のオーロラは、いささかオールド・ファッションで、はじめのうちは服装にも固定観念があって、最初のデートのときなどは、それこそ胸の大きくあいたフリルとリボンいっぱいのピンクの花模様のスケスケワンピースという、誰もがアッと驚くいでたちだったりしますが、そういったハプニングは別にしても、彼女には彼女なりのスタイルがあって、それなりに一貫していました。ディナーといえば白のワンピースか白の上下。彼とのデートにはだいたい胸の大きくあいた花模様のワンピース。ふだんはスラックスにシャツといった、それ相当のプリンシプル（主義）があって、しかもなによりも自由で軽やかでした。

幼友だちのパッツィーは、はじめはエマと似たような服装をしていましたが、生活の変化にともなって、次第に服装にも自分の個性が反映されてきました。

こうして、服装一つとっても、エマ以外の人たちがみんなそれぞれ自分の世界をつくっているのに、エマだけは取り残されていることが分かります。

社会規範という靴を脱いだオーロラ

一方でエマの母オーロラはどうだったでしょうか。

夫の葬式から帰ってきたオーロラが車から降りたとたん、玄関にたどりつく前にハイヒールを脱いでしまうシーンがあります。

「靴」というのは、『シンデレラ』に代表されるように、一つの社会規範の象徴と考えることができます。シンデレラが王子の妃に選ばれた選ばれ方を見れば分かるように、その小さなガラスの靴が履ける女であれば、それでもう合格なのです。極端に言えば、モノの考え方どころか、顔や性格でさえどうでもよいということです。

社会規範とは、その社会が決めた広い意味での〈女らしさ〉です。小さい足は〈女らしい〉。でもそんな足では一人では歩けないので、男に養ってもらわなければなりません。その代わりに、子どもを産んで、家事、育児をする、それが女の生き方だと、社会が勝手にこれまで決めてきました。それが社会規範であり、いわば社会の掟《おきて》みたいなものです。このことは、私が書いた「自分の足を取りもどす」[*1]を読んでいただけるとよく分かると思います。

その社会規範のシンボルである靴＝ハイヒールを、夫の葬式の後で脱いで裸足《はだし》になったということは、「これから私は、自分の人生を自分の足で歩きます」というオーロラの独立宣言だったわけです。

靴を脱ぐというシーンが、ただの一度だけだったら、またちがう解釈ができるかもしれませんが、この映画の中には、あと二回ほど出てきて、それはどれもオーロラの人生の変わり目や、新しい意識の芽生えを示しています。

オーロラは、エマたちがアイオワに引っ越した日に、隣に住む元宇宙飛行士ギャレットからランチに誘われますが、「態度が気に入らない」と言って断ります。それから数年たって、今度は自分のほうからギャレットをランチに誘いにいきます。そのときも、芝生の上で靴を脱いで、両手に片方ずつ持ったまま玄関のベルを押して、「まだ私とランチを食べる気ある？」と言うわけです。オーロラの年齢ですと、女のほうからデートに誘うということは、〈女らしさ〉とはほど遠い、社会規範からはずれた行動ですから、それはまさに靴を脱ぐことであり、自分の育ちに逆らった大冒険だったわけです。

もう一ヵ所は、ギャレットと公園を散歩しているシーンで、彼女は黄色いワンピースを着て、二人とも裸足でした。二人が恋人同士になって三週間目です。彼が「僕は女と遊ぶよ」と言うと、彼女は「婚約したなんて思っていないわ。男の見栄ね」と言い返します。

オーロラは、人生の半ばを過ぎてはじめて性的快楽を知って「もうあの人なしでは生きられないわ」とエマに告白しているほどギャレットにマイッているのに、彼のこのような発言に異議をとなえません。彼女の育ちと年齢から言っても、セックスは結婚としか結びつかなかったはずですし、また長い間、専業主婦としてやってきて、いまは未亡人だとはいえ、他に十五年間も言い寄っていた男にひじ鉄をくらわせ続けてきたわけですから、ちょっと考えられない態度ですが、それでも、彼女も徐々に変わってきたということです。

夫の死を境に遺産も入ったせいでしょう、もう結婚にこだわらなくなってきたからこそ、娘の結婚式にも、花婿が気に食わないからといって欠席したりするわけです。そのときの彼女の言い草は「偽善はよくないからね」でした。こうして、オーロラもまた、少しずつ自分の生き方をより生きやすいベターな方向に修正していったということです。

欲しいものは手に入れるオーロラの強さ

オーロラには、欲しいもののためにはなりふり構わないところがあって、その強さが魅力的です。その強さはあらゆるところに出ていましたが、癌の痛みに苦しむ娘にすぐ痛み止めの注射をせよと喚《わめ》き立てるところなどたいしたものでした。また、ギャレットを手に入れたいばっかりに、ぎりぎりまでかなり勇敢に自分の中の気取りを捨てることや、本音と建前のギャップを解消することや、さまざまなこだわりの部分と闘っているさまは、それなりに好感が持てました。さらにオーロラは、娘の病気を境に、超特急で、壮年期に向けて、自分のための世界づくりをしていきます。

この映画はオーロラの夫の葬式で始まり、娘の葬式で終わります。オーロラは夫の死で娘を夫代わりにし、娘が戻ってこないと分かると恋人を獲得しました。そして最後にまだ欲しいものがありました。それは孫たちです。

エマの死のちょっと前まで、オーロラと娘の夫フラップは、まるで犬と猿みたいに、会えばそのとたんに、ワーッと喧嘩していました。エマが入院している病院の食堂で出会ったときも、オーロラは、まず、〝妻が瀕死《ひんし》だというのによくもまあ!〟といった顔で、彼のお盆の上の食べ物の山をジローッとながめた後で、「女の尻を追いかけながらの子育ては大変だろうから、女の子はパッツィーに、男の子は自分のところへよこせ」といいます。フラップは「あんたに人の子どもをどうするか、とやかく言う権利はない。口を出さないでくれ」と怒って席を立ってしまいます。このひと言がききました。

この後、フラップとエマとの間の話し合いで、結局、三人の子どもはまとめてオーロラに面倒を見てもらうことになります。それを知ったオーロラはそのときから態度を変えます。トミーに対しても「パパは頭のいい人だからこれからもなんでもパパに相談するんだよ」と言い聞かせるシーンがあったりして、子どもを預かるにあたって、これまでの犬猿の間柄をさっぱり清算して、孫たちの父親を立てようとしています。エマの臨終のシーンでこのことがよく分かります。

病室にはオーロラとフラップが詰めています。フラップは椅子でぐっすり眠っていましたが、オーロラは起きていて、娘のほうを見ています。こと切れる瞬間、エマが無念そうなすがるような目つきでジッと母を見ます。母もエマの目を見つめます。私などは、なぜオーロラがすぐそばへ行って娘の手をとってやらなかったのか、そのことばかり気になりました。脅《おび》えてしまったのか、それとも予期していたとはいえ、死に直面してその厳粛な一瞬に圧倒されたのだろうか、などと、いろいろ考えてみたのですが、ここでは、エマがこと切れた後のオーロラの態度を考えてみます。

彼女は隣で眠っているフラップをすぐには起こそうとしません。そのままの姿勢でジッとしています。看護師が来て、脈をとってみて、その後オーロラのところへ行きますが、彼女は看護師から顔を背けています。看護師はフラップのところへ行って、彼を起こしてエマの死を伝えます。フラップはあまりにぐっすり眠っていたので、どこにいるのか、なにが起こったのかも分からないような顔をしていますが、オーロラはここでやっと騒ぎ出し泣き出し、そしてフラップの胸倉をつかんでその胸に顔を埋めて慰めを求めます。フラップは義母を抱擁します。長年のフラップとオーロラのいさかいはここでエマの死とともに終わり、二人は和解したということです。

しかし、この和解劇は自然に起きたのではありません。仕掛け人はやはりオーロラです。看護師が来るまで婿に娘の死を伝えなかったということは、フラップに自分がエマの死を看取ったと思わせたくなかったということです。彼を、知らせを受ける最初の人間にしておきたかったということです。これまではエマに対する愛情を競っていましたが、その競争を降りて彼を立てようとしています。彼を〝エマのダメ亭主〟から救い出そうとしているのです。オーロラは、エマ亡き後の生活を彼ともうまくやっていこうとしているのです。

現実的に考えれば、いまフラップと和解しておかないと、いつなんどき孫たちを全部とられるか分からないからです。娘亡き後、いま母が欲しいのは、孫たちだからです。この戦略は成功したようです。隣のギャレットまでが子どもたちに興味を示しているので、子育てにも参加してくれるでしょう。これでオーロラは、ギャレットも引きつけておくことができるし、孫も全部手に入れられたし、老後は退屈しないですむというものです。

母は夫の死で財産を、娘の死で恋人と孫三人を手に入れます。その意味で、オーロラは、「女優フランシス」の母よりはるかに強い母だとも言えます。フランシスの母は、娘をダメにしたあげく、娘より早死にしました。オーロラは、娘をダメにしたとはいえ、娘よりしあわせに長生きするからです。

エマには母オーロラの逞《たくま》しさは賦与《ふよ》されていません。エマの問題の解決方法は、怒鳴ったり説教したりするだけで、あまり頭を使っていません。このちがいは単なる年の功から来る知恵の問題でもないような気がします。それは、母親が長い間、娘離れができなくて、娘を鷲《わし》づかみにしていた間に、娘の成長がストップしてしまったからです。母はつぎのターゲットを見つけて飛び立っていきましたが、母に生き血を吸われた娘は、母の爪から自由になっても立ち直れなかったということです。ここでもエマはおいてきぼりをくってしまったのです。

エロスの対象としての娘

この映画の隠れたテーマは、母のエロスの問題です。

オーロラは夫を亡くした後、娘エマをエロスの対象にします。夜、オーロラは歯を磨いた後、自分のベッドまで行きますが、どうしても一人で眠る気がしなくて、わざわざ眠っている娘を起こして娘のベッドに飛び込みます。娘が「また私のベッドへ?」と言っているところを見ると、しょっちゅうのようで、まさに夫のベッドから娘のベッドへというわけで、娘を頼りにしているというより、むしろ夫代わりにしているのではないかとさえ思えます。

ですから娘エマへの独占欲はたいしたもので、それが娘の親友パッツィーには、嫉妬と敵意になって表れます。パッツィーはそれに気づいていました。エマもそれを知っていて、二人の間を取り持つのに一生懸命でした。オーロラはパッツィーにさよならの挨拶《あいさつ》一つするのもイヤがりました。エマが結婚してからも、まだ愛娘の心を占めた幼友だちパッツィーを許してはいないようでした。エマが結婚した後、夫の転勤でアイオワへ向けて出発したとき、パッツィーが寂しさを慰め合おうとオーロラに近づくと、気配を察したオーロラがプイッと横を向いてしまうシーンもあります。パッツィーがオーロラと肩を並べて一緒に話ができるようになるのは、エマが死んでからです。エマの葬式の後、パッツィーが隣に来て座ると、オーロラははじめて彼女に親しげに話しかけます。

エマの結婚に反対したのも、まさに、自分のエロスの対象を奪われたことへの怒りに他なりません。娘の夫フラップへの憎しみと嫌悪は、誰かに夫をとられたのに等しい嫉妬と敵意からきています。それでも、娘だからの心安さで、新婚の新床にまで電話をかけまくるこの母親の厚かましさ。

日本でも、子離れ親離れができない母と息子が、なんと新婚旅行にまで一緒に行くということですから、ましてや母一人娘一人で生きてきたこの母娘なら、これぐらいのことがあっても驚くにはあたらないでしょう。

これまで、エロスは、主として男と女だけの問題として描かれることが多かったわけですが、ここではいろいろな位相のエロスが、しかも対等な比重のもとに人をとらえています。人間は、自分のエロスの対象が男であろうと女であろうと、子どもであろうと猫であろうと、自分以外の他のものと親しくすることに対して、ことのほか排他的になります。誰であろうと絶対に他のものには触らせたくないし、渡したくないのです。そこへ侵入してくる第三者は容赦なくやっつけるか、つらくて自分から身を引くか、になります。

こうしてみると、元宇宙飛行士ギャレットがエマの里帰りで傷ついたのがとてもよく分かります。オーロラがバカ喜びして娘と抱き合っている姿を見て、ギャレットは、いつものふてぶてしさの影もなく、「他人は邪魔だろう」とか言って、なんとなく寂しそうに家に帰ります。彼は、オーロラと娘エマの濃密な関係に嫉妬したのです。何日かしてエマたちが帰った後、彼はオーロラを訪ねて、「自分は責任を感じ始めた。それが重荷になっているから、このあたりでやめておこう」と別れ話を切り出します。

ギャレットはあのなんとも言えない寂しさを持てあましたのでしょう。それを抱えきれなくなった彼は、自分がオーローラを愛してしまっていることに気づいたのです。〝しまった、俺としたことが。ミイラ捕りがミイラになった〟とばかり、「責任云々」で別れ話を持ち出しますが、オーロラのほうは彼の気持ちがもっとよく分かっているので、「ブラ、ブラ、ブラ、ブラー（御託ばっかり並べて）！」と、請け合いません。実際、オーロラが考えていた通りで、ギャレットはわざわざネブラスカまでエマの見舞いに行ったついでに、いやいやですが、オーロラに愛を告白して帰ります。

これほど強いエロスを持つオーロラですが、娘エマが手元にいる限り、恋人もなにもいらなかったわけです。だからこそ害にならない男の崇拝者を周りにはべらせ、形だけ女としての環境を整え、自尊心を満足させておければ、それでよかったのです。

しかし、三人目の孫も生まれて、娘はとうてい離婚などしそうになくて、過去のエロスの対象が自分から遠のいていくことを実感し始めた頃、主治医から年齢を偽ったりするのは「老年期への適応にまずい」などと指摘されたことも手伝って、五十二歳の誕生日に、ふたたび裸足になって、自分からギャレットを誘いに行ったのです。

むしろ努力してギャレットとの関係を求めた様子さえ見えます。こうして、オーロラはエロスの対象をエマからギャレットに替えることで、なにかがやっとふっ切れて、娘離れができたのだと思います。

それにしても、娘が結婚して十年以上はたっていますし、しかも彼からランチに誘われてすでに何年もの歳月がたっていたのは、それほど娘エマへの執着が強かったということでしょう。

母が娘の成長のチャンスを奪ってしまう

この母と娘の密着度は、この映画では、ユーモアの陰に隠れてじかには見えない仕掛けになっていますが、ちょっと撮り方を変えれば、まさに「女優フランシス」のオドロオドロシイ世界とさして変わりないものが見えてきます。ここでは、母親が強い個性と力を持っているのに比べて、娘はそうした自我を育てるチャンスが、母親によって奪われてしまっていたということです。

しかも、オーロラのように友だちも少ない場合、娘が母の話し相手にされたり相談相手にされたりしても不思議はありません。しかし、母と娘だけの閉塞状況では、娘にとってその役目は荷が重すぎます。オーロラは、エマから爪を離すのが遅すぎました。エマは母の爪にしっかりつかまれている間にすっかり成長のチャンスを逃してしまいます。しかも本能的に危険を感じて「この家を出たいから」と言って出た先が、結婚でした。それは〝飛んで火にいる夏の虫〟で、どういう結果になったかは、先程お話ししたとおりです。

ふつう人は、結婚式への出席まで拒否されたら、ああまで簡単に母を許せないのではないでしょうか。男だったら、父親が自分の結婚式を拒絶したということで、ときには一生の敵対関係に入るのではないかと思います。しかし、この娘は母をあっさり許してしまうし、夫フラップの度重なる浮気もあっさり許してしまいます。許せる人は心が広いからという場合もあるし、無関心だからという場合もありますが、たいていの場合は、力関係で負けているから許さざるをえないだけのことです。

こうして、人のいい娘エマは、個性の強い母親の、そしてのちには夫の、恰好の餌食《えじき》にされてしまいます。

子育て中の女性は夫に関心がなくなるとはよく言われることですが、あれは単に忙しいといった問題とは別に、女性にとって赤ん坊は最高のエロスの対象になりうるからです。抱けば柔らかくて、あたたかくて、いい匂いがして、自分だけを頼りにしてくれて、だからこそ思いどおりにできる赤ん坊は、この上なく女性の支配欲を満足させてくれます。自分で自分の人生の主人公になりづらい人生を送っている女性の場合、自分がその命を思いのままにできる赤ん坊は可愛くてしかたがないはずです。

一方で、すでに夢中になれる自分の世界を持っている女性は、それほど生物学的特権にこだわる必要はありません。また夫との関係がうまくいっていれば、それでバランスもとれるわけですが、そうでない場合は、たとえば夫を突然亡くしたオーロラのように、またエマのように、経済面でも愛情面でも自分のコントロールが利かなくなって絶望的な状況にいるとき、逆に子どもを産みたがることがあります。それは、やはりそういった状況を自分の力で支配したいのにできないので、出産という〝女の武器〟を使った一大イベントを打つことで夫の関心をこちらに向け、それで状況を改善しようと目論むわけです。エマはこの罠《わな》に陥りました。母の手から夫の手に逃げましたが、逃げたつもりが、逃げ切れませんでした。結局、母のいいように育てられっぱなしのまま結婚したので、自分の個性も強さも鍛えないまま、ただ世間並の女の生き方を踏襲せざるをえなかったからです。

母と娘の間でも、しっかりと力関係は働きます。愛が支配になります。だから、力のある母親は、その力を知ってセーブする必要があります。母は娘が強くなるチャンスを奪ってはいけないのです。

一方エマは、自分が母に鷲づかみにされていたことを知っていました。それが死ぬ前の母との会話で分かります。

オーロラ「喧嘩はやめるわ」

エマ「私たちがいつ喧嘩した?」

オーロラ「私とあんたはいつも喧嘩していたわ」

エマ「そう思うのは、私に不満だったからよ」

オーロラはそれを聞いて怪訝《けげん》な顔をします。この会話から、彼女はこれまで娘とは対等だと思っていたことが分かります。だから喧嘩(ファイト)という言葉が出てきたのだと思います。しかし、娘からすれば、母のてのひらにいる自分は、女王様の意に沿わざるをえない家来だったと感じていたことが分かります。この行きちがいは、娘が、観念して鷲の爪に捕らえられていたことを示すと同時に、これまでの母と娘との間のコミュニケーションが微妙にズレていたことをも描き出しています。

一見、友だちのような母娘だが

これまで、母と娘というのはいがみ合うのが常でしたから、それに比べたらこんなに仲がよさそうな母と娘の関係は羨望の念を抱かせるかもしれません。でもほんとうにそんなに素晴らしい関係なのかどうか、ちょっと考えてみたいと思います。

この母娘の間には、愛がありエロスがあり友愛さえあるように見えます。でも、なにかヘンなのです。なぜヘンかというと、二人ともちゃんと向き合っていないような気がするからです。

しかもオーロラもエマも、仕事がなくて専業主婦です。ほぼ一日中、家で過ごすのが普通という孤独な状況に置かれています。だからこそ二人は身を寄せ合い、朝に晩に電話をし合って、ほんの些細《ささい》なことでも報告し合い、支え合っているわけで、二人とも母娘で友だちごっこをやらざるをえない状況に追いやられている、と言ったほうが正しいのではないかと思います。

だからといって、彼女たちの間に、ほんとうの、一人前の大人の女同士としてのコミュニケーションがあったかどうかというとそれはまた別問題であって、はっきり言うと、この母と娘の間では伝えるべきことはなにも伝えられていない、問題とすべきことはなにも問題にされていいない、したがって、母と娘の間は、一見、親密そうですが、意外と〈疎遠〉なのではないかということです。

なぜかというと、二人の間には暗黙の越えてはならない一線があって、それはこの男社会の掟みたいなものです。

一般に、この暗黙の掟では、女は結婚や家庭を拒否してはならないし、男とのセックスについて云々してはならない、云々するにしても、誉めるのはいいが、けなしてはいけないということになっています。

男が〝結婚なんて人生の墓場さ〟などと言えば哲学になり、女が同じことを言えば〝あんたの尽くし方が悪いから〟となります。だから女は〝結婚こそ女のしあわせ〟と言わざるをえないわけです。

男なら相手の女とのセックスがああだのこうだのと話せば、たとえイヤな男だと思っても、どこかで体験豊富な、〈男らしい〉男にされるわけですが、女が相手の男を品定めでもしようものなら、「女らしくない」との非難を受けます。これまでの女のあるべき姿が処女や貞女でしたから、人に話せる体験があること自体由々しいことで、非難を浴びるのがオチだったからです。

この社会は長い間、男が主体でしたから、男は男同士でいるときは裏切ったり喧嘩したりしていますが、一度女に向かえば、男同士で庇《かば》い合い、護《まも》り合い、その上で、女にも男を立てることを要求します。ヴァージニア・ウルフが「女は男を二倍に見せる鏡」[*2]だと言っているように、女は、子どものときから父親をはじめ男の人を立てて生きることを学んで育ちます。むかしはそうしないと結婚できなかったし、離縁されたら、女一人では食べていけない状況があったからです。女は男の子分なので、親分の悪口は言えなかったわけです。

ですから結婚した女には人質にとられたようなところがあって、母親が娘に伝えることといえば、どうやったら結婚を維持、持続させられるか、どうやったら亭主に可愛がられるか、どうやって我慢しなければならないか、といった保身の術と、男の側に立った、制度としての結婚を護るための話になっていくのが常でした。

したがってこの映画の中でもエマたちが笑い草にしていたように、せいぜい母親がセックスのことで教えられるのは、月経とか「初夜の心得」ぐらいで、セックスや結婚そのものが自分にとってどうだったかなどという本音は、いちばん親しいはずの母娘の間でさえ聞かせてもらえないことになっています。そこには守らないといけない沈黙があるということです。

すなわち、自分と同じ退屈で無残な人生を送るかもしれない娘に対して、本音は言えなかったわけです。子どもならいざ知らず、立派な大人が、女だというだけで養ってもらって、しかも四六時中、主人なるものを戴《いただ》いて、自分が自分の主人になれない状況を悔やんでいるはずなのに、門出をする娘には、自分のパンは自分で稼げ、そうすればもっと自由に生きられるよ、とは言えずに、結婚しなさい、亭主に可愛がられなさいと、ウソを教えるわけです。

それは溺《おぼ》れる娘を見殺しにするようなものです。そんな母親にできることといえば、少なくとも娘が苦しめられないことを祈るか、自分よりいい亭主を見つけるために婿探しに奔走《ほんそう》してやることでしかありません。

ですから、娘にすれば、自分の母親でさえ全面的に信じられなくなったとしても仕方がありません。女たちが、いつもどこかで、女同士を信用できないでいるのは、こういった〈あちら側に人質にとられて沈黙している母〉への不信が心の底に深く沈んでいるからです。その不信が、女性全般への不信へとつながっていって、ひいては、女同士の関係全般が、私の言うような〈疎遠〉にも似た状況になっていったのだと思います。*3

母は沈黙を捨てなければならない

このような視点から、オーロラとエマの関係を見た場合、オーロラは個人としては中途半端に自立しているので、娘と面と向かったとき、混乱して言葉を持たない自立途上の過渡期の母となります。

オーロラは娘の結婚式前日に、突然、「この結婚は間違っている」と言い出します。だいたい教師なんて安定指向の職業を選ぶような男は将来性がないし、「エマ、あなたに間違った結婚を救える力はない」という言い方をします。あまりに唐突で、しかも式の前日なので、娘は

「私は、明日フラップと結婚するわ。この家から出られるのよ。そういう気持ちなら式に出ないで」ということになります。

この結婚反対は、結婚そのものに反対なのか、相手が不足なのかもう一つよく分かりません。実際、結婚式に出ないということを「偽善はよくないからね」と言っているところをみると、彼女は世間体などどうでもいい心境になっていることは分かります。

しかし、オーロラは夫を亡くしたとき、感じるところがあって「靴」を脱いだのであり、再婚もしなかったはずですが、なぜ「靴」を脱いだのか、自分にとって結婚生活はなんだったのか、そのこととこの結婚反対の理由がもう一つよく説明されていません。

エマが銀行員のサムと浮気しているのを知らされると「やっと夫離れができたと思ったら、女房持ちの中年男だなんて」と、オーロラはエマの浮気を喜びながらも、相手の選択に文句を言っています。結婚のときと同じで、夫離れを喜びながら、相手の選択の仕方に難癖をつけます。要するに、オーロラがその先いったいエマになにを期待しているのか、もう一つよく分かりません。ここだけ見ると、むしろ、婿フラップへの腹いせのために娘の浮気に加担しているだけかと思われてもしかたがないところです。

さらに母と娘が衝突するのは、娘が三人目の子どもを妊娠して、産むから金を貸してほしいと頼んだときです。母は娘に中絶をすすめます。「それでまた産むっていうの？　中絶したらいい職につけるのに」と。しかしその後「あんな男の子どもをつぎからつぎへと産むなんて。

いったいどんな奇跡が起きるっていうの？」と非難の言葉が続くので、ここでもまた結婚に反対したときと同じで、メッセージが二つになります。子産みを否定することで女の経済的自立をすすめながら、一方で、「あんな男の子どもでなければいい」というメッセージも入ってくるからです。

母は、人生の変わり目で「靴」を脱いだのに、その自分の体験を娘に伝え切っていません。母は変わっていくのに、自分の変化を自分の言葉で娘に伝えきれないでいます。どこかでコミュニケーションがうまくいっていません。それは、母の中で、もう一人の新しい自分の考えが明確にされていないということにもなります。

オーロラは夫を亡くした後、ギャレットにはじめてのデートに誘われた頃は大変気取って淑女ぶっていますが、彼の胸に自ら飛び込んでからは、セックスに対して非常にオープンになっていきます。オーロラは「あたしこの年になるまで、セックスってこんなにいいものとは知らなかった」と、ギャレットお得意のFワードを借りて、テレながら娘に告白するようになっています。

娘は一瞬ギョッとしますが、すぐ笑い出します。お高く留まっていた母親が、こともあろうに卑猥な四文字表現でセックスの楽しさを表現したのですから、驚きました。その上、結婚生活ではその悦びを知ることができなかったと知って、もっと驚いたはずです。ところがこのときエマは、なぜそれまで知らなかったのかと聞き返すことはありません。母もまたどうしてなのか、キチンと娘に話しません。

結婚に反対したときも突然でしたが、今度もまた言葉が足りません。二人がそんなに仲のいい友だちなら、なぜ女の生活の根本にかかわることが話せないのか。それはまだ、女二人の間にキチンとした一線が引かれているからです。母と娘ではあっても、いや、それだからこそ二人の間には深い溝があって、なかなかそれが越えられないということです。ここでは、母と娘がキチンと向き合うより、むしろ父とその文化を庇っているということです。

これから母が娘に残してやれることとは、自分の人生がおもしろかったか、つまらなかったか、なんで損したのか、なにをし残したのか、そういった体験と本音を真心から伝えることではないでしょうか。母は沈黙を捨てることです。

母が娘に伝えるものは、むかしなら、着物であったりタンスであったり、あるいはなけなしの虎の子だったりしたかもしれません。ちょうど、オーロラの母が彼女に高価なルノワールの絵を遺産として残したように。でもこれからの母と娘たちは、もっと精神的な絆で結ばれなければなりません。さもなければ、母から娘に精神的な遺産はなにも伝わらないからです。その結果、また何百年も何千年も相変わらず、女は自己犠牲の人生を歩むことになるだけです。

性的自由をしあわせに結びつける力が必要

母オーロラは、「靴」は脱いだけれども、性的抑圧から解放されるのにはとても時間がかかりました。そういった母とちがって、娘ははじめから性に対してオープンで正直で奔放で、いつも性的に夫をリードしてセックスを楽しんでいました。「あなたの声だけで濡れるのよ」式のことも平気で言いますし、また夫婦仲が怪しくなり出した頃「もう一週間もごぶさたよ」と夫に文句を言ったりもします。夫の浮気にあてつけて浮気もします。

ですから生まれてはじめて性の快楽を知ったという母の告白を聞いて、一瞬、信じられないような顔をしますが、これも母と娘では生まれ育った時代がちがうので、セックスに対する態度にも世代間のギャップがあるということです。母は中産階級の抑圧的な性意識を植えつけられて育ったせいで、性的自由を自分の力で獲得しなければならなかったわけですが、娘にはそれがはじめから時代によって与えられていました。

それなら人生の出発から性的自由を与えられていた娘は、その分、それを力にして、どこまで行けたのでしょうか？　母の先を行っていた分、娘はしあわせになれたでしょうか？

たしかにエマはその分、結婚当初の数年は楽しく過ごしたようです。しかしその楽しさは長続きしませんでした。夫は彼女に飽きて、もっと知的で、話ができて、同じ世界が共有できる相手を選びました。自分のプリンシプルを持った女性にくら替えしてしまいます。

母は、性的快感は知らなかったかもしれないけれど、結婚は破綻《はたん》しませんでした。一方で娘は、家庭内離婚を経験することになりました。

エロスのいのちは自由です。エロスは通常、結婚生活の中で窒息死しています。エロスと結婚生活とは相容れない要素があるわけで、おそらくオーロラとギャレットの二人は年の功で、その轍を踏まないよう知恵を生かした生活をすることになるはずです。

母と娘では、男に対する態度がはじめからとてもちがいます。オーロラが爪を切っているそばで、何年も言い寄っているエドワードが「君にだって生物学的欲求ぐらいあるだろう?」とうらめしそうに聞くと、彼女は即座に「ないわ」とにべもない断り方をします。その後で、彼女はまるで十八歳の女の子のようなはしゃぎようで「タヒチに誘われちゃったのよ」と娘に報告します。すると娘は「ママは男を傷つけて平気なんだから」と批判します。母から話があるからと呼ばれたときも「男を拒否する方法かな」と冗談を言うくらいです。娘は、母の男性に対する冷たい態度に批判的で、ここでは母ではなく男の味方になっていることが分かります。

娘は心を全開にして、I LOVE YOU と男に迫り、最初から最後まで夫を愛し、飽きられて捨てられます。娘は男に捧げるだけ捧げて、自分は空っぽになって死んでいきます。

この映画の中では、母と娘の生き方を比べると、母のほうが自由で、娘より先を歩いているように見えます。ふつう娘のほうが新しくて母の先を行くように思いがちですが、ここでは逆です。

母は最後の最後まで自分の意志とプリンシプルを通して、自分も変わるし、その変わる力で相手も変えていきます。単なるセックス・フレンドから次第に信頼関係を築いて、最後は男との友愛の世界に入っていくのです。

母とはちがって時代から性的自由だけを与えられた娘は、その自由を生かすだけのしっかりした自分を育てる前にくたびれ果てて死んでしまいました。ここでは明らかに、癌は心の病のメタファーと言っていいでしょう。

「秋のソナタ」の母は、監督の非難のまなざしの中でけろりと生き延びていきますが、娘は母の愛が足りなかったせいでろくな人生が送れなかったと母を責めながら、虫の息の生活を送っています。

「女優フランシス」の母は娘より先に死にましたが、その前にさんざん娘の人生の邪魔をして娘を骨抜きにしてしまいました。

「愛と追憶の日々」でもまた、母のほうが強くてしかも成長して娘よりも生き延びます。

ここにはいずれも母親を超えられなかった娘たちの悲劇が描かれていると言えます。

6章注釈

＊1　【「自分の足を取りもどす」】（『もう、「女」はやってられない』同上、所収）

＊2　【「女は男を二倍に見せる鏡」】『自分ひとりの部屋』（片山亜紀訳、平凡社ライブラリー刊）参照。

＊3　田嶋陽子「『父の娘』と『母の娘』と」（『もう、「女」はやってられない』同上、所収）参照。

第七章

母親は成功した娘に嫉妬する

「エミリーの未来（FLÜGEL UND FESSELN）」

エミリーの未来（FLÜGEL UND FESSELN）

〔物語〕ベルリンで映画「アマゾネス」を撮り終えたイザベル（ブリジット・フォッセー）は、久しぶりに娘エミリーを預けてあるシェルブールの両親の家に帰ってくる。しかし、母ポーラ（ヒルデガルト・クネフ）は、未婚の母であるイザベルにことごとくつらくあたり、耐えきれなくなったイザベルは、自分を追ってシェルブールまで来た相手役の俳優に会いに家を脱け出す。漁師のデモが行われ、腐った魚が投げ出された港を横切り、イザベルは慰めを求めて男に会いに行く。

朝帰りしたイザベルを待ち受けていた母ポーラは、戦争と結婚、出産のために女優への夢をあきらめた自分の思いのたけを娘にぶつけ、娘の生き方を非難する。母の言葉に我慢しきれなくなったイザベルは、母の怠惰な生活ぶりを批判してしまう。激怒したポーラは、イザベルを家から追い出そうとする。

ポーラは夫に娘イザベルの行状を言いつけ、夫は妻ポーラの言葉を信じて、家の相続人を娘イザベルから孫エミリーに替えてしまう。イザベルは最愛の娘エミリーを両親に奪われ、帰る家もなくして、相手役の俳優とともに機上の人となる。

監督・脚本……………ヘルマ・サンダース＝ブラームス
撮影……………………サッシャ・ヴィエルニー
音楽……………………ユルゲン・クニーパー
出演……………………ブリジット・フォッセー
ヒルデガルト・クネフ
カミール・レイモン、ほか

一九八四年　西ドイツ・フランス　一〇七分
（＊二〇二三年三月現在、ＤＶＤ／ブルーレイの発売や配信はされていない）

★「ドイツ・青ざめた母」「ラピュタ」など、女の視点から母と娘の問題、女と男の問題を問い続けたヘルマ・サンダース＝ブラームス監督の自伝的作品。

女は被害届けを出す相手を間違っていないか

「エミリーの未来」は、一見、母と娘の葛藤《かっとう》や相克《そうこく》を描いているように見えますが、それだけではなく、女役割に徹した女のよく見かける日常的悲劇を描いています。

生きされなかった母が、生きようとしている娘、成功した娘を妬《ねた》み、その毒気で娘を苦しめる。いわば〈母の娘いじめ〉を扱った現代版『白雪姫』なのです。

現代版であるゆえんは、童話の『白雪姫』では、実母も継母も娘の容姿が美しいかどうかだけにこだわりましたが、この母はそれだけではなく、娘の仕事の成功や性的自由をも妬んでいて、そこに現代女性の関心の在り方が見えてくるからです。

ところでこの映画は、ベルイマン監督の「秋のソナタ」といくつか共通点を持っています。

一つは、〈家にいる女〉が〈外で働く女〉に被害届けを突きつけるという設定で、「秋のソナタ」では娘が母に、「エミリーの未来」では母が娘に、それぞれ自分の苦しみを訴えます。

また、いずれもホーム・カミングのスタイルで、喜び勇んで帰ってきた母や娘が、怨念でどす黒い怒りをため込んだ女郎蜘蛛《じょろうぐも》から一方的な闘いを挑まれ、命からがら逃げ出す話でもあります。

死闘こそあれ和解などありえない、家族のピラニア的側面が暴き出され、家族幻想も母性愛幻想も打ち砕かれ、あらためて、女にとって家族とはなんなのかが問われることになります。それにしても、お互いに被害届けを出し合っている母と娘は、ほんとうにしかるべき相手にそれを出しているのでしょうか。

私もフェミニズム思想を深めなかったら、やはり母に被害届けを出し続けていたのではないかと思います。しかし、母も娘も間違った相手に被害届けを出し続けている限り、幾世代にもわたる母と娘の憎悪の円環は断ち切れないのです。

本編の中で母親が「母は娘のどの時期も分かるけれど、娘は母を分からない」と言います。これは物理的な時間を先に生きた母親の娘に対する絶対の優越ですが、サンダース＝ブラームス監督のこの映画での問題提起もこのあたりにあるような気がします。

「エミリーの未来」の母親の恨みと妬み

ベルリンで映画「アマゾネス」を撮り終えたイザベルは、疲労困憊《ひろうこんぱい》したまま四歳の娘エミリーが待つフランスのシェルブールの両親のもとに帰ってきます。

親子三代が久しぶりに顔を合わせたというのに、居間には重苦しい空気が流れています。家族は父が退役軍人、母が有閑マダムといった典型的な地方のブルジョアジーで、彼らがなによりも気にしているのは〈世間体（リスペクタビリティ）〉なのです。

特にドイツ人の母は、フランスの片田舎の狭量な人たちから「よそ者扱い」されないよう、これまで一生懸命〈世間体〉に気を配って生きてきました。わざわざ娘を空港まで出迎えるのも「娘と仲が悪いと思われたら」「世間体が悪い」からだし、娘に「男出入りが多い」ことや、娘が〈未婚の母〉であることが許せないのも、やはり「世間体が悪い」からです。「ちゃんとした男」と結婚しない娘は親の面目丸つぶれなので、母ポーラはなにかとイザベルにつらくあたります。

電話が鳴ります。イザベルの相手役の俳優が彼女の後を追ってこの町にやってきたという知らせです。相手の男が勝手に計画したことですが、母ポーラは、イザベルのほうが男を誘っておきながら、親には「嘘」をついて、とねちねち小言を言います。いたたまれない気持ちをもてあましたイザベルは、はじめはその気がなかったのですが、こっそり家を脱け出し、男に会いに行きます。朝帰りしたイザベルを居間で待っていたのは、赤ワイン片手に毛皮にくるまった母ポーラです。覚悟する娘。

「おまえもいよいよ、年をとってきたね。目の周りが、胸が、腿が。争えないよ。私には分かるのさ。顔がいまのおまえのようになると悲しいものよ。だって分かるのさ。いまはまだしも、そのつぎはもう終わりよ」

いやがらせだと思って聞いていた母の言葉に、イザベルは同じ女の悲しみを感じ取ります。耳を傾ける娘に母は次第に心を開き、〈世間体〉の鎧《よろい》を脱ぎ捨て、〈娘の監視役〉も降りて、一人の失意を抱いた孤独な女に変貌します。

元女優の卵だったポーラは、戦時中のベルリンで連合軍のフランス人大佐と国際結婚をします。彼はハンサムで、食料もタバコもふんだんに持っていて、しかも彼女は妊娠していました。そして「まるで他人のようなよその国の子」を産んだ後、劇場が再開されても、もう声はかけてもらえませんでした。

こうして三十七年間もシェルブールの片田舎に埋もれ、浮気もせず、一歩も家を出ることなく一人の男に辛抱してきたというのに、「その間におまえは私の人生を生きた」と。

この「浮気もせず」とか「一人の男に辛抱してきた」という言葉には、未婚の母にまでなって性的自由を楽しめる娘へのどうしようもない羨望の念があります。この五十五歳の母親の燃焼しきれない〈いのち〉がウジムシのようにうごめいています。娘が年をとることで容貌が衰えるのを気にするのは、女優として仕事が来なくなるからですが、仕事をしないで「女」としてだけ生きてきた母ポーラの場合は、その盛りを過ぎることは〝すべての終わり〟を意味する絶望的な状況だということも分かります。

パリやロンドンから国際電話が入ると「おまえにしてやられたと思う。私のほうがおまえよりもっと成功していたのに」「私は運が悪かった――」。

たまたま娘がベルリンで映画の仕事をしていたことも引き金になり、母はこれまで抑えてきた人生への恨みや不満を一挙に吐き出します。

この後、音楽に合わせて踊った母に抱きついたイザベルは「お母さんと寝ていい？」と言い、二人で並んでベッドに入ります。

イザベル「お母さんはなぜいつもとちがうの？　母さんはときどき憎しみがある。だから私、家に帰らないのに」

ポーラ「憎んでいるのは私の人生。あの人のことを憎んでいる。彼の顔が憎い。そしてあの人のために作る食事も、いびきもバカげた欲望もベッドの臭いもみんな憎い。そして、おまえのことも私は憎い」

イザベル「知ってるわ。私のことを憎んでいるのを。子どもの頃、私のほうが美人になることを母さんは心配していた。私の成功も母さんのためだったのに」

単純に、母は娘の成功を喜んでくれるものと思っていた娘。

母にすれば、自分の生きられなかった人生を娘に代わりに生きてもらいたかった。しかし自分の産み育てた娘が自分の思いどおりに成功してみると、あたかも自分が生きたかった人生を娘に乗っ取られて自分がおいてきぼりをくってしまったような、やり場のない怒りに駆られて、こぶしを振り上げることになるのです。

闘わずに羨《うらや》むだけの〝母さんはズルイ！〟

ドアの外から孫のエミリーの祖父を呼ぶ甘えた声がきこえてきたとき、ポーラの不満は爆発します。

「私にはいつだってろくでもない仕事ばかり。あの人ときたら、一度だって子どもの服を洗わない。一度だって食事のしたくをしないんだよ」

女にとって仕事をやめた上での結婚と子育ては、二階に上がってはしごをはずされたようなものです。その後、社会に出ようとしてもなかなか出られません。もしポーラが娘の時代に生きていたら、娘と同じ自立の道で生きていたかもしれない。しかしいまのポーラを見ていると、愚痴をこぼしながら過去の幻想にしがみついているだけで、自らは何一つ自分を救う行動はとっていません。

最初は黙って聞いていたイザベルも、母の世間知らずと虫のよさを指摘します。

「お母さんは不遇に思っているのね。オーバーだわ。母さんの働きで天国は無理よ。子どもの衣類は洗濯機へ。卵を割ってフライパンへポン。

私は他にも私の仕事がある。母さんは家政婦（の仕事）とお金がある。毎月相当な年金が口座に転がり込む。祖国は将軍夫婦を痩せさせないわ。

母さんに想像できる？　来月、来年と仕事を待つ不安な気持ちが。その顔のしわが増えると地獄も近づくわ。私が羨ましいのよ。私の生活ができるとでも？　なぜ十八歳で安全な道を選んだの？　いまなら母さんは私と代わるでしょうよ。いまが私のピークだから。でも十年後の私はなにで生きるの？　どこへ行くの？　母さんが経験しないし、想像もできないことよ。母さんは子守と庭師が雇えなくて不満ね」

〈世間体〉と〈安全〉と過去の夢にしがみついたまま自分の成長のためにはなにもしてこなかった母。一人の人間として冒険する勇気を持つ代わりに、自分のふがいなさを夫や娘を憎むことにすり替えて自分を欺《だま》してきた母。イザベルの闘った闘いを闘いもしないで、ただその成果だけを羨み、やっかむポーラ。〝母さん、それはズルイ！〟というわけです。

この娘の批判を受けて母親は豹変します。

「ベッドから出ていけ！」「おまえはそんな生活していて、私に説教するのかい！」怒ることで、母は無力感と自己不信を飲みくだします。

「この苦労もみんな誰のため？　一人のインバイのためさ」（劇中台詞《せりふ》ママ）なんてヒドい言いよう!!　母だって妊娠したから結婚したのではなかったか。ついさっきまで一人の男を守る退屈さを嘆き、頭の中の浮気を認めていたのではなかったか。

でも私は、豹変した母親の気持ちがよく分かります。ほんとうは母親はただ自分の愚痴をえんえんと聞いてほしかっただけなのだと思います。毎日はそれなりにしあわせなのだけれど、かつて自分が舞台に立っていたベルリンで娘が仕事をしたことであきらめた過去への思いが戻ってきた、それを娘に黙って聞いてほしかった、自分の思いを認めてもらいたかった、受け入れてもらいたかった、それだけだったのではないでしょうか。

それなのに娘から女性論をぶたれ、あげくの果てに批判までされ、立つ瀬がなくなったのだと思います。娘に認めてほしかったのに、逆にお説教をされたから傷ついたのです。もし娘が彼女の話を最後まで聞いてあげていたら、それなりに癒されたのではないでしょうか。母親もまた娘の愛が欲しかったのです。後で娘に「愛がない」と言ったのはそのことです。娘の愛と理解が得られないから傷ついて、娘のシッポに嚙みついたわけです。

母と娘の憎悪の円環が断ち切られる日は来るのか

夜は明け、魔女たちの宴の炎は消えます。

母は朝食のテーブルでしくしく泣きながら、娘にいじめられた、と夫に言いつけているではありませんか。

夜の顔で夫を憎み、昼の顔で夫にすり寄る母。ここに至った母の姿は、浜辺の魔女ごっこで空を飛べなかったエミリーが「じいちゃんが止めなかったら飛べたのに」と祖父を恨み、再度失敗すると「じいちゃん助けて！」と祖父を呼ぶ、あの冒頭のシーンに重ね合わされます。自立していない母の置かれている状況は、この孫娘の置かれた状況と大差ないということです。

ただ女として異邦人として、男社会を異文化を生き抜いてきたポーラは、人間として年期が入っています。家庭内の政治力はその気になれば抜群です。彼女は夫を憎んでいながら、いざとなると夫に娘の行状を言いつけ、自分の味方に引き入れて娘を憎ませます。娘は娘で、母親に、男、家、エミリー、そして自分の育ちなど、その弱みをすべて握られています。ポーラは、まだ自分の前で娘をやり続ける娘を軽蔑し、哀れみ、いじめます。お嬢さんで人間認識の浅い娘の手をひねるのは、それこそ朝飯前です。

母の若い頃の〝時代〟を無視して、いきなり「どうして十八歳で安全な道を選んだの？」と責めてきた娘の無神経さを許せなかった母親は、娘が「仕事とエミリーの板挟《いたばさ》みで母になりきれなかった。同時に父と母はやれなかったから」と言ったとき、「やれる人もいるよ」「おまえにも（両方）持てた。私にできなかったこともなんでもできたのにね。自分が原因なんだよ」と、娘にしっぺ返しを言うわけです。すばらしいアーティストになれたかもしれない母の強い自我が、娘を打ち負かします。

こうなるともうポーラは母親というより、一人の追いつめられた人間です。自分の人生を憎んでいるけれど、その憎しみのもっていき場がない。夫に捨てられたら食べていけない。夫が可愛がっている孫娘には当たれない。当たれるのは、孫を自分たちに人質にとられている娘だけです。母親は、汚物でも投げつけるように、娘に憎しみをぶつけます。母は毒蛇になっています。母の復讐です。

母の訴えを聞いて娘イザベルに最後通牒《つうちょう》を突きつけるのは父。

父は、自分たちの期待どおりに生きないイザベルを罰します。〈未婚の母〉で「男出入りが多く」、エミリーの未来が不安なことを理由に、屋敷の相続人を娘のイザベルから孫のエミリーに変えてしまいます。イザベルのような「おばけ」に老後の面倒を見てもらう気はないし、孫もおまえなどに似てほしくない、とひどいことを言います。

いじめられる娘の側にもそれだけの弱みがあります。娘にはどこか、一人っ子の自分は両親の全幅の信頼と愛と財産を受けるのは当然だという身勝手な思い込みがあるので、二人の前でそれに基づいた将来設計をとうとう述べます。それは、「もう疲れたので、そのうち子どものころ住んだこの家に帰ってきて、残った両親のうちの一人の面倒を見ながら、お父さんの年金で、エミリーと静かに暮らしたい」というものです。

でも両親にすれば、家も年金もそして〈世間体〉もみんな自分たちが築いてきたものですから、それが欲しいなら娘に両親の期待像を生きてほしい。それが「ちゃんとした男を連れてくるか、自分が大学教授になって出直してこい」という父親の発言になります。親の言うことを聞く気のない娘をあきらめて、自分になついていてこれから思いどおりに育てられる孫娘にすべてを残そうという考えで、それを実行しています。

エミリーが祖父に「あんなに勲章もらって。じいちゃんは何人殺したの？」と聞くと、祖父はあっさり答えます。

「一人も」、「私の手では殺しとらん」。

ここでは、四歳の子どもの無邪気さで、殺人も国家の名で行われれば勲章ものだというこの男社会の偽善性が暴かれています。それと同時に、そこにはもう一つのメタファーが隠されています。

家庭では父が将軍、母が兵卒で、生活の中で敵と直接小ぜり合いをするのは母の役割であり、母からの報告次第で、父は敵に向けてつぎの作戦に取りくむということです。

母が娘に「おまえは愛がない」から、その「罰」だと言うと、娘は「お母さんたちには愛も理性もない」と言います。母は理性を持とうなんて思ってはいません。娘はいつまでたっても、母親が白雪姫の母にもなれる一人の〝人間〟だという発想が欠けています。ですからいつまでも母の前で「家に帰ってきたい」などと言って娘をやり続けています。ポーラは、〝母親役〟を降りて一人の〝人間〟になっているのに、娘はまだ母の豹変が理解できないでいます。

ポーラはプロの目でプロとして娘を見たときも、自分のほうが女優としては優れていると思います。「あんたより私のほうがうまくできる」と言い切れる母親は、娘を見ていて、この程度の人間認識ではダメという思いを持っています。アーティストになる人なら、母であれなんであれ、人間がこんなに怖い存在だと見抜けてしかるべきだという思いがあるからです。

母は盛装し、果物を美しく盛りつけた皿を両手に持って、勝ち誇った表情で居間に入ってきます。母の凱旋《がいせん》。母の夢と人生を横取りし、しかも母を小ざかしく批判した娘は、罰を受けなければなりません。イザベルは泣きます。負けました。

イザベルが去った後、テレビが映画「アマゾネス」のニュースを流します。インタビュアーの質問に答えてイザベルが、子どもの頃から父の図書室でこの話を読んで興味を持っていたと言うと、それを聞いた母が画面に向かって、「偽善者が！」と吐き捨てるように言います。

最後はポーラの歌う歌で終わります。母の勝利です。

「自分を愛したから、あなたを愛さなかった。あなたを愛したから、自分を愛さなかった」と。

〝自分を愛するから、あなたも愛する〟という人間関係は、いつ、どこで、どうしたら生まれるのでしょうか。

女だけが二者択一を迫られる構造

この母娘の場合、どっちが悪いのかと言えば、一方的に被害届けを突きつけた母親が悪いのでしょう。でも、この二人だって間に男がいなかったら事情はちがっていたはずです。やっぱり女は男によって分断されているのです。

母親は夫に対する不満を当てつけて娘に甘えています。娘を食い物にしているのです。男は食い物にできないからです。

母は仕事を夢見、娘は家庭を夢見る。母は家庭にあって孤独であり、娘は仕事を愛して孤独である。

男であれば家庭も仕事も持てるのに、大方の女はどちらか一方しか選べない。

どちらを選択しようと、母も娘もこの男社会による女性差別の構造的犠牲者であることに変わりはないのです。

母や娘の被害届けは、この男社会に、女を家庭に閉じ込め、男を主人に女をドレイにしているこの男社会の前近代性にこそ出されなくてはならないのです。

パンと引き換えに主人を持ってしまった母は、主人の価値観を生きなければなりません。それは〈世間体〉と〈偽善〉が裏腹のブルジョア道徳を生きることであり、自分に〈嘘〉をつき続けることであり、一生したくないことをし続けることでもあります。正式な結婚ですべてが正当化され、〈安定〉が手に入った代わりに、産みたくない子を産み、愛の冷えた男と寝ることにもなるのです。

一方、イザベルは仕事を選ぶことで、自分が自分の主人になったはずです。でも、一人になりたくなくてエミリーを産んだのに、仕事が忙しくて一緒に暮らす余裕さえありません。でも、イザベルも母に自慢するような人生のピークにいるのなら、子どもと自分が安寧に暮らせるような生活環境を整えるべきです。いつまでもエミリーを両親に預けないで、家政婦を雇うなり、なにか工夫をすべきだったと思います。それを親におんぶに抱っこをして、その上で主婦労働をばかにしているのですから、ほんとうに自立しているわけではありません。

港で漁師のデモがありました。石油タンカーで汚染された大量の魚が路上にばらまかれ、魚をはさんで漁師と警官が対峙《たいじ》しています。警官がブルジョア道徳を代表する父の立場なら、漁師はそれに抗議するイザベルの立場を代表していると考えられます。そして、両者の間に投げ出され、はらわたを腐らせている魚は、母のメタファーなのです。

主人を持ったばかりに十分な自己表現の場を持つことなく、自分がどこに立っているのかさえ認識できないまま夫と娘の価値観に引き裂かれ、なすすべを知らない母は、まさに陸《おか》に上がった魚と同様、人生から疎外された存在だということです。

イザベルは男のいるホテルへ行くために腐った魚の上を歩いていきます。警官から漁師の側に渡り切るまで、カメラが執拗《しつよう》に彼女の足もとを追うシーンは象徴的でした。

この映画の元の題名は「翼と鎖」だということです。

海岸でイザベルとエミリーは、石油タンカーの油が羽について飛べなくなった鳥を、丁寧に葬ってやっています。海鳥にとっては「翼」についたタンカーの油が「鎖」になって飛べなかったわけですが、母の「翼」の「鎖」は自己欺瞞《じこぎまん》でした。「翼」に「鎖」をまきつけて飛べなくなった母は飛びたい娘の重荷となり、娘の「翼」の「鎖」にまでなろうとしているのです。

この円環を断ち切るには、母もまた自立するしかありません。その気になれば、人間、自立は明日からでも可能なのです。母が自分を自立した人間として扱わない限り、憎悪と自己欺瞞からは解放されないでしょうし、母の娘いじめはなくならないでしょう。

この映画のフランス語版の題名は「エミリーの未来」(L'AVENIR D'EMILIE)です。エミリーが祖父母という旧体制に人質にとられ、母イザベルを敵視する彼らに育てられるとなれば、誰もがやりきれない気持ちにさせられるでしょう。

しかし、海岸でイザベルがエミリーに「ママは子どものころ動物を葬る映画にはじめて出たの」と、実在の映画「禁じられた遊び」[*1]を思わせる話などをしながら、飛べなくなった鳥（祖母ポーラのシンボル）を葬ってやるシーンを考えたとき、サンダース＝ブラームス監督は希望的メッセージを残していると言えるのではないでしょうか。この二人の世代から、母と娘の憎悪の円環は、断ち切れないにしても、少なくとも理解可能な関係になっていくのでは、と。そしてそのためには、母もまた自分の人生を生きなければいけないということを。

ポーラは孫のエミリーのこともそのうち食おうとするでしょう。でも、エミリーは賢い子で、誰が強いか知っています。だから、祖父には「おじいちゃんと結婚する」と言っていますが、母親と二人のときは「男なんて」と言います。祖母が誰に対しても恨みをもっている毒蛇だということも感じているからあまりなつきません。母と祖母の両方をみて育ったエミリーはもっと大人になるはずです。

傷を癒してくれるのは信頼できる仕事仲間

ところで、腐ったはらわたの向こうにいた現代版『白雪姫』の王子様とは、どんな男だったのでしょうか。

イザベルはこの男が映画の役柄を現実に持ち込んで彼女に恋していることを知っています。彼はまた、一度でいいから恋をかなえさせてくれとレイプそこのけのやり方で強引に欲望をとげたりもします。イザベルには男に対する期待も幻想もありません。しかし、君は僕を生き返らせた、君は世界一美しい、と全面肯定してくれる男は、両親に全面否定され、傷ついた心を抱えたイザベルにとって、感謝したくなるほど素晴らしい慰めになったはずです。その意味ではポーラにとっての夫も同じ役割なのでしょう。母も娘も二人の闘いに疲れて男に慰めを、というわけです。

映画撮り直しの電話で、急遽《きゅうきょ》機上の人となったイザベルは、娘との別れに流した涙もまだかわかない目で隣の男にあふれるばかりの笑いを浴びせかけ、「あなたしかいないわ、私を慰めてくれる人は」と言って笑い続けます。そこには皮肉も自嘲もありますが、その顔には、真っ黒な森を出て町の明かりを見た者の、なんとも言えない安堵感があふれています。それまで苦笑を誘いかねなかった男の芝居がかった恋の台詞も、このときばかりは男の気持ちの余裕を示す台詞としてユーモラスにさえ聞こえ、イザベルの気持ちを解き放ちます。

「秋のソナタ」の最後にもこれと似たようなシーンがありました。娘の批判を逃れて列車の人となったピアニストの母が、迎えにきたマネージャーに、「私たち、どちらが欠けてもだめね?」と言って彼の友情を確かめるところです。

イングリッド・バーグマンもブリジット・フォッセーも、家族の愛憎地獄を逃れたとはいえ、家族の期待に背いて自由に生きたために家族から疎外され、悲しい思いをしていることに変わりはありません。しかし、映画の終わりで、力量を信頼し合った仕事仲間とふたたび仕事の世界に帰っていくとき、二人ともそれなりの安堵感にひたっています。

女にとって現代の王子様とは、結婚相手や恋人というより、お互いに仕事を評価し合える仕事仲間なのかもしれません。たまたまそのうちのひとりが夫だったり恋人だったり、あるいはただの友人だったにしてもです。

7章注釈

＊1 【「禁じられた遊び」】（ルネ・クレマン監督、一九五二年、フランス。主演は「エミリーの未来」の主演女優でもあるブリジット・フォッセー）

第八章

自分のセクシュアリティをとりもどす

「リアンナ（LIANNA）」

リアンナ（LIANNA）

〔物語〕三十三歳のリアンナ（リンダ・グリフィス）は、アメリカ東部の大学町に住む大学教授夫人。二人の子どもを持ち、ボランティアをしたり、夫（ジョン・デヴリーズ）の仕事を手伝ったり、大学夜間部の成人教育に通ったりして日々を過ごしていた。

夫に秘書役をさせられることなどに不満を持ち始めたリアンナは、聴講している大学の講座を担当している女性教師ルース（ジェーン・ホーラレン）に憧れる。リアンナがルースの仕事を手伝いたいと申し出た夜、彼女は夫が学生と浮気している現場を目撃してしまう。夫の出張中にルースの家を訪ねたリアンナは、酔ってルースと話しているうちにいつしか抱き合い、性的関係を結ぶ。

その後、夫と口論したリアンナはルースと関係をもったことを夫に話してしまい、子どもを置いて家を出、離婚にいたる。ルースから一緒に生活することを拒否されたリアンナはアパートを借りて一人暮らしを始め、職探しに奔走《ほんそう》する。リアンナがレズビアンになったことを知って、かつての親友サンディ（ジョー・ヘンダーソン）もリアンナに背を向ける。

やっとスーパーのレジ係の仕事を見つけ、一人暮らしにも慣れてきた頃、ルースから別れを宣告される。そんなときリアンナは久しぶりにサンディに出会い、むかしの友だちの胸に抱き留められながら恋人に去られた悲しみを表現するのだった。

製作……………ジェフリー・ネルソン
　　　　　　　マギー・レンツィ
監督・脚本……ジョン・セイルズ
撮影……………オースティン・デ・ベッシュ
音楽……………メイソン・ダーリング
出演……………リンダ・グリフィス
　　　　　　　ジェーン・ホーラレン
　　　　　　　ジョン・デヴリーズ
　　　　　　　ジョー・ヘンダーソン
　　　　　　　ジェス・ソロモン
　　　　　　　ジェシカ・W・マクドナルド、ほか

一九八三年　アメリカ　一一〇分
（＊二〇二三年三月現在、DVD／ブルーレイの発売や配信はされていない）

★「セコーカス・セブン」「ブラザー・フロム・アナザー・プラネット」など、インディーズ・ブームを巻き起こしたジョン・セイルズが、一人の主婦がレズビアンになっていく過程を描いた作品。製作は難航したが、セイルズの熱意によって完成した。

現代版『人形の家』「リアンナ」の行く先は？

私は、「リアンナ」は、レズビアン版『人形の家』[*1]だと思います。十九世紀に書かれたイプセンの『人形の家』は、主人公のノラが「私はあなたの小鳥じゃありません。私はこれからは人間として生きていきます」と宣言して、家を出ていく場面で終わります。

『人形の家』が発表されたとき、家を飛び出したノラはどこに行くのか、どうなるのか、ということについて、スカンジナビア半島を中心に大論争が起きたことは有名です。十九世紀のことですから、女性が働ける場などほとんどなかったので、大方の意見では、ノラは売春婦になったか、お手伝いさんになったか、はたまたのたれ死んだか、ということでカンカンガクガク、それは大変だったということです。

アイリス・マードック[*編集者注7]に『魅惑者から逃れて』[*2]という小説があります。その中では、魚が女性のモチーフになっていて、ある場面では、何匹もの熱帯魚が閉じ込められているガラス鉢がいきなり割られ、魚たちは床の上に散らばり、たちまち命の危険にさらされる、という描写が出てきて興味深かったのですが、言ってみれば、それがいきなり夫の家を出ていったノラの状況だと言えます。ノラはなんの職業訓練も受けずに夫のもとを去ったわけですから。しかも十九世紀という時代状況の中で、一人で生きていくのがいかに難しかったかはとてもよく分かります。

「リアンナ」の場合は、男性と結婚しているリアンナが、女性と恋愛して家を飛び出してしまいます。

十九世紀あたりから、小説には、恋愛をすることで階級のちがいを超えたり社会規範を打ち破ったりして、勇気ある行動を示すヒロインがたくさん登場してきます。そういった文学の世界の影響もあって、女の人が「恋愛しています」と言えば、人間らしいことになって、すべてが正当化されてしまうようなところがあります。恋愛ならすぐ夢中になれるし、またすべてを捨ててそれに打ち込んでもどこか許される状況になってきたし、その結果、他のことで生き方を変えるのは難しいけれど、恋愛を通してならそれが可能だというわけです。

リアンナも恋愛の力で家を飛び出しますが、でも現実に家を出てみれば……ということが描かれているわけです。その点で『人形の家』の家を出ていったノラがその後どうなったのか、その姿を二十世紀末のアメリカの東部の小さな大学町で追ってみた、と考えてもいいでしょう。

リアンナもノラと同じ主婦で、経済的に自立できるような訓練をなにも受けていないし、一方でロマンティック・ラヴ幻想、すなわち、愛がすべてという発想もあって、どこか非現実的なので、それこそ〈愛〉のためにすべてを捨てて、手鍋も下げないで、ルースのところへ行ってしまいました。

世間知らずの主婦の自立への成長物語

リアンナは、自立体験がないので、家出後のことまでよく考えて行動したわけではありません。甘いんですね。夫と口論していさかいになり、夫から「出てけ!」と言われたら、単純に、新しい恋人のルースのところに行けばいいと考えていたふしがあります。ですから許しも得ないでいきなりルースのところに行って「しばらくあなたの家へ」と言うと、期待に反して、喜んでもらえるどころか、逆に、「ムリよ。ここは小さな町なんだから。仕事場だし」と無謀な行動を批判され、がっくりします。

リアンナにしてみれば、いままでずっと夫に養ってもらってきたので、相手が女に変わっても同じように養ってもらえるとでも思いこんでいたのではないでしょうか。父の手から夫の手に、夫の手から愛人の手に、というわけです。ですから、職探しはどうするのか、住む場所はどこにするのか、子どもたちの面倒は誰が見るのか、などといった、これからのことは、いっさい考えていませんでした。

リアンナはいろんな講座に出て教養はあったかもしれませんが、ずっと夫に養ってもらっていて、夫の秘書役はしても、お金を支払ってもらえるような社会的・職業的訓練は受けていません。リアンナは「少女のようだ」と言われていましたが、まさに彼女は世間知らずで幼くて、とても美しいけれど、社会的には脆《もろ》くて危なっかしい印象が伝わってきます。

それにもかかわらず、リアンナはヴァイタリティに溢れていました。ルースもリアンナのそういうところにひかれたのでしょう。しかしルースとしては、リアンナが自立のなんたるかを理解した、もう少ししっかりした人間だと思っていたはずです。しかもリアンナは結婚していて子どももいるから、まさかいきなり飛び出してくるとは思ってもみなかったはずです。ですから、リアンナの突発的な行動にルースはとてもうろたえました。

こうして準備なしに恋の勢いで家を飛び出したリアンナは、ルースに拒絶された後、現実に直面することでいろいろなことを学びながら、自立への一歩を踏み出していきます。その意味で、この映画はリアンナの成長物語とも言えます。

映画の最初のほうで、子どもたちとリアンナとの関係を見ていると、リアンナの幼さとか価値観の揺らぎみたいなものがよく見えてきます。息子が興味をもっている「すごくかっこいい」新任の英語の先生がノーブラだと聞くと、リアンナは「まあ、はしたない」という顔をしますが、でも自分もその後すぐにブラジャーをはずしてみたりします。よく言えば素直、もうちょっと言うと、息子に「男」の視線を感じて、それに自分を合わせています。しかし一方で、フェミニストの中にはブラジャー拒否みたいな動きもあったわけですから、彼女自身の既成の女性観のようなものが揺らぎ始めていることがここからも見てとれます。

それからまた、リアンナが夜出かけるので親友のサンディのところに子どもたちを預けようとすると、息子は「一人でルス番できるさ」と言って行きたがりません。困ったリアンナが「パパに聞くわ」と言って判断を避けたら、息子に「お母さんはそんなことも一人では決められないの」と、ビシッと言われてしまいます。つまり、子どもたちはリアンナが自立した存在ではなくて、父親の手先として自分たちを叱っているということをちゃんと知っているので、母親をすでにバカにしています。

しかし、リアンナはそういう現状に満足していなかったので、いろいろと揺らいだり、ボランティア活動に精を出したり、ブラジャーをはずしてみたり、夜間部の成人教育に通ったりして、少しずつ自分を変える方向へ歩んでいたということです。その結果がルースへの恋となって表れます。

「まず仕事を持つこと、恋愛はそれからだよ」

リアンナは、レズビアンになることで、夫を捨てた女として町の噂になり、孤立してしまいます。

リアンナの親友サンディの夫は、高校のフットボールチームのコーチをしていますが、彼はそんなリアンナに優しく話しかけます。「俺がむかし教えていた生徒の中にとても優秀なフットボールの選手がいて、彼もホモセクシャルだった」と言います。失意のリアンナは、レズビアンであることに誇りが持てなくなっていたので、「それじゃ、みんなと一緒にシャワーなんか浴びさせたら危ないんじゃない？」と自虐的な冗談を言います。するとコーチは「彼にはもっと大事なことがあった」、それは「フットボールだ」と言います。つまり男は恋愛だけしていればそれが人間だというわけにはいかない、ということです。

私はここでのやりとりがこの映画のいちばんのポイントであり、同様にそれが、監督ジョン・セイルズのリアンナに対する批判でもあると思います。

少し前まで男文化は、男には愛も仕事も、女には愛だけを振り分けてきました。女は男や子どもに愛を与えながら、同時に、自分が食うためには男の愛だけが頼りというような生き方をさせられてきたから、女が〝愛のため〟と言えばなんでも許されるところがありました。しかしこの映画は、一人の人間として生きるためにはまず自分で生活する力が必要なんだ、恋愛する前に、まずフットボール＝仕事をきちんとやれるかどうかが問題なんだ、それが社会人としての最低限の条件なんだ、ということを言っているのではないでしょうか。つまり、フットボールのコーチは、〝まず仕事を持つこと、恋愛はそれからだよ〟と、忠告してくれたのです。仕事もない、自分のお金もない女性は、自由がないわけですから自分の愛をまっとうできないし、相手の足手まといになってしまう可能性もあります。

いままで女は自分でやれる仕事がなにもない状況に置かれていたから、全身全霊をかけて愛に打ち込んで、愛のために〝死にます〟〝生きます〟などと、命を投げ出してその一途さでなんとか男に養ってもらっていたのですが、それはもういまでは通用しないんじゃないか、〈愛〉に生きれば〈女らしい〉からそれでいいなんてことはおかしいんじゃないか、と言っているわけです。コーチは〝恋愛よりももっと大事でおもしろいものがある。しかもそれは自分の生計を立てるもの、キャリアにつながるもの、そして自分と世界をつなぐものでもあるんだよ〟と、リアンナに伝えたかったのだと思います。

事実、このアドバイスは、リアンナに影響を与えていきます。たとえば、そのころ、ルースがリアンナに対してつぎつぎとマイナスの札を出していきました。「あなたとは一緒に住めない」「人前でべたべたしないで」に始まって、最後には「私は故郷の恋人のところに帰る」と、とうとうリアンナに別れまで宣告します。リアンナはつらそうでしたが、あっさり納得して、一度も愁嘆場《しゅうたんば》を演じませんでした。ふつうああいう状況だったら〝あんまりだわ〟とか〝私をどうしてくれるのよ〟とか、泣きわめいたり、悪態をついたりするものなのですが、リアンナはそうしないですんだわけです。

自分のセクシュアリティを発見したことの喜び

リアンナはルースに向かって「あなたへの愛が誇りよ」と言います。なぜ、そんなに誇りなのかというと、ルースを愛することでリアンナは自分のほんとうのセクシュアリティ（性指向）

を発見したからだと思います。

私たちはみんなアドリエンヌ・リッチ[*編集者注8]の言う「強制的異性愛社会[*3]」で育てられていますから、自分のセクシュアリティがなにかということについて、ほとんどの人はあらためて考えてみようとすらしません。ふつう、異性愛が自然だと考えられていますから、当然自分も異性愛者であると思いこんでいて、男は女を、女は男を愛して当たり前、と思わされていますが、じつは、それはそう思わされているだけかもしれないと、リッチをはじめ、レズビアン・フェミニストたちは言っているわけです。

いま自分は異性愛（ヘテロセクシャル）だと思いこんでいる人の中にも、ほんとうはホモセクシャルの人がたくさんいるかもしれません。しかし、異性愛を規範とする社会にいると、そういう人たちも自分のセクシュアリティを知らないまま結婚したり、あるいは知っていても隠したりします。リアンナもまさに、そういう一人だったということです。

リアンナは自分のセクシュアリティになんの疑問も持っていなかったので、夫と恋愛し、結婚しました。ところが、大学夜間部の成人教育の教師ルースと出会い、ルースに憧れ、一緒にお酒を飲みながら話していくうちに、自分でも忘れていた小さい頃の女友だちとの恋愛経験を思い出し、それが引き金になって、自分のルースへの気持ちが恋だということに気づき、はじめて自分の中のレズビアン性を自覚します。こうしてリアンナのように人生の半ばにさしかかって自分がレズビアンであることに気づく女の人は、実際にたくさんいるようです。

ところで、自分のセクシュアリティを発見した喜びと憧れていた先生に好かれたうれしさとで、リアンナはルースへの愛を誇りに思うあまり、周囲にそれを触れ回ってしまいます。

家を出て一人暮らしを始めたアパートの洗濯場で、同じアパートに住む初対面の女の人に向かって、聞かれもしないのに「私レズビアンなの」といきなり言ってしまって、「あら、私、名前も知らない人になんでいきなりこんなこと言ったのかしら」と、ケラケラ笑い出す場面がありました。そのリアンナの解放感は、やはり自分のセクシュアル・アイデンティティがはっきりした喜びと自信から生まれたものだと思います。

そこがまたリアンナの無防備なところで、そんなことを不用意に他人に言って歩いたら、異性愛を正常と見なす社会から抹殺されかねない状況なのに、彼女にはそういう社会の偏見に対する配慮がまったくありません。レズビアンになったことを単純に喜んで〝私、生理中なのよ〟みたいな感じであちこちに触れ回ってしまいます。逆に言うとリアンナのその純粋さが、彼女をカムアウト*4させたのだし、この映画を明るく力強いものにしているとも言えます。そして本来なら、リアンナの無防備さがそのまま通用する社会が当然なのだと、セイルズ監督は考えているのではないかと思います。

男社会で自立して生きるにはしたたかさが必要

ルースのほうは、リアンナとちがって、職業人としてきちんと自立して生きている人ですから、恋愛に対しても非常に注意深く行動しています。レズビアンに対する世間の偏見にも苦しんできましたから、リアンナの公私混同した不用意な態度に神経をとがらせます。リアンナが教室のみんなのいる前で「ルース」と呼んだときも、「教室ではルースなんて呼ばないで。ちゃんとみんなと同じように先生と呼んで」と注意します。また、リアンナが玄関のところでいきなりルースに抱きつこうとしたら、「ちょっと待って」とリアンナを制止したりします。

ルースとしては、もしも自分が人妻である学生と恋愛関係になったことが世間に知られて騒ぎ立てられたら失職するおそれもありますから、リアンナにも注意深くふるまってもらいたいわけです。

一九九〇年代当時、アメリカのキャリア・ウーマンたちは、職場での恋愛はしないようにしているという話を聞いたことがありました。職場恋愛をすると、必ず女のほうが職を失う状況があったからです。ただし、いまでは女だけでなく男にも失職の恐れがあるほど、ますます職場恋愛はタブー化しているそう。まだそこまで状況が進んでいない日本では、職場恋愛・結婚がざらにありますが、ほんとうに自分のキャリアを大事にしている女たちは、もう少し後先を考えて慎重です。人生のイニシアティヴをとるためには、そのくらい必死になって恋愛神話みたいなものを壊していかないと、生き延びられないということです。

これからは、そういう社会性や社会常識みたいなものを女の人もきちんとわきまえていないと、社会人としての信用もなかなかできていきません。ましてやルースとリアンナの関係はマイノリティのそれですから、よけい注意が必要になります。リアンナにはそういう社会性が欠けていて、ルースはそういうことからいちいち教えていかなければならないので大変だったと思います。これほど無知《ナイーヴ》だとは思いもしなかったので驚いたり警戒したりしても不思議はありません。

現状ではレズビアンの人たちはなかなかカムアウトできず、自分たちの関係を隠さなければならないとしたら、そういう行動に駆り立てる社会のほうが間違っているわけですが、現在はまだ過渡期ですし、そういうときにリアンナのように、あまりにも世間に対して無知で無防備な場合、自分だけでなくて関わっている周りの人たち全部をつぶしてしまうこともありうるわけです。

実際、映画の中でも、リアンナは無防備な態度から町の噂になり、みんなに白い目で見られます。また、子どもたちも学校でお母さんのことをからかわれて友だちを殴ったりというように、周りの人を傷つけていってしまうわけです。リアンナはこれからそういうことを一つ一つ傷つきながら学んでいって一人前のレズビアンになるのでしょうが、いまのところその途上で、もう少し周りの状況に敏感になる必要があります。

「私レズビアンなの」と言うことのプラス面

もっとレズビアンの権利が認められて、レズビアンに対する偏見がなくなれば、当然生活面での制約は少なくなっていくはずです。現実に社会規範みたいなものがどんどん変わってきていたので、こういう肯定的な映画も作られたということでしょう。

いまでも場所によってはレズビアンのカップルが堂々と手をつないで歩いていても平気なところがあるし、女同士で暮らしている人もたくさんいます。二〇一五年に同性婚が認められたアメリカでさえ州によってずいぶん状況がちがいますし、田舎と都会とでもまたちがいます。実際、田舎より都会のほうが生きやすいことは確かでしょう。

おそらくこの映画は、小さな大学町での状況、その中で生きるマナーみたいなものを枠組みにして物語を組み立てているのだと思います。でも、こういう小さな町でもレズビアン・バーがあるし、日本よりかなり状況は進んでいるという感じがしました。

ところで、リアンナが純粋な喜びに駆られて、大胆におおらかに、「私レズビアンなの」と言って回ってマイナス面があったことは見てきましたが、もう一方で、周りの人の目を開かせるというプラス面もあったことが描かれています。

まず、リアンナの女友だちでフットボールのコーチの妻のサンディがだんだん変わっていきます。サンディは最初、リアンナがレズビアンになったことを知って、気持ち悪がって、大変な拒否反応を示しました。

サンディはレズビアンに対する〈世間の価値観〉を代表して、まるで絵に描いたような類型的な反応の仕方をしていました。彼女はなんといってもびっくりしたんでしょう。「私たちは海岸で一緒に水着に着替えて裸になったこともあったのよ」なんて言っていました。一緒に裸になったからってどうということはないのに、自分の中で内面化したレズビアンに対する社会の偏見にとらわれて不安になり、脅《おび》えているのです。親友だったリアンナがレズビアンだと知ったとたん、仲がよかっただけに、リアンナに裏切られたような気持ちにもなったのではないかと思います。

でも、サンディも時間がたつうちに考え方を深めていきます。その変化のきっかけになるのが、リアンナに言い寄っていた男の言った言葉です。リアンナがレズビアンであることを気にしているサンディに対して「カリフォルニア出身の僕には珍しくない」と。

この男を演じているのは、じつはこの映画の監督、ジョン・セイルズなのですが、映画の中ではすぐ女に声をかける軽薄な男として描かれています。そんな男でも状況に慣れていれば、この程度のことは言えるわけです。それにしてもこの映画では、女は女からというより男からいろいろと教わっています。やはり男のほうが長い間社会人をやってきたせいで、女よりよくモノが見える立場にいると言えます。

それを聞いて、リアンナのことを考え続けていたサンディは、最後に自分のほうからリアンナに歩み寄って、自分がリアンナをどう理解したか話して聞かせます。「女同士のセックスは理解できないけど、あなたのことは好きよ」と言います。すなわち、あなたのセクシュアリティがどうであろうと、あなたは私にとって大切な友人なのだ、ということが言いたかったわけです。それまで誰にもルースを失った悲しみを表現できなかったリアンナが、はじめてサンディに抱きついて、思いっきり泣くところで映画は終わります。

つまり、最初は世間の偏見にまみれておびえていたサンディも、異性愛であろうと同性愛であろうと、それによって友情関係が壊れるわけではない、「私とあなたはセクシュアリティがちがうけれど、友だちよ」というごく当たり前のことが、やっと当たり前に受け入れられるような心の準備ができたということです。そして、愛する人を失うことが悲しくてつらいことだというのは、ヘテロ(異性愛者)でもレズビアンでも変わりはないのだということも分かったのです。

リアンナの堂々とした勇気ある行動が、セクシュアリティについてそれまで考えたこともなかったサンディの目を開かせたとも言えるのではないでしょうか。それに、リアンナがサンディに対してそうなれたのも、サンディのリアンナに対する愛情が支えになっているからです。

女同士の関係は対等で自由

リアンナは、学生時代に自分の先生だったいまの夫と恋愛し、カレッジを中途退学して結婚したという設定です。それが今度は女の人と恋愛するわけですが、その人も自分の担任の大学教師です。リアンナは先生に恋しやすいタイプと言ってしまうと簡単ですが、どうもこれはなにか中学生や高校生のころの幼い恋に似ている気がしないでもありません。

教師ルースとリアンナがお互いのどういうところにひかれ合うのか、もう一つ見えてきませんし、またお互いがひかれ合う過程もなにか女と女のそれというより男と女の関係を思わされて不自然です。しかも二人でいるときは話をしたり生活を楽しんだりというよりいつもセックスばかりしていて、男が想像しているレズビアン像を演じさせられている気配さえ感じます。ただ、セックスの形は静かで優しくて、従来の男がレズビアンを見るときの「道具は使うのか」とかいう興味本位なものではありません。

この映画はレズビアンでない男性監督が主義主張のために作った作品と言ってしまえば納得できてしまうわけですが、この問題はさておいて、それならその主義主張とはなにかと言えば、それは、レズビアンであろうとなかろうと、愛を貫くためには一人の自立した人間でないとだめだというところに行き着くと思います。

ただ、別の見方をすると、先生＝大学教授を好きになるというのは、リアンナの、自分もそういう知的職業にたずさわりたいという願望の表れなのかもしれません。リアンナは現状に満足しないでなにかやりたいと思っているから、大学夜間部の成人教育なんかに通っているわけです。しかし、女らしさという社会規範で育てられたリアンナは、他人との関係でしか、他人を通してしか、生きることを思いつきません。

ですから、リアンナは夫と恋愛して結婚して大学教授夫人になると、資料整理やパーティ参加という形で補助的な役割を引き受けて、夫の仕事に協力してきました。ルースと恋愛したときにも、リアンナは夫と同じパターンを繰り返そうとします。

「（仕事の）手伝いをさせてください」という形で近づいていって、ルースのほうも「助かるわ、それじゃ一緒に食事でも」と受け入れたから二人の関係が始まったのですが、そのときは対等で、養う・養われるの状況ではなかったわけです。ところが、その後からが、夫との場合とはちがってきます。リアンナのほうは家を出た後、補助的な仕事しかできないので、ルースに対しても夫との生活パターンを繰り返そうとしますが、彼女からは拒否されます。〝あなたを従属的（subservient）な立場には置きたくない〟ということで、ルースは彼女の頼みをスパッと断ります。ここが二人の関係のポイントだと思います。

リアンナは結婚して、家事労働の他に秘書的な役割もして夫を助けてきましたが、その不払い労働がおかしいと気づいて、そのことが原因で夫を軽蔑するようになったわけです。リアンナが夫と最初に喧嘩をしたのは夫のための資料整理や、夫のために行きたくないパーティに出席するのがいやだったからです。そのパターンは女同士の関係で通用させてはいけないのだということ、男女の支配関係とはちがい、もっと対等なものでありたいということ。そのためには男役・女役はやらないほうがいいということを、リアンナはルースとの関係を通してしっかりと理解していきます。

たしかに一見するとルースとリアンナの関係は男役・女役に見えます。ルースは男っぽい雰囲気で仕事を持っていて、リアンナは初々しく幼くて仕事を持っていません。リアンナもパンツをはいてスーツを着てというふうに格好はルースと変わりませんが、ルースの世話になるなら、やはり当時の社会基準でいけば女役になると思います。

でも、二人の関係をよく見てみると、ふつうの男役・女役とは少しちがうことが分かります。もし、二人の関係が男役・女役で成り立っていたら、夫のときと同じように、経済力のないほうが補助的な仕事、不払い労働をさせられてしまうことになるはずです。そうなれば、家庭内で妻が夫のためにしている自己犠牲と同じことになってしまいます。

しかしルースは、リアンナと恋人関係になっても、それをさせません。ある意味で、それは仕事のないリアンナには残酷なことであり、ルースにしてみれば、一つには、いまの生活を乱されたくないということもあったと思いますが、いずれにしろリアンナとは対等な関係を望んでいたということです。

そうやってルースから突き放されたリアンナは、自立せざるをえなくなって、一人で生きていくことを学び始めます。

男女関係では養う・養われるという前提があるので、義務・責任という概念が生じてきて、弱い立場のものを守るためには関係が長続きすることが重要だったわけですが、その前提がなくなると、当然、関係の持ち方も変わってきます。今日出会って明日別れたっていいわけです。ですから、たとえばリアンナも、ルースがそばにいなくて寂しければ、一人でレズビアン・バーにいって女の人をつかまえてワンナイト・スタンドを楽しんだりするわけです。その人との関係が気に入ったら続ければいいし、たった一晩で終わってもいい、そういう自由な発想になるのではないでしょうか。

ルースには、リアンナの他に大学の学部長をやっているレズビアンの恋人がいます。その人との関係がうまくいかなかったからリアンナと関係したということもあるかもしれませんが、別に、ルースに他に恋人がいたこと自体、非難するには当たらないと思います。ルースは経済的に自立しているために、好き嫌いの感情も自然で、ありのままに行動しているところがあります。

女同士の関係に限らず、養う・養われるという前提のない自立した人間同士の関係なら、永続性はもはや重要な問題にはならないし、自分の感情に率直になって、いろいろな人間関係をつくることも可能になります。

だから男はよく〝酒と煙草と女〟といった言い回しをしていましたが、これは女から見ればとても差別的な言い方にはちがいないのですが、でも女がだんだん自立してきたら、よし悪しは別として、女の楽しみ方が〝酒と煙草と男〟になってきても別に不思議ではないということです。

フェミニズムが女を生き生きさせる

ルースに恋した後、リアンナの女性を見る目が生き生きと輝き始めました。視点が変わるとこんなにも女性たちが素敵に見えるものかと感心しました。

ほんとに女の人が生き生きしていると素敵です。たしかに最近はそういう生き生きした素敵な女の人が増えてきました。町を歩いていても、思わず振り向きたくなるような雰囲気の人たちもいます。ですから、素敵な女性に見とれてしまうリアンナの気持ちもよく分かります。そういう素敵な女の人たちが増えてきたのも、一つにはやはりフェミニズム運動の成果だと思います。

そもそも映画自体がリアンナの自立物語であり、しかもめったに描かれなかった女同士の恋愛がテーマになっています。専業主婦で自立経験のないリアンナが女性と恋愛していきなり家を飛び出してしまう話です。リアンナは純粋だけど非常に脆いし、自立した女同士の関係なんて全然経験がないから、ルースとうまくいくはずがありません。でも、夫の場合とちがって、ルースがリアンナに補助役をさせないで突き放したから、逆にリアンナは自立への一歩を踏み出すことができたわけです。

アパートの一人暮らしで孤独を知ります。いくら探しても、手に入る仕事はスーパーのレジ係、という女の現実も知ります。最初リアンナはこういった現実に直面して意気消沈し、なかば自暴自棄で部屋も汚《きたな》いままだらしない生活を送ったりもしますが、同じアパートに女同士で住んでいる自立した女たちの明るい存在に励まされ、部屋の模様替をはじめとして、楽しい暮らし方を工夫するようになります。そして、最後には異性愛者のサンディと友情を復活させるところまでいきます。

リアンナは女性に恋をして家を飛び出してから、いろんなことを学んで変わって、少しずつ自立していきます。社会状況の大きな変化もあって、十九世紀のノラのときには家を出たところで生活手段は売春か下働きかと言われたものですが、二十世紀に生きるリアンナは夫から自立してそれなりに自分で食べていけることで、自分のセクシュアリティに嘘をつく必要がなくなったということです。

一人の人間として自分の人生を生きたいように生きるためには、主婦として家庭に閉じ込められていては自由になれないので、社会的存在としても、経済的にも精神的にも自立することがいかに大事かということです。

8章注釈

＊1 【『人形の家』】（イプセン作。原千代海訳、岩波文庫刊、矢崎源九郎訳、新潮文庫刊、ほか）

＊2 【『魅惑者から逃れて』】（井内雄四郎訳、集英社文庫刊、版元品切れ、重版未定）

＊3 【「強制的異性愛社会」】「強制的異性愛とレズビアン存在」（『血、パン、詩。』晶文社刊、版元品切れ、重版未定、所収）参照。

＊4 【カムアウト】「カミングアウト」と同義。自らの性の在り方を自覚し、それを誰かに開示すること。（参考：ＬＧＢＴ法連合会『ＬＧＢＴＱ報道ガイドライン　多様な性のあり方の視点から』）

第九章

依存と支配が〈弱い自分〉をつくる

「存在の耐えられない軽さ（THE UNBEARABLE LIGHTNESS OF BEING）」

存在の耐えられない軽さ（THE UNBEARABLE LIGHTNESS OF BEING）

〔物語〕プラハに住む脳外科医トマシュ（ダニエル・デイ＝ルイス）は、画家のサビーナ（レナ・オリン）や他の女たちと、自由な関係を楽しんでいた。ある村に出張したトマシュは、生真面目な写真家志望のテレーザ（ジュリエット・ビノシュ）に出会い、彼女はトマシュを頼ってプラハに出てくる。やがて二人は結婚。女たちとの関係が絶えないトマシュに耐えられなくなったテレーザが彼のもとを去ろうと家を出たとき、ソ連軍がプラハに侵攻してくる。

二人は動乱に巻き込まれるが、テレーザは夢中でその模様を写真に撮り続ける。トマシュとテレーザは、スイスのジュネーヴに亡命し、一足先に亡命していたサビーナと再会。だが、テレーザはそこで仕事を見つけることができない。

苦肉の策としてサビーナのヌードを撮ったテレーザだが、ジュネーヴにも女遊びのやまないトマシュにも愛想を尽かし、単身、自由のないプラハに舞い戻る。トマシュも後を追うが、国境でパスポートを取り上げられ、政治状況の変わった祖国で党に忠誠を尽くすことを拒否した結果、医師の職も取り上げられてしまう。

それでも浮気を続けるトマシュに対抗してテレーザも浮気を試みたりするのだが、二人は関係を立て直すために知人を頼って田舎に行く。田園生活の中で束の間の幸福を見出した二人は、不審な自動車事故で死んでいく。アメリカに移住していたサビーナのもとに、二人の死の知らせが届く。

製作……ソウル・ゼインツ
監督……フィリップ・カウフマン
原作……ミラン・クンデラ
脚本……ジャン＝クロード・カリエール
　　　　フィリップ・カウフマン
撮影……スヴェン・ニクヴィスト
音楽……アラン・スプレット
出演……ダニエル・デイ＝ルイス
　　　　ジュリエット・ビノシュ
　　　　レナ・オリン
　　　　デレク・デ・リント
　　　　ダニエル・オルブリフスキ、ほか

一九八八年　アメリカ　一七三分
ＤＶＤ　発売元：ワーナー・ブラザース　ホームエンターテイメント　販売元：ＮＢＣユニバーサル・エンターテイメント

各種ＶＯＤで配信中
（＊二〇二三年三月現在）

★亡命したチェコの作家、ミラン・クンデラのベストセラー小説の映画化。アカデミー賞主演男優賞を三回受賞した名優、ダニエル・デイ゠ルイスの人気を不動にした作品。男一人と女二人の古くて新しい関係を、政治と人間存在を絡《から》めて描いた。

「存在の耐えられない軽さ」における〈人間の自由度〉

「存在の耐えられない軽さ」の主要な登場人物は、トマシュ（脳外科医）、サビーナ（画家）、テレーザ（写真家志望）の三人です。実際には、トマシュを軸にして、男と女、女と女の関係が展開していきますが、その三人の生き方を通して見えてくるのは〈人間の自由度〉という問題ではないかと思います。

トマシュとサビーナは、ある意味でもうすでに完成している人間です。映画の最初からそう見えます。ここでの完成した人間という意味は一人で生きていけるということです。二人には最初から自分にふさわしい職業としっかりした価値観があって、しかもその生き方にはスタイルがあります。彼らでなければ生きられないような生き方をしているということです。彼らは経済的な自立だけでなく、孤独との付き合い方といった基本的な人間の生存条件もクリアしているように見えます。

トマシュもサビーナも、自分の敵が誰か、味方が誰か、しっかり見極められるところにいます。外的な条件や環境の変化で彼らの人生がなんらかの影響を受けても、だからといってそのせいでものの見方や考え方が大きく変わるということはありません。

ところがテレーザは二人とちがって、一人立ちするためにはまだ人の支えが必要であり、人に依存しなければならない状況にいます。職業にもつけないし、いろいろと解決しなければならない問題を抱えています。彼女はいわば、自立した二人の後を追っている感じです。この映画は、主にその発展途上にいる彼女の苦しみに焦点をあてています。苦しみから解放されたくて、実験に実験を重ねながら、そこからいろいろ学んでいく彼女の様子を描いています。

彼女の魅力は人生と真っ正面から闘う意欲と行動力とヴァイタリティにあります。実際、物語の進行につれて、テレーザは自分なりになにかを発見し、それによって自分の問題を解決していきます。その意味ではこの映画はテレーザの見果てぬ人生冒険物語と言ってもいいかもしれません。見果てぬというのは、彼女が途中で死んでしまうからです。

ところで、その冒険物語の中核をなしているのが〈嫉妬〉ではないかと思います。ここでは思いきって〈嫉妬〉の種々相《しゅじゅそう》を通して三人の生き方を見てみたいと思います。

彼ら三人の〈嫉妬〉の仕方を見ていると、彼らの在り方が透けて見えてきて、それぞれの自由度が測れます。そして意外なことに、自由度が高いと思われていたトマシュもまた、そのメンタリティの中に癌を抱えていたことがだんだん分かってきます。テレーザと出会うことによって、それまでのサビーナとの関係では表面に出てこなかったトマシュの古い部分が引き出され、それが癌となって彼を死に追いつめます。

単独者としてしか生きられないサビーナ

まずサビーナから見ていきます。サビーナは画家で、私たちの知りうる限り、制作しているか男と一緒にいるかのどちらかです。画家として自立しているということは、相当強い自我に支えられているということで、たしかに彼女の行動を見ていると、ふつうの抑圧されている女の人にはちょっとクリアできないような自立地点に到達していることがよく分かります。

まず彼女はなんといっても自立のプリンシプル（主義）をしっかり持っていて、自己決定権をフルに活用します。ソ連軍侵攻のときはさっさとスイスに逃げ出しました。なんと逃げる途中、路上でボーイ・フレンドのトマシュに報告したりします。スイスでの亡命者の会合では、主催者の偽善者じみた負け犬の遠吠えを面と向かって批判します。レストランのつまらない音楽にも雑音だとかみつきます。チェコの情勢がはかばかしくなくなると、一人でアメリカに逃げます。

避難先のスイスで、それが最後になったトマシュとの逢い引きの後、彼女はベッドでそれとなくトマシュをアメリカに誘います。批評家の中には、そういうサビーナの態度を「人生からの逃げ」だと批判する人もいますが、私はそうは思いません。サビーナはまったくの単独者です。彼女は我慢できることとできないこと、闘える相手かそうでないかをとてもよく見極められる、研ぎ澄まされた感性の持ち主なのです。しかも「支配されるのは我慢できない」と言っています。

サビーナにとって、祖国とは自分に制作の自由と自由な生活を許す場所であって、少なくとも戦車と銃剣で国民を威嚇《いかく》したり銃殺したりするソ連軍の暴力に屈伏し、それを容認する政治家たちを指導者とするチェコでないことは明らかです。彼女を見ていると、国を選ぶのは自分であって、国選びもまた人生の選択肢の一つであることがよく分かります。

そんなサビーナにとって、脳外科医のトマシュは彼女の強い自我と拮抗《きっこう》できる唯一の人物なのです。最初から最後まで、いちばん気が合ったのはやはりトマシュでした。彼女は彼を好きな理由として「〝通俗〟とは正反対の人だから」と言っています。二人とも同じように自立かつ自律していて、強烈な自我を持っていて、しかもその自立と自律の度合いと自我の強さが、二人のメイク・ラヴに自由と奔放さ、そしてこの上ない親密さをもたらし、飽きの来ない長続きする関係にしているのです。

サビーナは映画の冒頭シーンで、トマシュに「あなたは女の家に泊まったことはないの」ときます。「ない」と答えたトマシュは、さらに女が自分の部屋へ来たら「不眠症だと言って、帰ってもらう。なにしろ僕のベッドは狭いからね」と、冗談を言います。その後で、自宅でリンゴをかじりながら机に向かっているトマシュの姿が映されますが、家での彼は、一見、修道僧のような生活をしていることが分かります。

こうして単独者としてすっくと立つトマシュと同じく、単独者としてすっくと立つサビーナとの関係を象徴的に表していたのが、彼女の黒い帽子です。

トマシュは「君の帽子のことを思うと泣きたくなる」と言います。

彼はその帽子をかぶったサビーナに欲情します。彼女もまたその帽子をかぶった鏡の中の自分に欲情します。その帽子は彼女の「祖父のまた祖父」の遠い祖先から伝わってきたものだということです。

帽子は、いわば、人間が人間であることのシンボルだと言えます。すなわち人間の頭にちょこんと乗せられる帽子には、二本足で立つことによって人間になってしまった動物の、侵しても侵されてもいけない、ぎりぎりの時点での、自由と孤独のエッセンスが象徴されています。その孤独と自由を理解し合える人間同士として、サビーナとトマシュはひかれ合い、限りない共感と愛を抱き合っているのです。

こういう人たち同士では〈所有関係〉は成立しません。人間という刻印《こくいん》を押された者は自由の代償として限りなく相手の自由をも許すことになり、その意味で、相手を所有することはできなくなります。それが分かれば分かるほど、相手に限りなく近づきながら距離をとることになり、ひかれるからこそ一緒に住めないという逆説をも生きなければならなくなります。

二人は助け合う存在であっても、どちらかがどちらかを護《まも》るという存在ではありません。彼らは単独者としてしか生きられない運命を背負っています。そうなれば、二人の関係は、距離を保ちながらこの上なく親密だという、とても知的で小粋なものになるはずです。

重荷になる男、フランツ

ところで、そういうトマシュと対極にいるのがスイスでサビーナに恋をした大学教授フランツです。彼はトマシュに比べるとどうしようもなく凡庸で、中産階級的な発想をします。彼はサビーナに愛の証を立てたくて、とうとう妻と別れて家を飛び出してきます。サビーナは彼の行動に驚いて感動しますが、明らかに当惑してもいます。

フランツ「妻と別れてきた」
サビーナ「彼女、なんて言ったの?」
フランツ「タキシードを忘れないように、って。妻とは別れても友だちなんだ。妻も冷静だった。僕たち口論一つしなかった。僕は秘密のないガラス張りの家に住みたい。嘘のない生き方がしたいんだ」

フランツが離婚を伝えにサビーナのところに駆けつけたとき、まるで〝お母さん、僕、今日学校で百点とったよ!〟と誉めてもらいたがっている少年のような顔をしていました。そして「落ち着き場所が見つかるまで、ちょっとの間、居候させてもらえないだろうか」と頼むとき、ご褒美《ほうび》だから当然だと言わんばかりの、慇懃《いんぎん》さの中にもどこか厚かましさがちらつく物腰でした。

サビーナは彼をいとおしそうに見て、大きな目から涙をこぼしながら彼を抱擁します。その涙は犠牲に対する感動であり感謝だったと思います。しかし抱擁のさなかにも、彼の肩ごしに見える彼女の目はしっかりと見開かれていました。

翌日、フランツが大きな花束と手荷物を抱えてやってきたとき、サビーナのフラットはもぬけの空になっています。

トマシュがスイスのサビーナを訪ねてきたとき、サビーナがフランツの話をして「困ったことに、彼は私の帽子が嫌いなの」と言うと、トマシュは「君の帽子のことを思うと泣きたくなる」と言います。これほど二人の男のちがいをはっきりと示している言葉はありません。

なぜサビーナがフランツから逃げたかと言えば、彼は彼女と拮抗できるような精神の持ち主ではなかったからです。彼のどうしようもない中産階級的な通俗性、幼児性みたいなものが、サビーナには疎《うと》ましかったのです。彼女は母親役や子守の真似ごとをして、ドロドロの人間関係ごっこなんかやる気はさらさらないからです。

サビーナはそういったところはすでに突き抜けています。「君のために妻と別れてきた。僕と一緒になって」などと臆面もなく言える男は、彼女にとってはただ重たいだけです。しかもこの男、ちょっと感覚が鈍いんじゃないでしょうか。口論一つしないで別れ話がすんだと自慢げでしたが、それは妻も彼に愛想尽かしをしていたからで、向こうにもすでに愛人がいたかもしれないわけです。

しかも「タキシードを忘れないように」なんて言われたんじゃ、もうなにをか言わんや。それは妻にも見くびられ、バカにされていたということでしょう。それをあたかも進んだ関係のごとく錯覚するわけですから、お先真っ暗で箸にも棒にもかからないボンクラということになります。

それに「秘密のないガラス張りの家に住みたい」なんて。気持ちはとてもよく分かりますが、でもいい年をして秘密一つないような、また守れないような、そんなつまらない男は、サビーナのような女性からすれば、神秘的どころか、魅力的でもなんでもない、ただ食い足りない退屈な男ってことになるだけです。なんとも救いがたい男です。

その上「居候させて」だなんて。彼女がトマシュを好きだったのは「泊まっていって」と頼んでもそれを振り切って帰る男だったからです。

小粋なサビーナの嫉妬

ところがそのサビーナが一度だけ嫉妬心を見せたのは、トマシュのところに女が泊まり込んでいることを知ったときです。田舎の村に出張にやってきたトマシュと出会い、彼を頼って押しかけてきたテレーザが、彼のプリンシプルを破り、彼の生活に侵入し、彼が狭いと言っていたベッドに居座っていたからです。いったいどんな女なんだろうか。しかもサビーナはトマシュがそれを許したことが信じられなくて、ちょっと驚いて、それが嫉妬になっていったわけです。ところでサビーナは、自分の嫉妬をトマシュに訴えたところで彼から愛の誓いとかなにかを期待できるわけでもないし、期待しているわけでもないし、またたとえそうしてくれてもそれには応えられない、責任がとれない、とる気もない自分をよく知っているので、結局、自分の嫉妬は自分で発散させる以外ないわけです。

しかしサビーナは、自分が嫉妬のトゲに刺されて痛かったことだけはトマシュに知らせます。その知らせ方がふるっています。メイク・ラヴの途中でトマシュの靴下を隠すシーンがあります。帰り仕度をしながら靴下を探すトマシュに「あたしのを貸してあげる」とブルーの網タイツのようなものをはかせます。あれが彼女の嫉妬の表現です。とても冷静で皮肉っぽくて、ユーモアがあって、ちょっと子どもをからかうといったやり方でした。

しかもサビーナは嫉妬を表現しただけではなく、彼にもちゃんと嫉妬のお返しをします。そのお返しがまたなかなか小粋です。それは他の男と仲のいいところを見せびらかすといったえげつないものではありません。テレーザに写真の仕事を捜してやりたくて、トマシュが彼女をサビーナのところに連れていったときのことです。

部屋に入ってすぐトマシュが「お茶を」と言うと、サビーナは「そうね、あなたが入れて」と意地悪く言います。仕方なく台所へ入ろうとしたトマシュは、目の前にあんなに捜したのに見つからなかった靴下がぶら下がっているのに気づいて、そうか、これはあのときのサビーナの仕返しだな、と悟らされる寸法です。

サビーナはテレーザにとても親切にします。マン・レイやリー・ミラーの写真を見せてテレーザを夢中にさせておいてから、テレーザごしに、台所でお茶を入れさせられているトマシュにいたずらっぽい視線を投げかけます。

トマシュはお茶の用意をしながら、自分だけが会話からのけ者にされて、しかも二人の女から無視されて、疎外感を味わっています。彼は女たちに嫉妬して、怒って、ひがんで、お茶の道具をガチャンと置いたりします。

女はいつも男たちのためにお茶を入れさせられ、会話からのけ者にされています。それでも女はそういうものだとあきらめているので問題にしませんが、こうして女と男の立場が逆になったとき、本来ならそういう状況で女が感じているはずの疎外感みたいなものが彼を通してよく見えてきます。一般に女は怒りを抑えますが、男は慣れていないので、ショックを受けると正直に怒り出すからです。

いずれにしろ、自分のガール・フレンド二人が自分をのけ者にして仲よくやっている光景は、男にとってはあまりおもしろくないようです。男は、女が自分の脇に侍《はべ》っていたり自分をめぐって女同士が嫉妬の火花を散らしたりしているのを見るのは快感ですが、さっきまで自分を頼って自分の配下にあった女がまるっきり彼の存在を無視して、しかも写真という自分とは無関係な世界で、女二人共感し合い仲よくやっているわけですから、彼のプライドはいたく傷つけられます。女たちが自分の存在を必要としなくなった瞬間に遭遇し、それはもう不愉快で不安だったにちがいありません。

サビーナが演出した女同士の仲よしごっこは十分に効果を発揮しました。とうとうトマシュに嫉妬させたわけですから、彼女の嫉妬の仕返しも、ソフィスティケイトされた心理劇のうちに成功したというわけです。こうして、嫉妬させられたら嫉妬させて、相手にトゲの痛さを思い知らせてやる、というのが二人の関係の特徴を表しています。

二人の選んだ関係が、明日どうなるか分からないある種の緊張感で成立しているのであれば、この嫉妬の心理劇は、緩《ゆる》んだ関係のスパイスというより、〝もっとお互いの瞬間を大事にし合わなくては〟というサビーナの警告でもあったはずです。それも二人の間ではすべてゲームめいて、しかもスマートに小粋に行われます。

しかしここで露呈したことは、トマシュはテレーザを取り込んで魅了してしまったサビーナに腹を立てたということで、それは、彼がサビーナにテレーザを奪われたくなかったということです。逆から言うと、トマシュはテレーザから頼られることではじめて、自分の中のある部分が保たれていたのだということです。嫉妬は、自分が相手にどれだけ依存しているか、その依存度を計る目安にもなるからです。

その視点で見れば、テレーザの、悪夢に襲われたり存在そのものが揺らいでしまうような嫉妬の仕方からすると、いかに彼女が全身全霊でトマシュに頼っていたかが分かろうというものです。

頼られることで安泰だったエゴが揺らぐとき

トマシュは映画の中で三回嫉妬しています。そのどれもが彼の人生と深く関わっています。一回目が先に見たように、テレーザとサビーナが仲よく写真を見ているシーン。二回目はテレーザがプラハのダンス・ホールで他の男とダンスしているときです。この直後に彼はテレーザと結婚します。最後は、映画の終わり近く、田舎の居酒屋でやはりテレーザが他の男とダンスをしているときです。翌日の朝、彼らは死にます。

プラハのダンス・ホールのシーンにはトマシュと彼の同僚たちとサビーナとテレーザがいて、サビーナはテレーザの写真が二ページに渡って雑誌に載ったことを喜んでいます。テレーザは輝くばかりに美しく見えます。みんな議論に花を咲かせて、とてもしあわせそうです。トマシュはオイディプス王の話を使って当局を批判し、それを聞いた上司が書いてみてはどうかと勧めます。そのとき、彼の同僚がテレーザをダンスに誘い、トマシュは踊っているテレーザを食い入るように見つめています。

家に帰って彼が嫉妬していることを知ったテレーザは、まるでなにかを生け捕りにしたかのように狂喜し、小躍りしながら彼をからかいます。そして勝利のご褒美だと言わんばかりに結婚をねだります。

トマシュの一回目の嫉妬はテレーザをサビーナに奪われる不安からでした。二回目はテレーザが写真家としてプロになる第一歩を踏み出したときです。すなわち経済的自立を目前にして、すでに他の男の関心をさらって美しく輝いているテレーザを見たとき、やはり彼女を失う不安に襲われたからです。テレーザは身一つで田舎から飛び出してきてトマシュに頼りました。テレーザに頼られ、彼女を護ることで逆に彼女に依存して安泰だった彼のエゴは、彼女が自分を必要としなくなる日を思って愕然《がくぜん》とし、それが嫉妬になって表れたと言っていいでしょう。

トマシュの嫉妬にテレーザがあんなに大喜びしたのは、これまでトマシュのほうにぐっと傾いていた力関係の重りが、少しはテレーザのほうに傾き出した証拠だったからです。こうして単独者を任じていたトマシュは、彼女を失うかもしれないという不安と弱気の延長線上で、結婚という拘束と所有関係に入ることになります。サビーナといたときに自立の側面を見せていたトマシュは、テレーザによって彼の中の古い男を引き出されます。そしてこの古い男の部分が後で彼を死に導くことになります。

トマシュはソ連軍侵攻の後、チェコからスイスに逃れてからも、そこでサビーナと会い続けていました。しかし、最後になった逢い引きで、彼女からアメリカに興味はあるかと、それとなく国外脱出を誘われたとき、彼の返事は曖昧《あいまい》でした。そのときサビーナは怒ったようにつと彼のそばを離れます。二人の間には束縛とか所有関係はいっさいありませんし、彼女はこれまで決して彼になにかを無理強いしたり要求を突きつけたりしたことはありません。ですから彼女が彼に対してこういう要求がましい私情を露《あらわ》にしたのは、はじめてではないかと思います。それは、彼女が一人でアメリカに渡ることが不安だったというより、大陸を離れればそれっきり二人は二度と会えないかもしれないという予感があったからです。実際、彼女は「これが最後かもしれないわね」と言っていますし、事実、そのとおりになります。

その日、トマシュが家に帰るとテレーザの置き手紙があって、「ここではあなたを支えるどころか、重荷になっている。私にとって人生はとても重いのに、あなたにはごく軽い。その軽さが耐えられない。私は強くないから。プラハにいたときは愛だけがあればよかった。ここではすべてをあなたに頼るだけ。捨てられたらどうなるかしら。私は弱い。だから弱い者の国に戻ります」とあります。テレーザはスイスでは写真の仕事が見つかりませんでした。

こうして映画のドラマティックな展開のせいで、結局、トマシュはサビーナに誘われたアメリカ行きをテレーザに相談するチャンスが与えられない構成になっています。これがこの映画のメロドラマ性であり弱点でもあると私は思います。

もしここでトマシュにアメリカ行きを彼女と相談するチャンスが与えられていたら、彼自身、個人としてどう身を処したかったのか、もう少しよく知ることができたのではないかと思います。それなのに画面はそれを避けて、ドラマティックな展開を設定してしまいました。それが、私にとってこの映画の不満の一つです。

すなわちこれだけでは、彼がチェコに帰ったのはテレーザの後を追ってということになり、一見、愛の物語という様相が色濃く出てきます。たしかに愛の物語ではありますが、そのヴェールをめくると、背後にトマシュの愛と支配と依存の問題がとてもよく見えてきます。

安楽死に似た事故死

トマシュは、湖のほとりでさんざん考えたあげく、テレーザの後から「弱い者の国」に戻ります。

彼はそのとき、「弱い者の国」に戻ればなにが起こるか、すっかり分かっていたはずです。この時点で彼はなにかを覚悟します。湖のほとりで思案にくれていたとき、彼の足もとはすでに水にひたされていました。案の定、国境でパスポートを奪われます。それはすでに未来を奪われてしまったということ、出口なしの状況を意味しています。

プラハでは、彼がソ連軍侵攻前に書いた当局批判の論文を撤回するように迫られますが、彼は拒否します。その結果、脳外科医としての本職を奪われ、ガラス拭きの仕事をあてがわれます。自由がないどころか、絶えず当局から監視されているありさまで、二人はついに追われるように田舎へ引っ込みます。田舎でいっとき平和な生活を送った後、二人は自動車事故で死にます。

当局から憎まれていることを知っていて、しかもその憎しみを真っ向から受ける決心でプラハに帰った以上、監禁か死か、そのどちらかしかなかったわけです。

こうして、サビーナは強い生命力で「強い者の国」アメリカを選びますが、サビーナの誘いを断ってテレーザの後を追ったトマシュは、その時点ですでに死を選んでいたということです。

田舎でのトマシュは、脳外科医でもなく、ガラス拭きでもなく、畑仕事に明け暮れています。肩の脱臼《だっきゅう》を治してやった農民がテレーザのことをこの上なく美しいと言います。みんなで車を駆ってダンスに行ったとき、その男とダンスに興じるテレーザを見て、トマシュはプラハのときと同じようにもう一度嫉妬します。

翌朝、帰宅の途上、テレーザから「なにを考えているの？」と聞かれて、彼は「僕がどんなにしあわせか」と答えます。それを最後に画面は白濁して、二人の人生が終わったことが分かります。

あのトマシュが、この言葉を皮肉なしで言うなんて、考えられないことです。たしかに二人は死ぬ前の夜、愛に満ちてしあわせでした。しかし当局から睨《にら》まれ、監視され、自由のないこの牧歌的な田園は、あれほど自由を愛したトマシュにとって、まさに美しい牢獄にも等しかったはずです。彼らが明るくしあわせそうだったのは、覚悟がそうさせていたということです。メスを奪われた有能な脳外科医とカメラを奪われてつぼみのまま未来を閉ざされた鋭い感性の写真家が、老後ならいざ知らず、なすこともなく田園に閉じ込められていることを考えれば、これは偽装された幽閉以外の何物でもありません。

二人の事故死はブレーキの故障が原因だったと説明されていますが、見ているほうはなにか思い当たるふしがあります。

まず、トマシュたちが田舎へ引っ越したときに彼らの面倒を見てくれた元患者が「奴らの手からは絶対に逃れられない」と言っていたことが思い出されます。しかも昨日まで大丈夫だったブレーキがなぜ……もしかしたら……と考えざるをえないわけです。当局の長い手がこの牧歌的で平和そのものに見える田舎にもしっかりと伸びていたということです。トマシュの論文事件にしろ、後述するテレーザの写真没収事件にしろ、その結果、二人が当局の手にかかって死んでも少しも不思議はないからです。

〈事故死〉のちょっと前に、愛犬カレニンの癌が発見されて、二人は苦痛を避けるために安楽死をさせます。犬の安楽死の準備をしているとき、トマシュが注射器をとるために机の引き出しを開けるとサビーナの写真があって、それをジーッと見つめるシーンがあります。まるで見納めみたいでした。そして映画の最後でトマシュたちの〈事故死〉を知らされたときはじめて、見ている側は、犬の安楽死はじつはトマシュたちのことを予告していたんじゃないか、すなわち、犬のように彼らもまた束の間の田園生活の「しあわせ」で苦悩を麻痺させられた後、当局の手にかかって殺される、その伏線だったんじゃないかということに思い当たるわけです。

依存により支配し、支配により依存する関係

ところで、愛犬カレニンの死は、トマシュとテレーザ二人の関係にとってもまた象徴的な出来事でした。

この犬は、二人が結婚式をすませた後すぐ「しあわせのお守りに」と酒場でもらってきた犬で、メスだけどオスのような顔をしているということでテレーザの愛読書『アンナ・カレーニナ』からアンナの夫の名前をとってカレニンと名づけられました。この犬は二人が結婚して以来ずっと一緒で、テレーザは家出するときも一緒に連れていったくらいで、二人の関係と深く関わっていることが分かります。

カレニンの安楽死を待っている間、涙を流しながら犬を慰めていたテレーザは「もしかしたら私は、あなたよりこの犬のほうを愛していたかもしれない」と言います。その理由を「愛し方がもっと自然なの。嫉妬もしないし、なにも注文しないし、別にお返しも求めない」と。

テレーザは夫の浮気で苦しみ続けました。夫は決して彼女のものにはなりませんでした。愛してくれていると分かっていても、いつも彼女の手をすり抜けてよその女のところへ行ってしまいます。彼女が全身で彼のほうを向いているというのに、彼の視野には彼女の他にもいろいろなものが映っていて、彼女にはそれが我慢できませんでした。彼の自由は、彼女には苦痛と

なって跳ね返ってきていたからです。

そんな結婚生活の中で、愛犬カレニンだけが彼女を裏切ることなく、いつも彼女のほうをしっかりと向いていてくれました。テレーザがカレニンを愛したのは、彼女の愛に応えて全身で彼女のほうを向いていてくれたからです。しかし、だからといってテレーザもまた、全身でこの犬に向いていたわけではありません。それでもカレニンは犬ですから、嫉妬しても文句は言いません。だからこそテレーザは救われていたのですが、もし犬が文句を言ったら、そのときはじめてテレーザは、自分が犬に対してとっている態度はトマシュが自分に対してとっている態度と同じだということに気づくはずです。そのときトマシュの気持ちが理解できたでしょう。

そのことをもう少し言うと、こういうことです。

テレーザがトマシュを頼って田舎から出てきたとき、トマシュが彼女に対して抱いた気持ちは、ちょうど酒場で犬をもらったとき、テレーザが犬に対して抱いた気持ちと非常によく似ていたということです。トマシュがプラハに出てきたテレーザを腕に抱いたとき、それは捨て犬を拾ったときと同じ気持ちだったということです。実際、テレーザはおサルさんのように彼に絡みついて離れませんでしたし、眠っているときも、朝まで彼の手を握って離しませんでした。彼は彼なりに自分だけを頼りにしている弱い立場のテレーザを哀れに思い、いとおしみ、可愛がり、護ってやることに懸命でした。これを愛という言葉で表現してもいいでしょう。

しかし、護ってやっている人間は相手の命を預かっているということであり、相手の命の支配者だとも言えるわけですから、それは対等な関係ではありません。しかし、視点を変えると、相手を支配している自分は、相手を支配することで逆に相手に依存していることもあります。

したがって支配している人は、相手が自分と対等になり出したとき、まず相手に裏切られたように感じて、怒りに駆られ、嫉妬します。それは相手の支配をやめたくない、相手をいつまでも支配していたい、いつまでも相手に依存していたいということです。相手を護っていて強そうに見える人間が、じつはそうすることで弱い自我のよりどころにしているとも言えます。

トマシュのそういう部分が、サビーナといたときには出てこなかったのに、テレーザということで引き出されたと言ってもいいでしょう。だから彼のテレーザとの出会いが彼の死に方をも暗示していたということです。最後に二人が泊まった部屋の部屋番号が、二人が出会ったときに彼が使った部屋のそれと同じということも象徴的です。

こうしてみると、二人の出会いが運命的だったことが分かります。二人の出会いが二人を死に導くものを誘発させたということです。

それは私に言わせれば、自立しきれなくて苦しんでいたテレーザの依存であり、その依存を引き受けたトマシュの依存と支配の問題だと言えます。愛と支配と依存の構造とは、トマシュはテレーザを、テレーザは犬のカレニンをと、それぞれ順番に上下関係をなしていたということです。そして相手を支配することで相手に依存するということが、このような政治情勢のもとでは、お互いを死に導く結果になったということです。

それを象徴するかのように、トマシュはテレーザのいる「弱い者の国」チェコに帰り、一方、人に対して支配もしないし依存もしないサビーナはさっさと「強い者の国」アメリカへ去りました。映画のはじめのほうでサビーナは「私は場所にもものにも人間にも執着しないの」と言っていましたが、サビーナのほうがトマシュより生命力が強くて、はるかに自立していたことが分かります。

トマシュはサビーナといるときは自立した自分を出してきますが、テレーザといるときは〈弱い自分〉を出してきました。女を護るのが男の役目だという〈男らしさ〉の神話に縛られた〈弱い自分〉です。テレーザが独りでジュネーブを去ったとき、彼女はそれを彼に要求していなかったことから、むしろ彼がその役割に依存していたと言ったほうがいいでしょう。

トマシュが田舎で静かに品行方正に暮らしているので、テレーザはこれまで長く続いた嫉妬の苦悩から解放されて、いっときその平安を楽しんでいるふうです。愛犬の死のかげりもあまり見られません。かえって元気になったふしさえあります。言ってみれば、この犬は彼女を嫉妬の苦しみから解放してくれる安全弁のようなものでしたから、その犬の死は、もうその安全弁が不要になったということです。それはトマシュが浮気をしない、トマシュに自由がない、彼の死が迫っている、ということをも暗示しています。ここにもまた愛犬カレニンの死の意味があります。

嫉妬の度合いは力関係によって決まる

トマシュにとっては、テレーザが彼に依存してくれることが必要だったように、数知れない女との浮気もまた、彼という人間のエッセンスをつくるのに必要な要素だったわけです。映画のはじめで「たくさんの女と寝るのは、快楽のため？　それとも女の秘密を知りたいから？　ベッドでの語らいを知りたいの？　それとも笑い方、あるいは女性のうめき声や悲鳴を聞きたいの？」と聞くサビーナに答えて、トマシュは「些細《ささい》なことが知りたい。すごく小さなことで、ささやかであってもその女の際だった特徴が知りたい」と言っています。

サビーナが「それなら私の特徴は？」と聞くと、彼は「君の帽子」と答えます。帽子のことは先に説明しました。ここには男がよく口にするような浮気の理由とはちょっとちがったアングルがあります。善し悪しの問題は別にして、トマシュはそういう世界の知り方をしていたということです。

トマシュが犬の安楽死の直前にサビーナの写真を眺める目つきは、人生への断念そのものでした。彼にとって、サビーナはまさに自由の象徴だったからです。しかし、その自由を剝奪され、田舎に引っ込んで得意な仕事にもつけず、女遊びからも疎外された彼は、生きながら死んでいるのと同じです。

自由がなければ「しあわせ」は退屈にしかすぎません。それは死にも等しいものです。いま浮気一つしない彼は、それゆえに妻と妻と一緒に踊る男に嫉妬するようになっていきます。それは彼の命が彼女の命より相対的に弱くなっているということです。二回目の嫉妬は彼を結婚に誘いましたが、三回目のそれは死の前兆になります。そういった意味でも、この映画は嫉妬を技法としてとても巧みに扱っています。

男女関係では長らく、女のほうが男より嫉妬深いとされてきました。女の嫉妬深さは諺《ことわざ》や笑い話になったくらいですから、いわば当たり前みたいに思われてきましたが、これまで見てきたように嫉妬の度合いも二人の力関係によって決まるとすれば、女のほうが、男よりいつも命の力が弱くなるような状況に置かれてきたということになるのかもしれません。この場合、テレーザがいつも嫉妬に駆られていたということは、年中、弱い立場に置かれていたということになります。

生存の不安と表裏一体のテレーザの嫉妬

トマシュの浮気に悩み続けたテレーザは、その苦しみから解放されたいためにいろいろと体当たりで問題解決に挑みます。一つ目は嫉妬の問題、二つ目は夫トマシュが主張するように愛とセックスは別なのかどうかという問題です。

トマシュに連れられてはじめてサビーナを訪ねたテレーザは、ベッド・メイキングのすんでいない大きなベッドを目にしたとき、直感的に彼とサビーナの関係を感じとり、その夜、悪夢にうなされておびえて泣きます。

「あなたはあの大きなベッドでサビーナと愛し合っていた。壁際に私を立たせて、動くなといった。いやでも見てろ、と。私は苦痛に耐えるために、針を爪の下に突き刺した。とても痛かった」

トマシュやサビーナの嫉妬は、一見、意識の表層をかすめる、誇り高く、突き放した感じのものですが、テレーザの嫉妬は、彼女の立っている基盤そのものを揺るがすような激しいものです。

それは、彼女の生活にも仕事にもなに一つ自分のものだと言えるものがまだないことと無関係ではありません。彼女には、トマシュに捨てられたらその日から路頭に迷うという不安があります。その状況では、彼に愛されているかどうかが彼女の生存そのものを左右します。その意味ではテレーザは赤ん坊と同じです。悪夢にうなされた夜、トマシュは子守歌を歌ってテレーザを寝かしつけます。生存の不安と表裏一体だからこそ、彼女の嫉妬はあんなにも激しいのでしょう。その証拠に、仕事が見つかり自立し出したとき、逆に彼女はトマシュを嫉妬させることもできたわけです。

サビーナに助けてもらって写真家としての鋭い感性も認められ、雑誌に作品が載るようになると、テレーザは明るく躍動的になり、トマシュと結婚もして、いっとき運命も上向きになったように見えましたが、ソ連軍の侵攻で、プロとしての自立が難しくなります。

テレーザはソ連軍のプラハ侵攻の決定的瞬間を必死でカメラに収め、その非道を外国に訴えようとしましたが、外国人に預けたフィルムが当局に没収され、彼女の意図とは別に写真は反政府分子の摘発に利用されたりします。もしこの写真が外国の報道関係者の手に渡っていたら、テレーザは写真家としてプロになれるチャンスを得られたかもしれませんが、政治の激変で彼女の才能の芽も摘まれ、ダメになります。政府からは要注意人物として睨まれることにもなります。

しかも、避難先のスイスで会った雑誌社の編集者からは、動乱の写真はすでに時期遅れで使いものにならない、サボテンとかヌードの写真を撮るように、と言われます。屈辱を感じるテレーザですが、仕事欲しさから思い切ってサビーナに「ヌードを撮らせてほしい」と助けを求めます。

サビーナは、かつてテレーザに写真の仕事を世話してくれたように、友人としてはこれほど頼りがいのある、しかも魅力的な人物はいないわけですが、スイスでもやはりトマシュと逢い引きを重ねていて、それに気づいているテレーザは複雑な思いのままカメラを持って彼女を訪れます。

かつてテレーザは、浮気をして夜中に帰ってきた夫に苦し紛れにこう頼んだことがあります。

「他の女を抱くとき私を連れていって。私が女の服を脱がせたいの。私が女を風呂に入れて準備をさせるわ。言うとおりにしてあげる。二人で女のからだをオモチャにしましょう」と。

ここには嫉妬の苦しみがにじみ出ています。むかしは日本の妻も夫の愛人の管理までさせられていたことを考え合わせてみれば、テレーザがどういう思いでそう言ったのか分からないわけではありません。

テレーザが考えていたことは、自分を苦しめている嫉妬の対象をモノにすること、すなわち夫と一緒に相手をオモチャにして遊んでしまえば、嫉妬しないですむのではないかということです。言葉を換えれば、夫と同じ目線に立って相手の女を見下してしまえば楽になるにちがいない、そう考えたのです。相手の女と同じく可愛がられる側に自分を置くからつらいのであって、置き屋の女将《おかみ》のように男の側に自分の身を置いて、自分の選んだ相手を夫にあてがえば、嫉妬など感じなくてすむと。

そう思っていたテレーザにとって、サビーナのヌード写真を撮ることは、間接的にであれ、まさにその願望を果たす絶好のチャンスでもあったわけです。

〈見られる側〉から〈見る側〉へ

なにかを写すという行為は、対象から冷静な距離をとって相手をモノの次元に落とすことです。それは、いわば被写体を牛耳《ぎゅうじ》れる瞬間のことです。たとえば撮影者が対象を無視した報道のための写真しか念頭にない場合、その行為と結果は「死者を写すことは二度殺すこと」[*1]という批判を浴びざるをえないほどに、残酷で人道にもとることにもなりかねないということです。ですから、この場合のテレーザは、どちらかと言うとそういう立場に自分を置きたかったのではないかと思います。

そういうテレーザですから、嫉妬に駆られてナイフを隠し持っていてもおかしくありませんし、またそういうテレーザのカメラは、ナイフより非情に相手をえぐり出す武器になったかもしれません。しかし、サビーナはあっさりと惜しげもなく服を脱いで、無防備な自分をテレーザのカメラの前にさらけ出します。まるでなにか覚悟でもしているかのように、とても考え深げに見えます。

テレーザは、トマシュと同じ視線になろうとして〈見る側〉に徹していくうちに、サビーナに心を動かされていきます。一つには、サビーナの美しさに心を打たれて感動したからですが、その美しさは、彼女の心の大きさと気持ちの深さ、またどこか一つ突き抜けたところにある寛大さから生まれたものです。

裸になってしばらくは頼りなげな表情を見せていたサビーナですが、そのうちに夢中でシャッターを切るテレーザをじっと観察し出します。サビーナがカーテンを引きながらテレーザを見ていると、彼女のレンズがサビーナの下半身をとらえていることが分かります。テレーザはカメラの背後に隠れて、サビーナのごくプライベートな部分を撮影していたわけです。アングルを調整するためにカメラから目を離したテレーザの目には涙が溢れていました。一瞬、二人の視線が出会います。サビーナはテレーザがなにを思いながら自分の下半身を撮っていたのか、その気持ちが痛いほどよく分かったはずです。サビーナはテレーザに微笑みかけます。

夫の秘密を盗み見ることである種の緊張から解放され、同時にそれを許したサビーナの寛大さ、理解の大きさを目の前にして、テレーザは自分のこだわりが恥ずかしくもなったでしょうし、また、なぜトマシュがサビーナに魅せられたのか、その気持ちもよく分かったはずです。夫の愛している女が、やはりその愛に値する素晴らしい人間だと分かったとき、その気持ちは悲しさを通り越して、えも言われぬ空しさと哀しさに変わったかもしれません。これまでの嫉妬や怒りがバカみたいに思えたとしても不思議はありません。

そして今度はサビーナがカメラを奪ってテレーザを写し始めます。サビーナもはじめのうちはテレーザをトマシュの目で見ます。テレーザに馬乗りになって、むっちりしたお尻から下着を脱がせるとき、その手の動きを見てください。それは明らかにトマシュの感触を追体験している手であり、その手の動きは彼女の心のそういう動きを表しています。

さっきテレーザが夫の視線に自分を重ね、夫とグルになってサビーナを犯そうともくろんだにもかかわらず、失敗して、反対に相手に感動させられてしまったのと同じように、サビーナもまた、自分が愛する男の視線でテレーザを見ているうちに、次第に彼女の姿に感動していきます。お互いに被写体になり合いながら、レンズの力を借りて、だんだん女と女を分け隔てていた男の視線を乗り越えて、自分の目で相手を見始めたからです。そのとき、それまでの緊張が解けて、突然、二人は暖炉の前で顔を見合わせて弾けるように笑い転げます。

もし、トマシュを仲立ちにしないで出会っていたら、二人はもっと早く最高の親友になりえたかもしれません。ここでは、女と女を隔てているものが男だということがよく分かります。しかも、その壁を壊しながら出会っていった二人の女の心の動きが、心憎いまでに見事に描かれています。

またこうして秘密と敵意が消えて女同士が出会ってしまえばなんでもないことなのに、これまで秘密めかしてテレーザを苦しめてきたトマシュは、なにか人を操ってきたようで、テレーザにとって、腹立たしい存在、罰してやりたい存在、突き放せる存在、どうでもよい存在になっていきます。

しかも自分もまたサビーナの魅力にまいってしまったとき、テレーザは嫉妬や敵対心を越えてもっと大きな感情に解放されていったのではないかと思います。彼女は、もう以前のようにトマシュを責める元気がなくなります。

サビーナが、テレーザの嫉妬をつまらないものに思わせる素晴らしい存在として立ち現われたとき、テレーザは自分が夫にもこの女にも太刀打ちできないということがよく分かったはずです。それは、男と女の関係として見れば、完全にテレーザの敗北でした。人間として負けたのです。

テレーザには、もうトマシュをめぐってサビーナと張り合う気などありません。それより、サビーナに比べて自分がスケールの小さい人間であること、彼女の魅力と寛大さの前で自分が小さく見えたこと、仕事もなく自立していないことなど、いま抱えている問題のほうがより大きく前面に現われてきて、絶望し、不安に駆られていったのだと思います。

テレーザはサビーナに負けたけれども、それは納得のいくものでした。だからこそ、テレーザはトマシュのもとを去ることができたのです。テレーザは「弱い者の国に戻ります」と書き置きして、一人列車に乗ります。侵略され、占領されるような祖国であるからこそ、人生に負けて苦しんでいるテレーザにはいちばん安らげる場所ということなのでしょうが、わざわざ自由のない国へ帰るのですから、それは死を予感したのと同じことです。しかし、プラハに帰るために一人で駅に向かう彼女の表情は意外に明るいものでした。

列車の中では官憲に、彼女の自立のシンボルであるカメラを取り上げられてしまいます。彼女がカメラを取り上げられたのと同じように、後を追ったトマシュもまたパスポートを取り上げられてしまいます。こうして二人は、魅入られたように黄泉《よみ》の国へと旅立つことになるわけです。

「女らしさ」の神話が壊れたとき

テレーザが抱えていた二つ目の問題は「愛とセックスは別なのかどうか」ということでした。テレーザはトマシュと出会ってから、彼の浮気に苦しみ続けます。トマシュはスイスからテレーザの後を追ってプラハに帰ってきた後も、ガラス拭きをしながらでも、相変わらず女遊びをやめません。

テレーザはトマシュが主張する「愛とセックスは別だ」という考え方がどうしてもよく分かりません。テレーザにとっては、愛のないセックスなど考えられないから、トマシュの浮気は自分に対する関心がなくなったせいだと考えて、それで苦しいわけです。

彼女はある夜トマシュに、自分も「愛なしでセックスができるかどうか試してみたい」と言います。いったん決めるといつも体当たりで行動していく彼女ですから、今回もたまたまウエイトレスをしている店で知り合った「技師」と称する男に誘われるまま彼を訪ねます。

男のアパートで長椅子に横になったテレーザは、まるで手術を待つ患者のように緊張して両手のこぶしをからだの脇で固く握りしめています。目も開きっぱなしで、これから起こることをつぶさに記憶しようとでもいった気構えがうかがえます。それにもかかわらず、テレーザは男の動きに反応し興奮してきます。最後には、握っていたはずのこぶしを開いて、両腕で相手の男を必死で抱擁している自分に気づきます。

女は愛なしでセックスできないものだと思い込まされていたテレーザは、それが嘘だと分かって、ショックで泣き出してしまいます。そこには感じさせられてしまったという屈辱感もあるでしょう。自分がおかしいのではないかという疑念もあるでしょう。トマシュに対する罪の意識もあるでしょう。そしてなによりも、これまで絶対視してきたセックス観がくつがえされてしまったわけですから、テレーザにとってこれほどショックなことはないわけです。

これまで社会的に力のあった男たちは、自分たちの作ったセックスの神話を女にも男にも押しつけてきました。それは〝男は自立の性、女は関係の性〟ということでした。

女は男とちがって欲望なんかない。男を愛し、男に愛される関係があれば、女はセックスがなくても満足するものだ。また愛のないセックスは女にはできないのだ。女は男に愛されてはじめてセックスにめざめるもので、したがって女は男に愛されてはじめて快感も得られるんだ。一方、男の欲望は心から自立している。だから愛がなくてもセックスできるし、同時に何人もの女を相手にもできる。また、できた精子は放出しないと体に悪いから男の浮気は当然だ、みたいな男に都合のいい神話をいろいろ作ってばらまいて、男の性の自由を正当化してきました。

男も女もそれを鵜呑みにしてきたので、結果として自分の中にいろいろな問題や矛盾を抱え込んでも、社会の言うことのほうが正しいのかもしれない、と自分の気持ちを否定して世間に従う人が大部分でした。

テレーザは苦しさのあまり、そういった神話を彼女なりに体当たりで壊した結果、浮気する男の現実を身をもって知ってしまったのです。それまで女らしさの神話に邪魔されて目がくもっていたけれど、女も男とまったく同じことができるのだという、その可能性を知ってしまいます。それはテレーザにとっては、まさに天地がひっくり返るような出来事だったはずです。しかも浮気の相手は政府の回し者だったかもしれないと元大使に注意され、テレーザはまたショックを受けます。

存在の軽さとは？

テレーザが一人で川べりに立っていたとき、白いベンチが川を流れてきました。英語では、ベンチは長椅子の意味の他に裁判官とか法廷といった意味があります。すなわち、ベンチが社会規範であり人がよって立つもののシンボルだとすれば、それがひっくり返って流れてくるということは、テレーザがこの混乱の中で生きる支柱をなくしたということになります。

テレーザがいまにも川の中へ倒れ込みそうな様子のとき、捜しに来たトマシュの手で支えられます。

テレーザとトマシュは、本来ならここで新たに出会うことになるはずです。出会い直した二人の関係がこれからどうなっていくのか、それは現代の女と男の関係にそのまま通じる問題のはずですが、ここではそれは未解決のまま政治問題にすり替えられることになります。二人は当局の監視からより遠く離れるために、牧歌的な田園生活に逃げることになって、これで女と男の問題に関する話は時間切れで終わります。

これがこの映画に対する私の不満の二つ目です。時代設定からしても、この続きはつぎの世代が生きて見せる問題になっているということでしょうか。

さて、この映画のタイトルの「存在の耐えられない軽さ」とは、なんなのか。

ひと言で言うのは難しい気がします。ソ連軍が介入して自由のなくなったチェコという国での人間存在の軽さということもあれば、その状況の中で生きるトマシュが、人生の重さを軽《けい》妙洒脱《みようしやだつ》に生きる、その軽さのスタイルということもあるでしょう。

男女関係ということで言えば、女にとっては、男の存在そのものがどうしようもなく重いものだということが言えると思います。それはちょうどソ連軍がプラハに侵攻したのと同じように、男社会というシステムは女に対していつも戦車で侵攻しているようなものですから、その重さというのは、女にとっては大変なものです。

テレーザから見れば、トマシュは軽く見えるのでしょう。でもトマシュは最後まで当局に屈しなかったから殺されるわけで、彼にすれば人生は重かったはずです。そういう彼から見れば、ソ連やチェコ当局の人命の扱い方の「軽さ」ということになるのでしょう。

9章注釈

＊1　【「死者を写すことは二度殺すこと」】映画「愛の瞬間《とき》」（レア・プール監督、一九八八年、カナダ・スイス）より。

第十章

自分を偽ることをやめたとき

「私の中のもうひとりの私（ANOTHER WOMAN）」

私の中のもうひとりの私（ANOTHER WOMAN）

〔物語〕大学で哲学を教えるマリオン（ジーナ・ローランズ）は、離婚経験はあるものの、現在は医師の夫（イアン・ホルム）と公私ともに安定した生活を送っている。本を書くために借りた部屋にいるマリオンの耳に、排気ダクトを通じて隣の精神分析クリニックに通院してくる女性患者の話し声が聞こえてくる。マリオンは次第に、セラピーを受けている患者の妊婦（ミア・ファロー）の話に引き込まれていく。

それと呼応するように、マリオンに自分の人生を疑わせるような出来事がつぎつぎに起こる。その結果、父親（ジョン・ハウスマン）のお気に入りの娘であった彼女は、かつて父の側に立って弟（ハリス・ユーリン）の人生を批判して弟を傷つけたことを知り、また学生時代の友だち（サンディ・デニス）から恋人を奪ったことや、ほんとうに愛していたラリー（ジーン・ハックマン）の求愛にも背を向けていたことなどが次第に明らかになる。これまでは成功したと思っていた彼女の人生の、自分で見ないようにしてきた暗い部分が徐々に見えてくる。

マリオンはクリニックの患者の妊婦と町で出会い、一緒に食事をする。そのときに偶然、夫の浮気現場を見て、それがきっかけで離婚する。妊婦は治療を終えて町を出ていく。マリオンは、ラリーがプレゼントしてくれた本を読み、その中に描かれている自分のほんとうの姿を発見し、これからは嘘のない人生を送ろうと決心するのだった。

製作……ロバート・グリーンハット
監督・脚本……ウディ・アレン
撮影……スヴェン・ニクヴィスト
編集……スーザン・E・モース
出演……ジーナ・ローランズ
ミア・ファロー
イアン・ホルム
ジーン・ハックマン
ジョン・ハウスマン
ブライス・ダナー
ハリス・ユーリン、ほか

一九八九年　アメリカ　八〇分
DVD（廃盤）
（＊二〇二三年三月現在）

★ウディ・アレンが、五十歳になった女性の心理をサスペンスタッチで、ミア・ファロー演じる妊婦と対比させながら描く。ベルイマンの「野いちご」「仮面／ペルソナ」を思わせる、人間の内面を見つめた作品。

「私の中のもうひとりの私」に気づくとき

マリオンは、女子大の哲学科の教授で、学部長です。大学から一年間のサバティカル（長期休暇）をもらって本を書こうとしています。五十歳になったマリオンは、私生活もキャリアも合格点で特別問題はないと言っているのですが、じつは最近、夫が自分と寝ようとしないことを気にしています。

「この頃どうして私と寝てくれないの？」と問い詰めるマリオンに対して、夫は「夫婦には倦《けん》怠《たい》期《き》があるんだ」と逃げますが、マリオンはその嘘にはだまされません。

毎夜、二人はダブルベッドで寝ているわけです。かつては激しくお互いを求めたベッドなのに、いまはその同じベッドで〝ゴソゴソしたり、ブツブツ言わないでくれ〟などと亭主から文句をつけられながら寝ているわけです。肩の触れ合う距離にいながら相手からなんの優しさも期待できない状況は、まさに地獄の苦しみです。

なまじ好きな人がそばにいれば、いろいろと相手に期待するものです。期待して満たされなければ寂しくなって、あれしてくれない、これしてくれない、構ってくれない、愛してくれないと、だんだんもの欲しげになっていきます。

マリオンは五十歳にして離婚を決意するわけですが、結婚生活がうまくいかなくなったからといって相手に合わせて自分を変えようとか、もう少し相手に優しくしてあげようとか、黒いネグリジェを着たらどうかとか、とにかく自分がいたらなかったのだからもう一度努力してやり直してみようといった、小手先で相手におもねる気持ちはありません。きっぱりと離婚を決意するわけです。

夫に愛想を尽かしたらすぐ離婚というところが、ちょっと日本の女性とはちがうかもしれませんね。専業主婦だったら、ああはいきません。あれができるのは、一つには経済力、生活力があるからだと思います。それと大事なことは、人間としての誇りを失っていないということです。

ふつうは〝金の切れ目が、縁の切れ目〟と言いますが、もし世間で言うように結婚の基盤が愛だというんなら、エロスの切れ目が縁の切れ目、このほうが純粋ですよね。

マリオンも離婚を決意するまでは苦しみますが、さすがは哲学の教授、悩み始めたら自分の問題は自分で解決していきました。それは彼女が知的職業訓練を受けていたことと関係あるのかどうか分かりませんが、ふつうは自分一人であんなに短い期間に解決できません。〝私がいたらないからなのか〟とか〝私がもう少し……していれば〟とか〝あの人はああ言った、この人はこう言った〟とか、何年も悩みに悩んでそのうちにスタミナがなくなって、ついには〝私が我慢すればいいんだから……〟とあきらめてしまうのが常道です。

ところがマリオンは五十歳ですが、いったん自分の生き方に疑問を持ち始めたらとても行動的になって、知らない妊婦の後を追っかけたり弟に会いに行ったり、その自己改革のパワーは見事でした。しかも自分が直接セラピーを受けるのではなくて、本を書くために借りたワンルーム・マンションのお隣のクリニックから聞こえてくる妊婦の嘆きを聞いて、それを足がかりに〝人のふりみてわがふり直せ〟とばかり、自分で自分を分析していくのです。

マリオンは「その声があまりに苦痛に満ちていたのでつい耳をかたむけた」と言っていますが、それはそっくりそのまま彼女自身の奥深くからにじみ出てくる孤独と苦痛のつぶやきだったということがだんだん分かってきます。「嘘ばっかりの生活で、嘘があまりにも多く、自分の一部になってしまって、自分で自分がもう誰か分からなくなってしまいました」。「結婚生活に不安を感じるんです。正しい結婚だったのかどうか」。

マリオンはこの妊婦の悩みの実態が「自己欺瞞《じこぎまん》」にあることを見抜きます。しかもそれがマリオン自身の悩みの根源であることをも見抜いていきます。この妊婦はマリオンの分身、言ってみればこの映画のタイトル「私の中のもうひとりの私」だということです。

こうして主婦であろうと大学教授であろうと、自分に嘘をついて生きている限り、人間としてはみんな同じように不幸なんだ、というメッセージがまず私たちの目に飛び込んできます。

いまマリオンは、結婚が自分の不安の原因であり、それが長い間自分で自分に嘘をついてきた結果らしいということまで理解し始めたわけです。

それならマリオンはどんなふうに自分を偽って生きてきたのか、彼女の結婚を通してそれを見てみましょう。

仮面ごしの最初の結婚

マリオンは、二度結婚しました。一度目の結婚相手は大学教授でした。

彼女にとってはじめての結婚がなんだったのか、その内実がじつによく分かる印象的なシーンがあります。彼女が彼の誕生日に白い仮面をプレゼントする場面です。夫は机の前に座っていて、隣の部屋にいるマリオンに向かって「愛しているよ」と言います。彼女も愛の言葉を返しながらプレゼントを渡して「論文読んだわ。素晴らしかったわ」と、夫の学問的業績を誉めます。それから夫が誕生日のプレゼントの箱を開けて、中の仮面を取り出して喜ぶと、マリオンはそれを手にとって自分で被ってみせます。彼は仮面ごしに彼女にキスをします。ということは、象徴的に言えば、彼女の結婚、すなわち、夫との付き合いは、仮面ごしだったということになります。

なぜそういうことになったのかといえば、マリオンは優秀な学生として優秀な教授に憧れていました。彼女としては、憧れの教授と同じくらい偉くなりたい、彼の知の構造を知り尽くしたい。その憧れが恋になり、彼は彼で彼女の熱意にほだされ、ついに結婚にいたったということです。このようなケースは実在しますし、分からないわけではありません。

マリオンは結婚を通して彼からいろんなものを吸収してどんどん成長していきました。しかし、夫が彼女から論文を誉められたとき、「いやあ、君のほうがもっとオリジナリティがあって素晴らしいよ」と言っているところを見ると、もうその時点ですでに彼女が彼を凌駕《りょうが》しているることがはっきり見てとれます。

彼がマリオンと結婚したのは「彼女の称賛に負けたからだ」と述懐していました。彼女との不和の原因については、年齢差のせいだとも言っていました。結局、愛されたというより学問上の業績の優秀さに惚れられた彼は、彼女が学者として一人立ちできるようになったとき、もう彼女からは必要とされない存在になっていたわけです。

彼は言っています、「教え子というものは、教師から吸い尽くした後、もうもらうのを窒息と感じるくらい苦しくなるものだ」と。これが、称賛はしても愛がない学生との関係から生まれた教授の側の悲劇ということになります。彼女は吸血鬼みたいなものです。彼女にとって、この結婚は学問的成長のためのワンステップにしかすぎなかったということです。これが仮面ごしの結婚の実態です。

こういう実態を見ると、ヒドイと言って女性でさえマリオンのほうを責めますが、でもこれまで男のキャリアのために捨てられた女、すなわちこの夫の女性版がたくさんありました。アメリカでは日常茶飯事でした。

たとえば大学院に行っている夫を支えるために女のほうが学問をやめて働き、子どもの面倒を見ながら夫を養う。夫が学位をとったら今度こそ自分が大学院に行く番だと思っているのに、夫のほうは大学院を出ていい職が見つかって広い世界に入ったとたん、もっと若くて知的で美人で、しかもリッチな家族を背景に持つ女性を見つけて、自分に尽くしてくれた妻を子どももとも捨てるといったパターンです。これには、女は泣きました。女は尽くすものだという考えがあるから、こういった女の不幸は後を絶ちませんでした。女性解放運動はこういった女性の不幸をなくすことからも始まったのです。

世間体と計算による二度目の結婚

はじめの結婚が相手にというより相手の学問に惚れた仮面ごしの結婚だとすれば、二度目の心臓学の権威との結婚は、これこそまさに世間体と計算による賢い結婚だったと言えます。二人の結婚に純粋なものは感じません。少なくとも祝福された感じはしませんでした。彼女に横恋慕していた作家のラリーは「あいつは心の冷たいイヤな男だ」と忠告しましたし、それだけでなく、パーティの席に夫の元の妻がやってきて、彼の男としての狡《ずる》さ、卑怯さを暴きます。そんなこんなで決して祝福された結婚ではないことが分かります。

マリオンは作家ラリーと婚約者の元の妻の批判と怒りを無視しますが、それが彼女の結婚の失敗と深くつながっていることが後で分かります。

マリオンが夫のことを「セクシーだし」と言うと、ラリーは鼻で笑いましたが、彼女が夫の浮気を知って離婚を決意したのを見ても、少なくとも彼女は彼に性的な魅力を感じていたことは確かです。しかし、単にアメリカというカップル社会のプレッシャーや性的魅力で結婚するのなら、あんなに熱烈に言い寄るラリーのほうが何倍も魅力があったはずです。けれども彼女がラリーを選ばなかったのは、一度目の結婚で夫を選んだときと同じ価値観がはたらいていたからではないかと思います。彼女は彼のことを「医者としても超一流だし、教養があり、誇りを知っているし、一緒にいると楽しいわ……」と説明します。つまり自分のハートに忠実というより、理性に忠実な相手選びだったということです。

マリオンは最初の結婚で元の夫からたくさん学んで、学者として一人立ちしました。いま彼女自身がすでに権威になっています。マリオンは大学教授で学部長ですから、養われるという経済的屈辱からは自由な結婚ができるわけですが、結局彼女が選んだ相手は、彼女のハートを満たす人というより、彼女の社会的権威に釣り合う人になりました。

最初の夫はおそらく彼女より三十歳近く年上だったようです。彼は離婚で相当まいったらしく、ホテルの一人暮らしでお酒を飲んで睡眠薬を飲んで窒息死したような人ですが、二度目の夫は社会的地位があるばかりでなく、そういった弱さのない人です。心臓学の権威でアメリカでも一、二ということがしきりに強調されていました。そうなればたしかに大学の学部長である彼女とは社会的にはとても釣り合います。

パーティに行っても、お互いにお互いの自慢ができます。欧米の社会ではこんな快適なことはありません。〝いやァ、うちのはダメですよ〟なんて言わなくていいわけですから。欧米の男たちはみんな人前で誇らかに奥さん自慢をします。とりわけキャリア・ウーマンを妻に持つ夫は、妻をバックアップしている心の広い自立した男ということで、もっとも進んだ称賛に値する男ということになっています。

ですからマリオンの場合も、無意識であれ、意識的にであれ、やっぱり世間がこれまでやってきた、いわゆる計算ずくの賢い結婚をしたわけです。いくら魅力的でも、なんと口説かれようとも、小説家などという不安定な職業のラリーより、アメリカで有数の心臓学の権威とのほうが、はるかに世間体からいっても有利な結婚だったはずです。

「俗物」同士の結婚生活

では彼女の結婚相手はどういうものの考え方をする男だったかといえば、「君は床《ゆか》の上でセックスするタイプじゃないだろ」とマリオンに向かって言える男でした。そのとき彼女は「そうかしら」と言っていましたが、実際腹の中は煮えくり返っていたので、夢の中で「なんて人をバカにした言い方をするの」と怒っていました。たしかにそうです。自分のいちばん大事なはずの人をタイプで分けるんですから、なんとも失礼な話です。

これではタイプで結婚したことになります。好きだということは全人間的な関わり方をすることですから、それならいろいろな可能性があるわけで、いろいろやってみるのがほんとうでしょう。ですから「君はそのタイプじゃない」という言い方には、なにかその背後に自己正当化がひそんでいる感じがします。すなわち、すでに〝そのタイプ〟の女を見つけて浮気をしていることの言い訳なのです。

要するにマリオンの再婚相手は、妻に向かってそういうことを平気で言える男、ラリーに言わせれば「スノッブ」、すなわち「俗物」ということです。

ラリーは「君はほんとうは俺を愛しているのに」「俗物のところへ行く。君はあの俗物と同じたぐいの人間か」と彼女につめ寄りました。この時点でのマリオンは、たしかにこの夫と同じ「俗物」なのです。

ラリーはまた「俺の親友だから愛しているけれども、あいつは心の冷たいイヤな男だ」とも言っていました。でも同じ「俗物」の彼女にはそれが見抜けません。

そして私がなによりも驚いたのは、マリオンたちの婚約披露のパーティの席に夫の元の妻がやってきて「私の卵巣摘出手術のときに、モーテルで哲学教授（マリオン）と浮気していた」とばらしますが、マリオンはそのことでたいした動揺を示さなかったことです。同じ女ならそんなことをする男がイヤになるはずです。恋心も冷めるんじゃないですか。自分だっていつ同じような目にあわされるか分からないわけですから。それとも自分だけは特別だと思ったのでしょうか。

案の定そうなります。彼女は離婚間近になってそのことに気づきます。「そういえばあなたは前の奥さんにも私にしたのと同じことをしたのね」と。それだけではありません。そのパーティの席で彼がいかにヒドイ男か告発した先妻に対して、彼は「僕が君を傷つけたなら心から謝る。君の非難は甘んじて受ける」と心のこもらない、言葉だけバカ丁寧な謝り方をします。しかも「甘んじて受ける」などととても傲慢《ごうまん》な口ぶりです。マリオンがなぜ私を抱かなくなったのかと問い質《ただ》したときも、彼は元の妻に返したのと同じ言葉を彼女に返します。そこにはすまない気持ちなどひとかけらもにじみ出ていません。マリオンはそこではじめて彼の元の妻の立場が分かります。

大学教授である彼女の専門は哲学です。レストランで隣のテーブルに座っていたかつての教え子が「先生の講義のおかげで人生が変わりました」とお礼を言っていました。たしか彼女の講義のテーマは「人間の倫理と道徳的責任について」でした。彼女は研究者としてあるいは教師としては優れていたかもしれませんが、彼女が「倫理と道徳的責任」とやらをテーマに生きているとしたら、二度目の結婚はこのテーマに反しています。なぜなら、一人の女性を犠牲にして成立した結婚でありながら、彼女はそのことに痛痒《つうよう》を〈感じる〉ふうはなかったからです。のちに彼女は自分も同じ被害者になったという自覚は持ちますが、彼女の結婚が一人の女性の悲しみから生まれているという自覚はありません。

しかし彼女はこの男と別れることによって、少なくともこの課題を研究するにふさわしい人になったのだとも言えます。打算や世間体ではなくて、一人の人間をあるがままに見るというその力を、大きな犠牲を払ってやっとなんとか自分のものにしたという意味において、またいままで研究と自分の生き方とは別立てだったけれども、ここで研究と生き方とが一致し始めたという点において。

映画の始まりで、彼女はのっけからこう言っていました。「自分は私生活でもキャリアでも合格点。その先は考えない」。自分の問題には蓋《ふた》をしてきたというわけです。今回やっと彼女はその蓋を開け、自分の「自己欺瞞」から発する臭気と対決する勇気を持てたということです。それによって五十歳にして人生の折り返し地点を曲がり、新しい人生を生き始めることになります。

理性偏重の父親の価値観を生きる娘

それなら彼女はどんなふうに自分に嘘をついて生きてきたのでしょうか。

私たちはふつう〈感情〉という言葉を、あまりいい意味では使っていません。〝感情豊か〟という肯定的な言い方もありますが、〝あの人、感情的でいやーねえ〟といった否定的な使い方のほうが多いような気がします。それというのも〈感情〉は、いつも〈理性〉あるいは〈理知〉と対置されて、〈理知〉より一段低いものとされてきたせいです。これまでこの世の中では〈理性〉のほうが〈感情〉よりランクが上で、〈理性〉は男性に、〈感情〉は女性に、と振り分けられてきたきらいがあります。

それは、人間のさまざまな活動や仕事にもあてはめられている二元論です。たとえば子どもの将来の職業選択でも、国や親の力の入れようを見ていると、理工学、経済、経営関係といったものが重んじられ、文学や絵画、音楽といったものは、疎《うと》んじられています。親はそういったものに興味を示す子どもには、勉強しなさい、勉強しなさい、と尻をたたき、〝軌道修正〟させようとします。〝あなた、頭悪いんじゃないから、一所懸命やれば、できるのよ〟とか言って勉強させるわけです。自分はふつうの人なのに、子どもにはみんな秀才になってもらおうという親の魂胆《こんたん》は、虫がよすぎます。それで、一所懸命無理させて、子どもを伸びたゴムみたいにしてしまうわけです。

そういう意味で、マリオンは〈理性〉のほうが、〈感情〉よりも上に置かれた世代で育った人間です。この映画の舞台は一九八〇年代末で、マリオンは五十歳ですから、私とほぼ同世代、私自身マリオンと同じ価値観の、理知偏重の文化シンドロームの中で育てられました。そういう価値観は、マリオンの父親のような人が維持してきているわけです。

マリオンの父親は歴史学者で、知性、理性にとても価値を置いていて、感情の世界は弱い世界、「恥ずかしい」世界という価値観を持っています。これは、男社会がその根本としている価値観で、マリオンは、この父親の価値観、すなわち男社会が大事にしてきた価値観やメンタリティをそっくりそのまま学び、吸い取って、内面化して生きてきました。その意味で、マリオンのような人こそ私は〈父の娘〉（二四四ページ参照）と呼びます。

マリオンの弟は、学校の勉強が嫌いで、工作が好きで、自分でベンチャー・ビジネスをやりたがっている青年でした。すると案の定、父親は「おまえは勉強ができない。でもほんとうは頭が悪いんじゃない。努力しないから悪いんだ」と、息子のやりたいことには耳をかたむけないで、とにかく勉強させようとします。父親の人間を見る唯一の価値観は、成績がいいかどうかだけでした。

あげくの果てに、「姉さんは秀才で、奨学金ももらえる人だから、ブリンモア大学にやる。家に金がないから、おまえは伯父のボール紙工場へ働きに行け」と、ひどいことを言っていました。息子は頑固に父親に反抗していましたが、家族の誰からも援護されることがなく、父と姉の陰になって、特別したいことも見つけられずに、ただ年をとって中年になってしまったという感じです。気の毒に、踏んだり蹴ったりで、抑圧されたまま浮かび上がれなかったということです。

実際、その後、姉までが弟にひどいことを言います。彼が一生懸命書いた作文を読んで、「あなたはオーバーよ。感傷的すぎる。あなたの夢は客観的な人間の目からみると、薄っぺらで恥ずかしい」と批判します。だから弟は、自分は「恥ずかしい」弟なんだから、後ろに引っこんでいようと、姉を尊敬しながらも憎しみをつのらせていくわけです。

彼女の中には、〈主観〉よりも誰のなにを基準にしたのかよく分からない〈客観〉のほうを価値あるものとする価値観があるわけです。この「客観的な目」がいいことだという価値観は、やはりさっき見たような理性偏重から発想されています。感情の表現も、社会が決めた〈客観〉というルールや枠内でないと認められないということなのです。そういう彼女を、義理の娘である十六歳のローラは「よい、悪いを決めつけるタイプね。人を上から見下ろして評価するのよ。自分の弟にもそうだし」と言います。

マリオンは子どもの頃、時間さえあれば水彩画を描いていました。母親がリルケの詩を読んでもくれました。ですから、元来彼女は情操豊かなものの中で育ったのですが、成長して勉強ができるようになると、父親に厳しくしつけられて、父親の価値観を全部受け入れて、知力以外は価値のないものとして、抑圧することになります。父親が言います。「あの子は大物になる……つまらん絵を描くのが玉に瑕だが」と。こうして頭のいいことはなによりだ、学問業績を上げよう、そういう方向に行ったわけです。

この父親は自分の妻を愛していませんでした。父親は、マリオンの夢の中で「多くを求めすぎて愛情をおろそかにした。くだらぬ研究に没頭したりして……」と述懐します。彼は自分とは対照的ともいえる異質な女性を妻にしていましたが、異質ゆえに愛したのではなく、愛せなかったようです。「ほんとうに愛する人とは結婚しなかった」と、同じくマリオンの夢の中で、自分の欺瞞的な結婚を反省しています。

マリオンの母親はリルケの詩が好きでした。さらに母親は自然と音楽が好きでした。理知偏重の父親とまったく正反対です。母親が読んでいたリルケの詩集の「古代アポロのトルソー」のところに涙の跡がありました。父親は妻を自分の世界から切り捨てていたのです。庭があってそこに白いスカートをはいた母親がいましたが、顔が映りませんでした。父親や娘は何度も出てきたのに、母親は映っていません。彼女は、この家の中では〈顔のない女〉だったということです。

感じることは行動に結びつく

このように見てくると、おのずとこの映画の主題がなんなのか、はっきりしてきます。

私は、この映画は"feel"すなわち〈感じる〉ことの大事さを説いているのではないかと思います。

この映画には、三つのイメージが連続してパッパッパッと出てきました。

まず、檻《おり》の中でウロウロしている豹《ひょう》。白い仮面。クリムトの絵。その三つです。これらは何度も出てきますから、ウディ・アレンがあの三つのイメージを主題と関連づけていることは確かでしょう。

白い仮面は、ほんとうの自分をその後ろに追いやって生きてきたマリオンの自己欺瞞を表していました。それなら檻の中でウロウロしている豹は、いったいなんのシンボルなのか。

ラリーは自分の小説の中でマリオンを描いて、「あの人は感情の抑制を解いたなら、本来ものすごく情熱的な人なんだ」と言っています。離婚の後、彼女はその言葉からエネルギーをもらって元気になります。

ラリーは英語で、"If she allows herself to feel" と言っています。"allow" というのは、"許す" という意味です。自分に "feel" つまり感じることを許したなら、彼女は情熱的な人になれるんだ、と言っているわけです。

〈感じる〉というのは、冷たいとか、暖かいとか、寒いとか、イヤだとか、好きだとか、そういうところから始まりますが、この人の言っている〈感じる〉ということは、腹の底からなにかを感じる、すなわちからだの中で豹が目醒めてウロウロするようなことなのです。

ですからほんとうに腹の底からなにかを感じたら、ある意味では、とても怖いことになります。〈感じる〉ことは、元来、行動に結びつくからです。感じたまま正直に生きたら、世間や良識からはみ出してしまうかもしれません。それが怖いから人はその〈感情〉を〈抑圧〉するのです。

私たちはほんとうにつらいことに出会ったとき、ちゃんと〈感じる〉と自分が傷つくので、できるだけ感じないように、平静を装うことがあります。たとえば亭主が浮気しても、騒ぎ立て離婚されたら食っていけないと分かっているときには、いくらはらわたが煮えくり返っても〝こんなことはなんでもないんだ、これは男の甲斐性なんだ〟と自分の気持ちを納得させて、ニコニコしながら生きていきます。亭主のことが嫌いになっても世間体だとか、子どものためだとか、いろいろ自己正当化しながら、好きなふりをして生活し続けます。ほんとうに感じたら、それは必ずなにかの行動に結びついて、もしかするといまの安全でぬくぬくとした生活を破壊するおそれさえあるからです。

またたとえば、主婦なんか退屈でイヤだ、と思った人がいるとします。実際これだけいろんな顔をして、いろいろな洋服を着ていろいろな個性を持つ人たちがいるのに、一定数の女性が〈主婦〉という無給の仕事に押し込められているなんて、たしかにおかしいです。家によって台所の位置がちがったり、料理がちがったり、人数がちがったり、いろいろとちがいはあってもやらされていることといえば、朝昼晩、朝昼晩、ごはん作って、洗濯して、掃除して、亭主のご機嫌とって、子どもの勉強をみる。朝昼晩、朝昼晩、来る日も来る日もそれをやっているわけですから、退屈するのは当然です。

だからたまには怒ってみたり、拗《す》ねてみたり、怒鳴ってみたり、カルチャーセンターに出かけてみたりしているわけですが、気分転換にはなっても、いのちを十二分に燃やすことはなかなかできません。個人の能力とは無関係に毎日同じことをやらされて、生殺しにされたような気分を味わっても不思議はないわけです。

私はいわゆる主婦ではないので平気でこんなことが言えますが、専業主婦で自分の収入のない人がもし腹の底からいやだァーッて感じてしまったら、大変なことになります。〈感じる〉ということは、即行動につながるわけです。ですからマリオンは見知らぬ妊婦の後まで追ったし、離婚までするこﾄになりました。でも自活できない場合、離婚などされたら大変ですから、感じた自分を騙《だま》していかなければならない。騙していれば、だんだん心が腐ってしまう。その逃げが、不倫や、パチンコや、子どもいじめや、キッチンドリンカーといった形で現われてくる。

〝中学校のときは私より勉強ができなかったはずなのに、なんで、こんなヤツのためにパンツ洗ってやんなきゃならないの〟とか、〝女は損だな〟とか思い始めたら、世間の考え方とはちがってくるので、自分はおかしいんじゃないかと心配になります。うっかり腹の底から感じたりしたら、世の中がちがって見えて、とても不安になります。強靭《きょうじん》な知性と強靭な行動力があったり、そう感じた自分を援護してくれる友だちや仲間がいたりしない限り、そう〈感じる〉私が悪いんだから、その〈感性〉には蓋をしたほうがいいと思うわけです。

嘘の生活を変える勇気を持つ

自分の頭で感じたら身の危険につながります。いちばん怖いのは、自分のハートで感じてしまうことです。自分のハートで感じたら、その人は自分の中に豹を飼っているのと同じことになるからです。

豹は檻から出したらなにをするか分かりません。そこで、自分の中の豹をなるべく飼い馴らすか、安楽死させるか、それとも動物園に売ってしまうか。ふつう私たちは自分の中の豹を意識したら終わりだから、いないふりをするのではありませんか。あるいは、感じたときには、歌の歌詞ではありませんが〝わたしバカよね、おバカさんよね〟と感情をブロックします。いけない私、ダメな私と。こうして意識的に、あるいは無意識的に内なる豹を窒息死させていきます。これが〈感情の抑圧〉です。

社会規範に従って生きていれば、みんなにいい奥さんだね、立派なお母さんだねと言われて、周囲から誉められる。そこで、自分の腹の底からの声を聞いたら命とりになります。そのうちにだんだんと〈感じる〉能力がなくなって、ついには自分のことがよく分からなくなり、したがって人のことも分からなくなって、自分の立っている足もとがゆらいで、不安や恐怖に襲われるのだと思います。それが自己欺瞞の結果です。

マリオンは、豹の入っている檻の「外は死」だと言っています。豹は外に出したら死んでしまう、だから閉じ込めておかなければ、ということになるのでしょう。

これまでに見てきたように、マリオンは、結婚でもどちらかといえば〝feel〟すなわち〈感じる〉ことを原点とするよりもむしろ、〝こうあるべき〟だという〈べき(should)〉で生きてきました。感情の世界を抑えていたことを表すのが、あの白い仮面です。彼女も、社会規範からはずれないように、自分の中の豹の牙《きば》を抜いて飼い殺しにしていたわけです。

いまマリオンは仮面を脱いで、自分の中の豹を解き放ちました。それができたのもやっぱり人生五十年生きてきた人のキャリアです。一つには自分で食べていけるものをちゃんと持っていたから一人になるのが怖くなかったのです。しかも「激しい情熱を持っている女」だとラリーから小説にまで書いてもらって、そこからエネルギーをもらいます。そういう意味では、結果としては非常に明るい未来が見えます。人生再出発。「早く気づいてよかったねー、あの人」と言った男性の批評家がいました。

マリオンが救われたのは、〝この結婚は正しかったのだろうか。自分は自分に嘘をついてきたんじゃないか〟と疑問を持ち始めたとき、逃げなかったからです。逃げないで、何十年間にもわたる自分の嘘をじっくり検証する勇気と嘘の生活を変える勇気があったことです。

それは人間として生きている証拠です。毎日毎日、生活の行事をこなしている主婦たちにとって、自分について考えるということはその行事をとどこおらせ、周りから圧力を受けざるをえなくなることです。それを乗り越えてまで自己主張するということはなかなかできません。勇気がいります。その勇気を支えるのが経済的自立と感情的自立だと思います。

見えているものをきちんと見る勇気、感じてはいけないことをきちんと感じる勇気を持てば、必ず、人生変わります。〈主婦〉という〈仕事〉に何百万、何千万の女が携《たずさ》わっているわけですから、日本中、ほんとうにみんな自分のハートでなにかを感じたら、やっぱり日本は変わるんじゃないでしょうか。

字幕では、〝feel〟を「情緒」とも言っていますが、ちょっとニュアンスがちがいます。いわゆる〝感情〟というのともちょっとちがいます。〝feel〟というのは、元来〝触る〟という意味です。手でまさぐるといった意味もあります。だから触覚が原点になっています。

五感のうちでも、「見る」「聞く」が非常に重視されてきました。それも理知偏重からきているわけです。絵を見に行っても、〝触らないでください〟と書いてあります。触る世界は軽蔑されてきたわけです。そうではなくて、自分の気持ちを手で触るように確かめていくこと、そしてまったき五感を生かしてものごとを腹の底から感じていくこと、それが大事だということなのです。

自分を見失っていく〝緩慢《かんまん》なる自殺〟

自己欺瞞がなぜいけないか。自分に嘘をついて自分をごまかして生きていくと、心の中に新鮮な空気が流れなくなって、心が腐っていくからです。心が厚い欺瞞の板で被《おお》われたようになって、〈感じる〉ことそのものができなくなってしまいます。

夢の中でマリオンがセラピストに、妊婦の悩みの原因は「逃げたいのに偽りから逃げられない」ことだと言うと、彼は「ちがう。自分から偽りを求めている」「彼女の自殺は徐々に死ぬことだ」「それはもう若いときから始まっている」と言います。

私はこれを〝緩慢なる自殺〟と呼んでいます。だから、たとえば、結婚なんかしたくないのに親が言ったからするとか、この男は好きだけれども、やっぱり月給が低いから、大会社に勤めている男のほうがいいとか、そう言って自分を偽って結婚した人は、相手がイヤになっても逃げられないから、こんな男イヤだなと思いながら、仕方なく自分の中の豹を飼い慣らしていくのです。

そうすると妊婦がマリオンを分析したように、「いつも感情を抑えて」「冷たい頭脳だけの生活」になり、「見たいものだけ見て、聞きたいものだけ聞く」結果、「自分を見失って」「なにもかも持っているようでなにも持っていない」人間になってしまうわけです。そうなったときは、それはもう人間としての〈死〉です。

〝緩慢なる自殺〟とは、その過程で、生きているけれども、だんだん自分が誰だか分からなくなっていってしまうことです。豹を、生きた豹を自分の腹の中に持っているから、それを感じていられるから、自分が自分なのです。知識の量だとか学歴なんかではなくて、ほんとうにその人かどうかというのは、腹の中の豹がちゃんと生きているかどうかということだけです。それを抑圧して、嘘に嘘を重ねていくと、自分が嘘の一部になってしまって、自分が分からなくなって、どうしたらいいのか、どう生きたいのかも分からなくなってしまう。

自分の中の豹はピンピン元気にさせておいたほうがよい。安楽死させたり、飼い馴らしたりしたら、だめだというのがこの映画のメッセージだと思います。

子どもを産むことは希望なのか

この映画に出てくる三つ目のイメージであるクリムトの絵は、言ってみれば、マリオンの感性のリトマス試験紙みたいな役目を果たしています。

骨董品店でクリムトの絵を見て「急に悲しくなって」泣いている妊婦に向かってマリオンは、慰めるつもりなのでしょうが、これは泣くような絵じゃなくて希望に満ちた絵なんだから、と教科書の説明みたいなことを言っていました。なんで泣いたのかと聞くのではなくて、〝あなた、泣くほうがおかしいんじゃない。私の知識によれば……〟という感じで、「これは、『希望』ってタイトルで、比較的クリムトのオプティミスティックな時期に描かれたもので」と絵の解説をしてしまいます。

その絵を見て自分がどう感じたか、ということは言いませんでした。〝この絵を見てどうして泣いているの〟と聞いてもいいはずなのに、そこがマリオンです。彼女の場合、絵を見てあるがままに感じたことを言うのではなくて、まず絵の解説をしてしまう、知識で見てしまう、そういうところがある人だと分かります。

実際、あのクリムトの絵は「希望」というタイトルにしては、絵の上のほうに骸骨《がいこつ》などがいっぱい描いてあって、ちょっと気味の悪いところがあります。骸骨と、いまにもお産をしそうな臨月の人とを一つの画面に描いているわけです。女が孕《はら》むことと骸骨みたいな気味悪い顔がどう関係するのかよく分かりませんが、妊婦はそこに泣きたくなるようなものを感じとったわけです。

でもマリオンが言うように、もしその絵が皮肉でなく「希望」だと言うのなら、この骸骨みたいなおばけみたいなものをなんとかできるのも孕んだ人なのではないか。一つには、そういうふうに考えることができます。そう考えると、子どもを産むということが、とても生産的でクリエイティヴで希望の持てることなんだ、という解釈が成り立ちます。それなのに妊婦はちっともそう思えないから泣いているわけですが、おそらく、マリオンの解釈はそういうことだったと思います。ラリーがやっぱり子どもを持つということが「人生の中でいちばん素晴らしいことだ」と言っていたことも、それに重なって思い出されます。

すると、子どもを持つことが絶望からの回復であるなら、子どもを持たなかったマリオンは人生の失敗者なんだ、と、そういうことになっても不思議はないわけですが、どうもこの作品は、もう一つその上をいっているようです。

子どもを産まないことを選択する女

マリオンは、キャリア・ウーマンとしての人生のスタートを切ったときに妊娠しました。これから新進の学者として十二分に活躍する意気込みでいたマリオンにとって、子どもは関心外でした。まだ産む気になっていませんでした。夫は学問的にはもう最盛期を過ぎていたし、子どもを欲しがる余裕もできていません。彼は、マリオンが黙って中絶手術したことで、自分の子どもを勝手に堕《お》ろしてと言っていきり立ちます。彼女としては〝私の子どもなんだから、いちいち相談することないわ〟というのが本音です。それでつかみ合いの大喧嘩になって、そんなところから離婚になるわけです。

彼女の言い分は、〝あなたはもう学者として思いきり業績を上げたではありませんか。今度は私の番です。私には、人生のプランがあって、これからもっと仕事をしたいのだから、いまは子どもを育てるよりか、もっと自分を育てたい〟。これが彼女の思いです。

私はこれはやっぱり一つの選択だったと思うし、夫の側にだけ立って彼女を責めるのはフェアではないと思います。女のからだは自分のものですから、人から産んでくれと言われて産めるものでもないし、やはり自分で決めていいことだと思います。

黙って中絶をしたということで夫は怒ったわけですが、言ってみれば、日常的にしている避妊だって、形を変えた中絶だと思います。要するに避妊が成功していればこのトラブルはなかったわけです。

避妊をしていればセックスをするたびに産まない選択をしていることになります。一生のうち何千回セックスしたって、産むのはそのうちの一回か二回、言ってみれば産まないことのほうが何千倍なのです。だから、間違って妊娠して中絶したとしても、中絶もその産まない努力の一つ、それも何千回という選択の一つだと考えればいいわけです。たまたまそれが夫に分かってしまったけれど、分からなければ分からないですんだはずです。それまで妊娠しないように避妊器具をはめて何百回、何千回セックスしたのと同じことですから、そんなにロマンティックにセンチメンタルに考える必要はありません。

けれども中絶が分かったら、〝俺の子を堕ろしたー、人殺しめが〟となることも。

男だったら妻に子どもを産ませて自分は仕事に没頭できますが、女の場合そうはいきません。家事、育児の負担はたいてい女の肩にかかってくるので、自分にしたいことがあるマリオンの場合、やっぱりそう簡単には譲れないわけです。

だからこそマリオンに、あっさり「産んでおけばよかった。チャンスは戻っては来ない」などと、言わせてほしくありません。

私に言わせれば、そこには監督ウディ・アレン[*編集者注9]の、男の側からのマリオン批判があると思います。女は子どもを産んでこそ価値があるといった価値観がちらついていて、学問に没頭して女の義務を怠った女、子どもを産むことを拒否した女に、一度は男が言わせてみたい台詞《せりふ》の一つなんだと私は理解します。実際そういうふうに後悔した人がいたっていいとは思いますが。

私自身も、ときにはあのとき産んでいたらこの学生と同じ年齢かな、とか思うことがありました。私には、自分で産まないと決めたいろんな経緯があります。心の中でいろいろな闘いがあって、迷いがあって、決断があって、結果としていまの私になるわけです。

それなのに、あんなふうに簡単にポロッと「産んでおけばよかった」と言われてしまうと、女が世間の在り方に逆らって子どもを産まないと決めることがとても大変なのだという、そこの、いちばん大事な中身のところが、スポッと切り捨てられて作られている映画だな、とがっかりします。やっぱりここには男の監督の偏見というか一つの思い込みがちらついていて、そのあたりのツメがちょっと甘いな、という感じがします。

この映画の監督のウディ・アレンは、ユダヤ人の男性です。世界中の大方の国で父権制文化がはびこっていますが、ユダヤ人もまたこの傾向が強いようです。彼らは特に、二十世紀に入るまで国がなかったり、歴史上不幸なことばかりでしたから、母親を大事にすることで人口を減らさないようにすることが、民族存続の第一条件だという側面もあったのかもしれません。

子を孕むことと、考えること（conceive）

でもこの映画の終わり方をみると、どうもそれだけではなさそうです。マリオンは離婚を決意して、いままで疎遠になっていた弟とも仲直りして、再出発します。執筆活動も順調に進んでいるし、彼女は黒い洋服を着ていてとてもきれいでした。

すると、子どもを産むチャンスを失った女はペケだ、とは言ってないわけです。もしかしたら、子どもを産まなかったことを後悔したときがあったかもしれないけれども、彼女の人生がこれから再スタートするということは、その先にまだ人生があるということ、未来や希望があるということです。

それならいったい子どもを孕むとはどういうことなのか。なぜ妊婦をマリオンの分身にしたのか。マリオンに後悔させるためなら、妊婦を妊娠の歓喜に満ちている存在につくり上げればそれでいいわけですが、彼女は妊娠してよけい不幸になって悩み、苦しんでいます。マリオン自身も過去の中絶の体験で苦しみました。すなわちここで大事なのは、監督は妊娠をどう意味づけているのかということです。

英語では妊娠をコンセプション（conception）といいます。コンセプションには、妊娠のほかに、着想とか概念といった意味があります。動詞は、コンスィーヴ（conceive）と書いて〝考えつく〟〝妊娠する〟の二つの意味があります。だから、肉体的に子宮が妊娠することと同時に、頭が妊娠すること、すなわち〝考えを孕む〟ことを表し、いわば想像すること＝妊娠なんだというメッセージがここに隠されているといえます。

ものを考える、着想を得るということは、頭に子どもを孕んだのと同じだということです。マリオンは本を書こうとして、大学から休暇をもらってワンルーム・マンションを借りて仕事を始めました。すなわち、本を書くということは、着想を孕んで、一冊の本を産み出すということになります。また産むということは、人生をも生み出すということです。

妊娠した人は、ある種の憂鬱《ゆううつ》状態に陥ったり、感情的になったり、なんらかの抑鬱《よくうつ》的な症状を経験することがあります。産んだ後も、弛緩《しかん》状態からいろいろ大変です。

ものを書く人もそういうふうになることが多いようです。実際、〝意識の流れ〟の手法で有名なイギリスの女性作家ヴァージニア・ウルフは一冊仕上げるたびに心のバランスを崩し、ときには病院に入れられましたが、最後は自殺しました。マリオンも最初の頃「ものを書くことは、他のことができなくなるほどエネルギーのいる作業だ」と、言っています。すなわち、非常に集中力のいるきつい仕事だということです。

だから、マリオンは、仕事に集中していく過程で、ちょうど妊婦が憂鬱になるように、自分にとって決着をつけなければいけない問題に直面していきます。本を書くという自分の世界に没入する過程で、自分が無意識のところでいちばん気にかけていたものがブアーッと出てきた、そういう気がします。ですから、彼女がラリーの小説の中の言葉に励まされ、自分の気持ちに正直に生き直すきっかけを作ることができたのも、一つには仕事に集中する過程での副産物と言っていいかもしれません。

彼女がもし休暇をとって本を書かなかったら、自分の人生をああいう形で整理しなかったんじゃないか。それほど日常生活は忙しいわけです。それこそ授業だとか、夫婦生活だとか、買い物だとか、付き合いだとか、いろいろありますから。しかも家にいたのではダメで、ワンルーム・マンションを借りて一人になって、はじめてマリオンは人生を考え直せたのです。

してみると、この映画は一見、産まなかった女を非難しているかのように見えるし、後悔させてもいますが、それでもそれをもう一歩進めて、人間誰でも、〈孕む〉ことができるんだ、人間をもっと人間たらしめている〈考える〉という営為そのものが、自分の人生を、そしてまた、仕事の成果をも新しく〈孕む〉力になっていくんだ、そういうメッセージを伝えてきます。

過去は現在の立脚点である

映画の最後で、マリオンがラリーの小説を読んでいるときに思い出のことをこう言っていました。

「思い出とは、現在のものなのか、失ったものなのか」と。これは興味深い言葉です。

過去の自分があって現在の自分があるわけですから、過去はいまの自分の骨肉でもあって、絶対に切り捨てられません。過去は、むしろいまの自分を知る大事な資料でもあります。

彼女はたしかにラリーという男は失いましたが、でもラリーという人と出会ったおかげで、その関係から生まれた彼の言葉を思い出し、それをじっくり考えることで、再生のエネルギーにしました。こう考えると過去はまさに現在の自分の立脚点であり、現在の自分そのものだということです。迷ったら、過去に戻れば未来への方向が見つかるかもしれない。ここには過去というものの積極的なとらえ方があります。

すなわち、マリオンは過去を葬らないで、過去から学んで、過去を子宮に、現在の悩みを精子にして、未来を孕ませたということです。

編集者注

☆フェミニズム関連のワードについてもっと知りたい方へ

＊1【高村智恵子《たかむらちえこ》】日本の洋画家、紙絵作家（一八八六〜一九三八）。一九一一年に平塚らいてうを中心に結成された青鞜社に参加し、日本のフェミニズムの先駆けとなった機関誌『青鞜』創刊号の表紙絵を手がける。また、各展覧会に油絵を出品し、新進の「女性画家」として注目を集める。一九一四年、高村光太郎と新婚生活を始めるが、光太郎が詩、彫刻、西洋画と幅広く打ち込む一方で、智恵子は家事と制作の両立に行き詰まり、一九三一年に統合失調症を発症。翌年、自殺未遂。一九三六年頃から病床で紙絵制作を始め、一九三八年に肺結核で死去後、遺作千数百点が残された。一九四一年に光太郎が刊行した『智恵子抄』は、夫から妻への純愛を象徴する詩集とされてきたが、一九七〇年代以降のフェミニズム批評はその脱神話化を行った。（参考：『岩波女性学事典』〈岩波書店刊、版元品切れ、重版未定〉、田嶋陽子『だから、女は「男」をあてにしない』〈講談社刊、版元品切れ、重版未定〉）

＊2【フェイ・ウェルドン】イギリスの作家、エッセイスト（一九三一〜二〇二三）。一九七〇年代頃からフェミニズム作家として支持され、代表作に『魔女と呼ばれて』、『男心と男について』（以上、集英社刊、版元品切れ、重版未定）、『人生のルール』（ベネッセコーポレーション刊、版元品切れ、重版未定）など。二〇一七年、『魔女と呼ばれて』の続編『Death of a She Devil』を出版。一九六〇〜一九七〇年代の第二波フェミニズムと、二〇一〇年代〜の第四波フェミニズムの間の分断や、TERF（Trans-Exclusionary Radical Feminist／トランス排除的ラディカルフェミニスト）の問題を取り上げた。その出版時、BBC Newsnight のインタビュー

で、フェミニズムについて「三十歳未満の女性にとっては素晴らしいけれど」とネガティヴに発言。主な理由として、フェミニズムが女性の社会進出を推し進めた反面、子どもを保育所に預けるのが当然になるなど、子どもへの配慮がなかったことを挙げているが、そもそも育児は女性の役割だと決めつけた上での考えであることは否めない。

＊3 **【ロボトミー手術】** 前頭葉白質切除手術。かつて統合失調症などの治療に用いた外科的療法。映画のモデルとなった女優のフランシス・ファーマーは、実際にはロボトミー手術は受けていないが、有名な被術者としては、ジョン・F・ケネディの妹であるローズマリー・ケネディがいる。子どもの頃から知的障害があり、年齢を重ねるにつれて精神的に不安定になってきたことから、精神外科の権威だったウォルター・フリーマンの勧めで、一九四一年、ローズマリーが二十三歳のとき、家族はロボトミー手術を受けさせた。しかしそれは失敗に終わり、残りの約六十三年間の人生を、はっきりと話すことも歩くこともできないまま施設で過ごしたという。ジャーナリストのルーク・ディットリッヒは二〇一六年、ニューヨーク・タイムズ紙のインタビューで、自著執筆のために、祖父である有名外科医のウィリアム・スコヴィルについてリサーチするうち、「祖父からロボトミー手術を受けた人の大半が女性だったことに驚きました。ロボトミーの副作用である扱いやすさ、受動性、従順さが、多くの男性が理想とする女性の特徴と重なっていることをふまえると、この性別間の格差に不思議はないかもしれないですが、じつに恐ろしいことです」と話している。

＊4 **【後見人】** 二〇二〇年、ポップシンガーのブリトニー・スピアーズが自身の後見人である父親と弁護士からの解放を求め、裁判を起こしたことも記憶に新しい。父親らは二〇〇八年から後見人を務め、

娘の財産を全面的に管理し、また交友関係や連絡内容といった生活のすべてを監視していたという。裁判に出廷したブリトニーは「私には、自分の声で、自分のために行動する権利がある」と訴え、後見人が子宮内避妊リングを外すために医者に行くことを許さないがために、自由に子どもを持つことさえできないという衝撃的な内容の告発も。二〇二一年十一月、裁判所は十三年間続いた後見人制度適用の終了を認めた。「成年後見制度」とは本来、なんらかの理由で判断能力が不十分な人を支援するために、裁判所や本人が指名した第三者が後見人として、財産管理や生活上の手続きを代理で行うことを可能にする制度。しかし近年、アメリカや日本ではこの制度の悪用が問題視されている。

＊5【マリリン・フレンチ】アメリカの作家、フェミニスト活動家（一九二九〜二〇〇九）。一九七七年のデビュー小説『背く女』は、批評家からは「半男性的」と非難されながらも、世界中の女性の心をつかみ、二〇〇〇万部以上を売り上げ、二十の言語に翻訳された。一九九二年に食道癌と診断されてからも精力的に出版活動を続け、亡くなる前年の二〇〇八年には、有史以前から二十世紀に至るまでの女性史を四巻構成でまとめた『From Eve to Dawn, A History of Women in the World』を書き上げた。

＊6【マージ・ピアシー】アメリカの詩人、作家、社会活動家（一九三六〜）。父は長老派教会のバックグラウンドがありながら無宗教だったが、ユダヤ教徒で占い師の母と、超正統派ユダヤ教徒の祖母のもと、自身もユダヤ教徒として育つ。フェミニズム、反戦、環境保護の運動に取り組み、作品にも積極的に政治的テーマを盛り込んできた。これまで十七もの小説を発表し、ときにSFの枠組みを用いつつ、しばしば伝統的な女性像に抗うたくましい女性キャラクターを描いている。代表作に、ニューヨーク・

タイムズ紙ベストセラーになった一九八七年の『Gone to Soldiers』、クラーク賞（SF部門）を受賞した一九九一年の『He, She and It』など。

＊7【アイリス・マードック】アイルランド出身のイギリスの哲学者、作家、詩人（一九一九〜一九九九）。オックスフォード大学の一部をなす女子大学のサマヴィル・カレッジで古典、古代史、哲学を学ぶ。一九四四年から第二次世界大戦で避難したヨーロッパ人を支援する連合国救済復興機関に勤務。当時、ジャン＝ポール・サルトルに出会い、大きな影響を受ける。その後ケンブリッジ大学で哲学の研究に戻り、ルートヴィヒ・ウィトゲンシュタインに師事。一九四八年から十五年間、オックスフォード大学のフェロー兼哲学講師として勤務。こうした哲学のバックグラウンドにより彼女の小説は、善悪を巡る哲学的探求といった側面を持つ。一九五六年の『魅惑者から逃れて』は、難民支援の経験を下敷きにした小説第二作で、ロンドンで暮らすリベラルな女性と、戦争難民のポーランド人兄弟との関係を軸に、移民と女性の解放の問題が描かれる。晩年はアルツハイマー病を発症。その闘病生活を、夫で評論家のジョン・ベイリーが綴った回想録をもとにした映画「アイリス」が二〇〇一年に公開。ジュディ・デンチがアイリスを演じ、英国アカデミー賞で主演女優賞を受賞した。

＊8【アドリエンヌ・リッチ】アメリカの詩人（一九二九〜二〇一二）。フェミニズムの歴史上、もっとも影響力のある書き手の一人。自身も女性、ユダヤ人、レズビアンという三つの立場で疎外されながら、「支配のない社会の創造」を目指し、ジェンダー、セクシュアリティ、人種、社会格差の問題に取り組み続けた。一九八〇年の論文「強制的異性愛とレズビアン存在」では、社会にはびこる異性愛を基盤にした男性中心の論理を「強制的異性愛」と呼んで痛烈に批判。また一九七四年、詩集代表作

『Diving into the Wreck』が全米図書賞を受賞するも、授賞式では賞を独り占めすることを拒否。ファイナリストのオードリー・ロード、アリス・ウォーカーと三人で壇上に上がり、「すべての女性を代表」する形で賞を受け取った。一九九七年、政府からの全米芸術勲章を辞退。二〇〇九年、イスラエルに対するアメリカの文化的及び学術的ボイコットを支持。晩年まで疎外された側の立場からの発信を続けた。

＊9【ウディ・アレン】アレンは一九九二年、自身が交際中だったミア・ファローの養子で、のちにアレンの妻となる当時二十一歳のスン＝イー・プレヴィンとの性的関係が発覚。さらに同年、ミアとの間に引き取った養子で、当時七歳のディラン・ファローへの性的虐待で告発されるも、証拠不十分で不起訴に。しかし二〇一四年、成人したディランが性的虐待に関する書簡を、ニューヨーク・タイムズ紙に改めて寄稿したことをきっかけに疑惑が再燃。#MeToo運動に後押しされ、またミアとアレンの実子で、ハーヴェイ・ワインスタインのセクハラ告発の立役者であるジャーナリストのローナン・ファローがディランを擁護したこともあり、アレンは徐々にハリウッドから追放され、二〇一九年以降はヨーロッパを映画作りの拠点にしている。二〇二一年のHBOのドキュメンタリーシリーズ「ウディ・アレンVSミア・ファロー」でミア&ディラン側は、性的虐待について話す幼いディランの姿をとらえたビデオ映像を初公開するなどして疑惑が真実だと訴えた（**ただし、この映像の撮影自体が子どもに対して不適切ではないかとする声もある**）。その上で、ミアが十年以上アレンの専属女優として活動してきた中で、「君の年頃の女優は大勢いる。電話すれば二分以内で代役を立てられる」といったパワハラ発言を日常的に受けていたことも明かした。一方、アレン側はそれらすべてを事実と認めず、ミアが子どもたちを洗脳してでっち上げていると主張している。

FEMINIST FILM GUIDE

この頃は #MeToo 運動の影響もあり、フェミニズムの視点をもった映画が急増中。近作を中心に、この本の各章に登場するテーマや映画に関連した、合わせて見たい作品をご紹介。

愛か仕事か迫られたら？

第一章「赤い靴」

「キューティ・ブロンド」

ロバート・ルケティック監督、二〇〇一年、アメリカ

大学生のエルは、「将来議員になったとき、恋人がバカっぽいブロンドヘアの女性では恥ずかしい」という理由で自分をふった元彼を見返そうと、ハーバードのロースクールに進学して弁護士を目指すことに。周囲にとらわれず、愛も仕事もあきらめないエルの姿が頼もしい。

「フランシス・ハ」

ノア・バームバック監督、二〇一二年、アメリカ

ダンサーとしての成功を夢見るが、鳴かず飛ばずの二十七歳のフランシス。ルームメイトの結婚を機に人生を見つめ直す。「赤い靴」のヴィッキーと違い非凡な才能はないしモテないが、「個人をとるか、世間をとるか」の問いに自分なりの答えを見出すフランシスに共感。

「ハーレイ・クインの華麗なる覚醒 BIRDS OF PREY」

キャシー・ヤン監督、二〇二〇年、アメリカ

人気ヴィラン、ハーレイ・クインが主人公。悪のカリスマのジョーカーからふられ、未練タラタラなハーレイ。しかしタフな女性たちと仲間になり、持ち前のパワーで敵をなぎ倒すうち、本来の自分を取り戻していく。実は博士号を持つ元精神科医というクレバーな一面も。

女は男のオモチャじゃない

第二章「突然炎のごとく」

「5時から7時までのクレオ」

アニエス・ヴァルダ監督、一九六二年、フランス・イタリア

癌の疑いにおびえパリをさまようクレオ。その午後五時からの一時間半をリアルタイムで見せる。観客の視線がクレオの視線と重なるように作られていて、「突然炎のごとく」と同年公開のフランス映画ながら、これだけ女性の描き方に違いが出るのかという驚きがある。

「ブックスマート 卒業前夜のパーティーデビュー」

オリヴィア・ワイルド監督、二〇一九年、アメリカ

高校の生徒会長モリーと親友エイミーは、将来の夢のために勉学に励んできたが、卒業前夜だけは

ハメをはずそうとパーティへ。当初モリーはイケメン生徒副会長、エイミーはスケーター女子がお目当てだったが、より自分らしくいられる恋の相手を見つけていく姿が爽快。

「ストーリー・オブ・マイ・ワイフ」

イルディコー・エニェディ監督、二〇二一年、ハンガリー・ドイツ・フランス・イタリア

一九二〇年代のヨーロッパ。初対面で結婚を決めたヤコブとリジー、そしてリジーの男友だちの三角関係が描かれる。「突然炎のごとく」と決定的に違うのは、リジーにはリジーの世界があるのだとうかがえること。ヤコブは嫉妬を募らせながらも、リジーから人生を学ぶ。

女だって才能を発揮したい

第三章「ベティ・ブルー 愛と激情の日々」

「ドリーム」

セオドア・メルフィ監督、二〇一六年、アメリカ

一九六二年、アメリカではじめて有人地球周回に成功した宇宙飛行士の功績を陰で支えた、NASAで働く黒人女性の計算手キャサリン、ドロシー、メアリー。実在の偉大な女性たちをモデルに、三人が人種・ジェンダーの二重の差別をものともせず、才腕を振るう姿を描く。

「キャプテン・マーベル」

アンナ・ボーデン&ライアン・フレック監督、二〇一九年、アメリカ

マーベル映画初の女性ヒーロー単独主役作。クリー帝国の特殊部隊に所属するヴァースは、司令官から自身の特殊能力を抑えるようにと再三言われてきた。そんな彼女が地球を訪れ、秘められた過去を思い出し、不屈のヒーローとして能力を100%発揮するまでの物語。

「プロミシング・ヤング・ウーマン」

エメラルド・フェネル監督、二〇二〇年、イギリス・アメリカ、アカデミー賞脚本賞

かつては前途有望な医大生で、今はカフェで働くキャシー。夜ごとバーに繰り出しては泥酔したフリをし、下心満々の男性を待ち構えて「制裁」を加える。その背景には、未来を奪われた元同級生の親友の存在が。これまでのファム・ファタール像を覆す問題作にして快作。

母の知らない世界を生きるべし

第四章「秋のソナタ」

「はちどり」

キム・ボラ監督、二〇一八年、韓国・アメリカ

一九九四年。十四歳のウニの両親は共働きで、子どもに向き合う余裕がない。家庭でも学校でも孤

独なウニだが、周りの大人とどこか違う漢文塾の女性教師や、親友らと過ごす時間が心のよりどころに。親の目が届かない居場所が、かえって少女の支えになることもある。

「ふたつの部屋、ふたりの暮らし」

フィリッポ・メネゲッティ監督、二〇一九年、フランス・ルクセンブルク・ベルギー

ともに七十代女性で世間的には仲のいい隣人だが、実は恋人同士のニナとマドレーヌ。しかしマドレーヌが脳卒中で倒れ、娘アンヌはお見舞いに通ううち二人の関係に気づく。母となにもかも分かち合っていると気でいたアンヌは、知られざる母の恋愛がどうしても許せず……。

「ロスト・ドーター」

マギー・ギレンホール監督、二〇二一年、アメリカ、ベネチア国際映画祭最優秀脚本賞

大学教授のレダは休暇先で若い母親ニーナと出会い、自身が未熟な母親だった頃を思い出す。「母性がない」という罪悪感を持ち続けるレダだが、ラストの娘姉妹との電話で、二人は母をとっくに吹っ切り自由に生きていることがうかがえるのが、「秋のソナタ」とは違う。

母といかに渡り合うか

「アイ，トーニャ 史上最大のスキャンダル」

クレイグ・ギレスピー監督、二〇一七年、アメリカ、アカデミー賞助演女優賞

貧困家庭で育ちながら、アメリカ人女性ではじめてトリプルアクセルを飛んだフィギュアスケーター、トーニャ・ハーディングの伝記映画。母親との確執はすさまじいが、トーニャは従順なフランシスとは違い反抗的。国際舞台での活躍を目指して突っ走る姿はたくましい。

「レディ・バード」

グレタ・ガーウィグ監督、二〇一七年、アメリカ

〝レディ・バード〟ことクリスティンは、ピンクヘアがトレードマークの十七歳。ニューヨークの大学を志望しているが、地元サクラメントで進学してほしい母親と意見が対立。母親との対話も試みつつ、自分の人生は自分で決める、風通しのいい母娘関係が気持ちいい。

「そばかす」

玉田真也監督、二〇二二年、日本

三十歳の佳純は、いつまで経っても恋愛感情が湧かない自分に不安を感じつつ、マイペースに生きてきた。母から「恋人いないの？」とせかされ、無断でお見合いに連れていかれたりするも、やが

てそのままの自分を受け入れてくれる人たちと出会い、自分の殻を破っていく。

主婦ほど孤独なものはない？

第六章「愛と追憶の日々」

「ジャンヌ・ディエルマン ブリュッセル1080、コメルス河畔通り23番地」

シャンタル・アケルマン監督、一九七五年、ベルギー・フランス

思春期の息子と二人で、ブリュッセルのアパートで暮らしているジャンヌの三日間を描く。湯を沸かす、ジャガイモの皮をむく、掃除をするといった、それまで映画でほぼ無視されてきた家事の動作を映し続けることで、主婦のフラストレーションを汲み取っていく異色作。

「歌う女・歌わない女」

アニエス・ヴァルダ監督、一九七七年、フランス・ベルギー

妊娠中絶や未婚の母としての経験を通して距離を縮めていく、タイプの違う女性同士の友情物語。二十二歳のシュザンヌは二児を抱え、すっかり疲れ切った孤独な主婦だったが、十七歳のポムとの出会いや夫の死をきっかけに視野を広げ、就職し、人生を切り拓いていく。

「Swallow／スワロウ」

カーロ・ミラベラ＝デイヴィス監督、二〇一九年、アメリカ・フランス

大企業の御曹司と結婚後、第一子を妊娠し、ニューヨーク郊外の豪邸での何不自由ない暮らしを手に入れたかに見えたハンター。しかし夫家族から常に見下され、やるべきこともない空虚な毎日を過ごす中で、食べ物以外の物体を飲み込み続ける「異食症」になってしまう。

世代を超えて連帯するために
第七章「エミリーの未来」

「ビルド・ア・ガール」

コーキー・ギェドロイツ監督、二〇一九年、イギリス

一九九三年のロンドンで音楽ライターとしての才能を開花させた、労働者階級の高校生ジョアンナ。原稿料で実家の家賃を支払い、男性社会で急速に成り上がっていくが、あることをきっかけに自分を見つめ直す。産後うつで苦しむ主婦の母親との関係修復も見逃せない。

「エノーラ・ホームズの事件簿」

ハリー・ブラッドビア監督、二〇二〇年、イギリス

エノーラは名探偵シャーロックの妹。幼くして父を亡くし、博学な母からあらゆる学問を教わって

きた。そんな母が謎めいた暗号を残して消え、調査を進めるエノーラは思いがけず女性参政権運動と関わるように。彼女の冒険を通して、自立した母娘関係が映し出される。

「エブリシング・エブリウェア・オール・アット・ワンス」

ダニエル・クワン&ダニエル・シャイナート監督、二〇二二年、アメリカ、アカデミー賞作品賞、監督賞ほか

経営するコインランドリーは破産寸前で、レズビアンの娘との仲も険悪な、中国系アメリカ人のエヴリン。ある日、夫ウェイモンドと複数のマルチバース（並行世界）にトリップ。悪との戦いの中で自身のトラウマと向き合い、娘ジョイとの絆を取り戻そうと奮闘する。

女のまなざしで描く官能

第八章「リアンナ」

「燃ゆる女の肖像」

セリーヌ・シアマ監督、二〇一九年、フランス、カンヌ国際映画祭コンペティション部門脚本賞、クィア・パルム賞

十八世紀のブルターニュの孤島を舞台に、望まない結婚を控える貴族の娘エロイーズと、彼女の肖像を手がける画家マリアンヌの情熱的な恋の物語。〝フィメールゲイズ＝女性のまなざし〟で描かれる女性同士の見つめ合い、そして触れ合いの、飾らない美しさが光る。

「モロッコ、彼女たちの朝」

マリヤム・トゥザニ監督、二〇一九年、モロッコ・フランス・ベルギー

イスラム社会でタブーとされる未婚の母ゆえ仕事を失い、臨月のお腹を抱えて街をさまようサミア。彼女を招き入れた、夫の死後、娘を養うためにパン屋を営むアブラ。二人がパン作り中、お互いの手に触れるという半ば官能的な行為を通じ、共鳴するシーンが印象的。

「あのこと」

オードレイ・ディヴァン監督、二〇二一年、フランス、ベネチア国際映画祭金獅子賞

中絶が禁止されていた一九六〇年代のフランス。教師になる夢を追う成績優秀な大学生アンヌは、望まぬ妊娠が発覚し、たった一人でなんとかしようと奔走《ほんそう》。女性が性的欲求はもちろん、社会的成功を追求するには、体の自己決定権があってこそと改めて気づかされる。

支配や依存を手放してみる

第九章「存在の耐えられない軽さ」

「ファントム・スレッド」

ポール・トーマス・アンダーソン監督、二〇一七年、アメリカ、アカデミー賞衣装デザイン賞

天才的な仕立て屋のレイノルズと、ウェイトレスから彼のモデルに転身したアルマ。レイノルズの

横柄さに不満を募らせたアルマが、朝食に微量の毒を混ぜたのを機に、二人の典型的な支配関係の構図が意外な方向に変わる。なおダニエル・デイ＝ルイスの引退作でもある。

「ノマドランド」

クロエ・ジャオ監督、二〇二〇年、アメリカ、アカデミー賞作品賞、監督賞ほか、ベネチア国際映画祭金獅子賞

リーマンショックの影響で住みなれたネバダ州の家を失い、キャンピングカーで季節労働の現場を渡り歩く車上生活を選んだファーン。若くも美しくもないが、なににも依存せずに暮らす彼女の誇り高く自由な生きざまが、雄大な自然の風景とともに生き生きと描かれる。

「MEN 同じ顔の男たち」

アレックス・ガーランド監督、二〇二二年、イギリス

束縛したがりの夫が、半ばヤケになって死んだ姿を目の前で目撃したハーパーは、心の傷を癒やそうと田舎町を訪れる。しかしその町で出会う男性たちはなぜかみんな同じ顔をしていて……。ホラーの枠組みを大胆に使い、家父長制社会を徹底批判する〝超問題作〟。

感じる勇気を持とう

第十章「私の中のもうひとりの私」

「バベットの晩餐会」

ガブリエル・アクセル監督、一九八七年、デンマーク、アカデミー賞最優秀外国語映画賞（現・国際長編映画賞）

十九世紀、デンマークの漁村。フランスから亡命し、家政婦として働くバベットはかつて名シェフだった。ある日宝くじが当たり、賞金を使って豪華な晩餐会を開く。禁欲的な村民たちの心をフランス料理の快楽が解きほぐし、男も女もすっかり打ち解け合うさまが愉快。

「未来よ こんにちは」

ミア・ハンセン＝ラヴ監督、二〇一六年、フランス・ドイツ、ベルリン国際映画祭最優秀監督賞（銀熊賞）

パリの高校で哲学を教え、充実の日々を送る五十代のナタリー。しかし不意に夫に別れを切り出され、母に先立たれ、バカンスを前に一人になる。それでも、きっと自己を確立してきたからだろう、ナタリーは動じない。むしろ孤独による自由を満喫しようとする姿が素敵。

「アイム・ユア・マン 恋人はアンドロイド」

マリア・シュラーダー監督、二〇二一年、ドイツ、ベルリン国際映画祭最優秀主演俳優賞（銀熊賞）

学者アルマは研究資金を稼ぐため、ある極秘実験に参加。アルマの性格とニーズに完璧に応えるようプログラムされたアンドロイド、トムと三週間暮らすのだ。恋愛から遠ざかってきたアルマだが、裏表のないトムと過ごすうち、感情に素直でいることを自分に許していく。

あとがき（一九九七年発売の文庫より再掲）

一九八九年の秋にクレヨンハウスが主催した、第一回「ミズ・オープンスクール」での私の講義「映画にみる女性の魅力と抑圧状況」が、一九九一年に新水社から『フィルムの中の女』という本となって出版されました。それが今回『ヒロインは、なぜ殺されるのか』という別タイトルで、講談社から文庫本で出ることになりました。

『ヒロインは、なぜ殺されるのか』は、じつは、単行本のときはサブタイトルでした。単行本の出版の際、はじめに手違いがあって、気づいたらメインタイトルとサブタイトルが入れ替わっていたのです。一度出版されてしまうと諸般の事情で途中からのタイトル変更は無理ということもあって、今回、文庫本化で、原タイトルに戻すことができてほっとしているところです。

サインなどしているとき「あたし、この本、好きなんですよね」とポロッと漏らしてしまうくらい、私はなんだかこの本が好きです。一つには、それぞれの映画作品にいままでになかった解釈の仕方を提示できたという自負の気持ちもあるのでしょうが、それよりも、若い頃の私にはよく分からなかった映画が、この本を書くことで、「そういうことだったのか！」と納得できてすっきりしたこと、それがとてもうれしくて、誇らしくて、それでこの本が好きなんじゃないかなと最近は思っています。

ただそんな思い入れとは別に、最初は『フィルムの中の女』というタイトルのせいで、映画専門の本かと思われて敬遠されてしまいました。でも、読んだ人は「映画を見てなくてもおもしろく読めますよ。いまの女と男の状況もあぶり出されてくるし」とか「こういうことだったのかって、目からうろこがポロポロ落ちました」と言ってくださる。それならもっとたくさんの人に読んでもらいたいなと思っていたところ、『もう、「女」はやってられない』を出版してくださった講談社の古屋信吾さんが「うちの文庫で出しましょう」とあっさり引き受けてくださった。

文庫本にするにあたって、多少の訂正と、大幅な加筆をしました。特に、「エミリーの未来」は、単行本のときは〈娘〉の視点からしか見ていなかったので、今回は〈母〉の視点にも立って、かなり加筆しました。

また、映画の中から引用した台詞《せりふ》については、英語以外の場合はほぼ字幕に忠実にしましたが、英語の場合は、字幕にない言葉や、字幕とはニュアンスがちがうと思ったものは私の訳を取り入れてあります。

文庫本化するにあたって、快諾してくださった新水社の村上克江さん、ありがとうございました。

今回、ゲラのチェックに時間がかかり、古屋信吾さん、三輪英子さんを、最後までヒヤヒヤさせてしまい、すみませんでした。お力添え、大変ありがとうございました。

一九九七年七月　愛住町にて

田嶋陽子

新版あとがき

『ヒロインは、なぜ殺されるのか』は、いまから三十二年前の一九九一年に『フィルムの中の女―ヒロインはなぜ殺されるのか』というタイトルで新水社から出版されました。その後、一九九七年に講談社＋α文庫から一度復刊され、それから二十六年後の二〇二三年、このたびKADOKAWAから復刊していただくことになりました。とてもありがたく思っております。

なぜなら、一つには私がこの本を気に入っているからです。今回の復刊に際して読み返してみましたが、初版から三十年以上もたっているのに、改めて「やっぱりおもしろいな」と思いました。

たとえ映画を見ていなくても十分分かるように書いたつもりなので、皆さまにも楽しんでいただけたらうれしいです。

今回の復刊にあたっては、KADOKAWAの編集者、波多野公美さんから「いま読んでも刺激的なおもしろさと発見に満ちている。ぜひ復刊したい！」という熱意と大きなお力添えをいただきました。心から感謝いたします。

また、今回は、これまでになかった詳しい注釈がついています。これはひとえに川口ミリさんのご尽力によるものです。ほんとうにありがとうございました。

また、細かく原稿に目を通して適切な表現を提案くださいました校正会社の鷗来堂さん、本の完成度がさらに高まるようにご尽力いただきました編集長の篠原賢太郎さんに、深くお礼を申し上げます。

私よりもずっとずっと若い皆さまのお力により、この本がふたたび日の目を見たこと、大変にうれしく思っております。

田嶋陽子

二〇二三年二月　軽井沢にて

【田嶋陽子の本】

『フィルムの中の女―ヒロインはなぜ殺されるのか』（1991年新水社）
『愛という名の支配』（1992年太郎次郎社　※新潮文庫から発売中）
『もう、「女」はやってられない』（1993年講談社）
『恋をしまくれ―私の体験的恋愛論』（1994年徳間書店）
『だから、なんなのさ！―史上最強の田嶋語録』（1995年テレビ朝日）
『田嶋陽子が人生の先達と考える　女の大老境』（1997年マガジンハウス）
『だから、女は「男」をあてにしない』（2001年講談社）
『もう男だけに政治はまかせられない』（2003年オークラ出版）
『女は愛でバカになる』（2003年集英社be文庫）
『田嶋陽子の我が人生歌曲』（2012年田嶋陽子女性学研究所）
『田嶋先生に人生救われた私がフェミニズムを語っていいですか!?』（2023年KADOKAWA）

田嶋陽子（たじま・ようこ）Yoko Tajima
1941年、岡山県生まれ。津田塾大学大学院博士課程修了。元法政大学教授。元参議院議員。英文学者、女性学研究家。フェミニズム（女性学）の第一人者として、またオピニオンリーダーとして、マスコミでも活躍。近年は歌手・書アート作家としても活動。著書に『愛という名の支配』（2022年に韓国版が刊行。23年に中国版が刊行予定）、『田嶋先生に人生救われた私がフェミニズムを語っていいですか!?』（アルテイシアとの対談本）など多数。

装　丁　佐藤亜沙美（サトウサンカイ）
校　正　鷗来堂
構　成　川口ミリ
編　集　波多野公美

新版《しんぱん》　ヒロインは、なぜ殺《ころ》されるのか
2023年4月4日　初版発行

著　者　田嶋陽子《たじまようこ》
発行者　山下直久
発　行　株式会社 KADOKAWA
〒102-8177　東京都千代田区富士見 2-13-3
電話 0570-002-301（ナビダイヤル）
印刷所　株式会社暁印刷

◎お問い合わせ
https://www.kadokawa.co.jp/
（「お問い合わせ」へお進みください）
※内容によっては、お答えできない場合があります。
※サポートは日本国内のみとさせていただきます。
※Japanese text only

定価はカバーに表示してあります。

ISBN 978-4-04-606094-5 C0095